Eva Jaeggi

Und wer therapiert die Therapeuten?

Klett-Cotta
Deutscher Taschenbuch Verlag

Ungekürzte Ausgabe
August 2004
2. Auflage Januar 2005
Deutscher Taschenbuch Verlag GmbH & Co. KG,
München
www.dtv.de

Umschlagkonzept: Balk & Brumshagen
Umschlagbild: ›La reproduction interdite‹ (1937)
von René Magritte
(© Artothek/© VG Bild-Kunst, Bonn 2005)
Satz: Typomedia GmbH, Ostfildern
Gesetzt aus der Aldus
Druck und Bindung: Druckerei C. H. Beck, Nördlingen
Gedruckt auf säurefreiem, chlorfrei gebleichtem Papier
Printed in Germany · ISBN 3-423-34113-0

Inhalt

1

Einleitung: Die Tücken eines Berufes

Ich habe den Beruf des Psychotherapeuten schon sehr früh angestrebt, bin allerdings dann einige Jahre hindurch von meinem ursprünglichen Ziel wieder abgekommen. In meinem Buch »Neugier als Beruf« (1991) habe ich meinen Weg von der Verhaltenstherapie über verschiedene andere Richtungen hin zur Psychoanalyse beschrieben. Was ich damals über mich und meinen Beruf gesagt habe, gilt – mit kleinen Modifikationen – immer noch. Ich bin gerne Psychotherapeutin – aber in Maßen! Ich bin froh, daß ich nicht meinen gesamten Lebensunterhalt damit bestreiten muß, weil mir die lebenslange Beschäftigung mit dem Innenleben von Menschen, das dauernde Aufmerken auf meine eigenen Gefühle und die Bearbeitung auch recht negativer Emotionen als Ganztagsbeschäftigung persönlich nicht zuträglich erscheint. Ich weiß, daß es Therapeuten gibt, die damit lockerer umgehen können; mein eigener Lehranalytiker erzählte mir einmal, daß er jede Woche etwa 40 Stunden therapeutisch und supervisorisch arbeite; er machte auch keine Pausen zwischen den einzelnen Therapiesitzungen. Ich hatte in den fünf Jahren, in denen ich mit ihm arbeitete, selten das Gefühl, er sei übermüdet, lustlos oder überfordert. Das gibt es wohl – aber vermutlich eher als Ausnahme!

Allerdings scheine auch ich – allerdings in anderer Hinsicht – eine Ausnahme zu sein. Gerade zum Zeitpunkt des Beginns meiner psychoanalytischen Ausbildung fing ich mehr und intensiver noch als davor wissenschaftlich zu arbeiten an und beschäftigte mich mit Theorien und empirischen Methoden. Dies ergab sich aus einem neu erwachenden Interesse an den hochkomplexen Konstrukten der Psychoanalyse, die sich mir nun – praktisch arbeitend – doch noch auf eine andere Weise erschlossen als vor meiner Ausbildung. Ich war nun interessiert daran, diese zu validieren, in empirischen Arbeiten zu verwenden und meine Forschungsmethoden darauf abzustellen. Dies aber scheint ganz und gar untypisch zu sein. Vor einigen Jahrzehnten nämlich hat die Deutsche Forschungsgemeinschaft (DFG) den Versuch unternommen, Psychotherapeuten zur wissenschaftlichen Arbeit anzuregen, indem sie ihnen ein Ausbildungsstipendium anbot. Das Ergebnis (v. Rad, 1996) war niederschmetternd. Die jungen, ehemals engagierten Wissenschaftler hatten nach Ende ihrer Ausbildungszeit aufgehört, wissenschaftlich zu arbeiten. Dies betraf übrigens in besonderem Maß die Psychoanalytiker. Offenbar ist die jahrelange Beschäftigung mit dem eigenen Innenleben (und dem anderer) dem distanziert-abwägenden Überlegen, das den Forscher auszeichnen sollte, nicht so adäquat? Oder stand hinter dieser Entscheidung die Einsicht, daß man mit den damals üblichen, eng naturwissenschaftlich orientierten Methoden eine typisch psychoanalytische/therapeutische Forschung nicht bestreiten kann? – Niemand hätte es diesen jungen angehenden Psychotherapeuten natürlich verwehrt, andere Methoden zu verwenden, so wie es wenige Jahre später allgemein üblich wurde (und übrigens in der Soziologie schon längst vorexerziert worden war!).

Eine der wichtigen Ursachen für diese Forschungsabstinenz liegt vermutlich darin, daß die überlange Ausbildungszeit mit den sehr engen persönlichen Bindungen, die man in der ausbildenden Lehranalyse (Therapie) eingeht, distanzierter, objektivierender Betrachtung des eigenen Gegenstandes nicht dienlich ist. Die oft beklagten psychotherapeutischen Verbohrtheiten in die eigene Theorie, der Unwille, sich von vorgefaßten Meinungen zu trennen: all dies hängt mit der Schwierigkeit, sich von den lehranalytischen »Eltern« zu trennen, vermutlich zusammen. Wenn man jahrelang meist nur die – zweifellos vorhandenen – infantilen Seiten eines Menschen analysiert und auch kultiviert (indem große Abhängigkeiten geschaffen werden!), wird es vermutlich schwierig, über den eigenen Tellerrand zu schauen.

Vielleicht lag es an meinem vergleichsweise höheren Alter –

aber für mich begann zugleich mit der Ausbildung eine in wissenschaftlicher Hinsicht sehr fruchtbare Zeit. Meine vergangenen Erfahrungen als eklektische Verhaltenstherapeutin, die neuen psychoanalytischen Denkmuster und natürlich die vielen neuen Erlebnisse in meiner eigenen Lehranalyse ermöglichten mir einen wesentlich weiteren Blick als vorher.

Nachdem ich meinen eigenen Werdegang sozusagen als Wissenschaftlerin reflektiert hatte und zu dem Schluß gekommen war, daß ich von den therapeutischen Erfolgen her gesehen mich als befähigte, recht gute Psychoanalytikerin einschätzen konnte, aber noch immer nicht genau wußte, woran das nun lag (auch als Verhaltenstherapeutin hatte ich mich dies bald gefragt), versuchte ich mir durch Vergleiche verschiedener Therapieschulen ein wenig mehr Klarheit über die Wirkungsweise der Psychotherapie zu verschaffen.

Von daher war es nicht erstaunlich, daß ich diese Vergleiche fortsetzte, indem ich mich auch für die Berufsauffassung und den Lebensweg verschiedener anderer Therapeuten zu interessieren begann. Was dachten meine Kollegen über ihren Beruf und seine Wirkungsweise? Wie sahen sie sich in ihrer alltäglichen Berufsausübung? Welche Motive hatten sie ursprünglich gehabt?

Diese Fragen endeten in einem universitären Projekt über den »Beruf des Psychotherapeuten« (siehe Kapitel 3). Ich lese nun seit Jahren Interviews, die meine Studenten und Mitarbeiter und ich selbst mit anderen Therapeuten geführt haben. Ich habe über viele Facetten des Berufes nachgedacht, mich eingefühlt in das, was Therapeuten über ihren Beruf erzählen, in Interviews, aber auch in anderen Selbstzeugnissen, wie zum Beispiel bei Kottler, Blau, Yalom, Bugental, Frankl, Mitscherlich und anderen.

Habe ich ein »abschließendes Urteil« über diesen Beruf gewonnen? Ich wünschte, ich könnte mit »ja« oder »nein« antworten.

Ich versuche eine Antwort, ohne in allzu viele Banalitäten auszuweichen, und möchte den Prozeß darstellen, in dem ich meinen Beruf und meine Berufskollegen kennengelernt habe.

Die Zeit, in der ich die Verhaltenstherapie kennenlernte und – ohne sehr viel Ausbildung – auch gleich praktizierte, war für mich eigentlich unproblematisch. Ich hielt alles für machbar, ja sogar für konditionierbar und verteidigte die Verhaltenstherapie mit Vehemenz gegen die durch die 68er-Zeit wiederum aufgewerteten Psychoanalyse-Anhänger. Ich hatte eine Kollegengruppe, die – gleich mir – die Verhaltenstherapie gerade entdeckt hatte, und wir dünkten uns an der Spitze des Fortschritts. Meine Zweifel, ob man denn die Erfolge, die man damit erzielt, wirklich mit den schlichten Lernparadigmen (selbst wenn sie kognitiv veredelt waren) erklären konnte, wurden erst in den späten siebziger Jahren wach, als der Psychomarkt boomte und wir fast an jedem Wochenende irgendeine andere Neuheit vorgestellt bekamen (Jaeggi, 1991).

Nachdem ich den Weg der Verhaltenstherapie verlassen und die Beschwernisse der psychoanalytischen Ausbildung auf mich genommen hatte, war ich einige Zeit lang wiederum euphorisch. Die Verhaltenstherapie erschien mir nun doch insgeheim als etwas Minderwertigeres, Naiveres. Ich war zwar nicht im Besitz der Weisheit (dazu war ich nun in meinem Alter doch schon wissenschaftstheoretisch zu gebildet), aber einen gewissen Stolz, nun bald einer höheren Kaste anzugehören, konnte ich nicht verleugnen. Ich nahm an, daß man nach diesen ungemein langen Jahren auf der Couch irgendwie veredelt sein müsse. Das Zusammensein vor allem mit Psychoanalytikern war mir sehr wichtig. Bei ihnen, diesen intelligenten Menschen, so wähnte ich, könnte ich »offen und ehrlich« sein, sie würden mich verstehen und auch dann akzeptieren, wenn ich etwas andere Ideen hätte als sie. »Fertige« Psychoanalytiker erschienen mir eindeutig als etwas Höheres. So hatte ich als Kind »fertige« katholische Priester gesehen. Sie sahen zwar aus wie ganz normale Menschen, auch hatte man sie schon öfters in recht menschlichen Situationen erlebt – aber tief drinnen waren sie eben doch anders.

Besonders eindrucksvoll war die Erfahrung mit dem Jugendfreund Richard gewesen, an die ich mich erinnert fühlte. Er war ein gutmütiger Junge, ein klein wenig beschränkt, bedürftig meiner Nachhilfe im Rechnen, als ich in den Kriegswirren gemeinsam mit ihm eine kleine Dorfschule besuchte. Als meine Freundinnen und ich ein wenig älter waren, hatte er es nicht ganz leicht mit uns: Wir neckten ihn, wo wir konnten, und gaben allesamt vor, sehr in ihn verliebt zu sein, was er mit hilflosen Sprüchen, die seinen Stolz aber verrieten, quittierte. Nach dem mit Fleiß und Mühe abgelegten Abitur – da hatte ich ihn schon einige Zeit nicht mehr gesehen – hieß es plötzlich, er würde ins Priesterseminar gehen. Das änderte, wenn ich ihn in den Ferien traf (das Ganze spielte sich in meinem Herkunftsort ab), nichts an unseren Neckereien, wenngleich wir nun die Sache mit der Verliebtheit doch wegließen. Ich verstand allerdings meine eigenen Gefühle nur mehr sehr schlecht, als es eines Tages hieß, nun sei er zum Priester geweiht worden: Nie mehr wäre es mir von da an eingefallen, ihn in der gewohnten Weise zu necken. Ich unterhielt mich höflich über Dorfneuigkeiten, über seine und meine Familie und hatte tatsächlich das Gefühl, er sei nun ein anderer – eben etwas »Besseres«.

Nun passierte mir Ähnliches – nur mit dem wunderbaren Unterschied, daß ich es diesmal war, die bald zu den »Besseren« gehören würde.

In den Jahren vorher – ich hatte ja immer noch ein wenig therapeutisch gearbeitet – hatte mir die Praxis des Berufes keine besonderen Rätsel aufgegeben. Verhaltenstherapeuten hatten nichts »Besonderes« an sich. Als Verhaltenstherapeutin war alles ziemlich klar gewesen: Operationalisierungen konnte jeder erlernen, die Kenntnis und Anwendung entsprechender Techniken war auch keine Zauberei – das alles war nicht weiter aufregend, auch wenn mir theoretisch das meiste immer unklarer wurde.

Erst als ich selbst Psychoanalytikerin war und natürlich alle meine Zweifel, Unsicherheiten und auch Kenntnisse aus früheren Epochen nicht einfach verschwunden waren, wurden die Berufsausübung und die Kollegen für mich problematisch. Warum?

Als erstes fällt mir ein, daß ich natürlich bei längerem Kennen vieler psychoanalytischer Kollegen entdecken mußte, daß diese alles andere als »offen« waren. Sie hatten, so schien es mir, ein Dekor zu wahren. Bei anderen Therapeuten, die ich gut kennenlernte (z. B. Gestalttherapeuten), war die Offenheit sehr viel größer gewesen, man war recht herzlich miteinander umgegangen, hatte sich dauernd umarmt und geküßt, und es gab immer wieder »Selbstenthüllungsgespräche«. Dort aber hatte es mich nach einiger Zeit gestört, daß diese Gespräche selten zu einer wirklichen Vertiefung der Beziehungen führten. Sie waren oft eine Art Selbstzweck, und nach einiger Zeit fand ich es etwas kindisch, wenn mich jemand anrief, um mir vorzuschlagen, wir sollten uns nach dem letzten Workshop doch zusammensetzen, um einige »Störungen« zu besprechen, »ganz offen und ehrlich«. Ich fand den ganzen Psychokram lächerlich und die Theorien oft seicht.

Das alles wurde ganz anders, als ich versuchte, die psychoanalytische Theorie zu verstehen, anfing, psychoanalytisch zu arbeiten und Umgang mit Psychoanalytikern zu pflegen. Das Klima der Psychoanalytiker aber war mir wiederum sehr oft zu »kalt«, ich fand viele von ihnen gehemmt und verschlossen und fragte mich, wie sie wohl in ihrem Berufsalltag wirken würden.

Ich hatte eine Menge gelesen, viel Supervision bei unterschiedlichen Supervisoren gehabt, jahrelang an Intervisionsgruppen teilgenommen: Daran konnte es nicht liegen, wenn mir trotz hochinteressanter Theorie das ganze Gebäude der Psychotherapie (und die Psychoanalyse bildet da keine Ausnahme) oft als ein Luftschloß vorkam. Kein Baustein stimmte so ganz; Richtlinien lösten sich oft in nichts auf, die noch so interessanten Empfehlungen führten manchmal zu gar nichts und Verstöße gegen die Regeln konnten recht erfolgreich sein. Natürlich war auch nicht zu übersehen, daß Kollegen aller Richtungen beachtliche Erfolge, natürlich auch Mißerfolge hatten. Das hatte ich zwar immer schon gewußt, aber heimlich hatte ich nach meiner psychoanalytischen Sozialisation doch gedacht, daß die Erfolge der Psychoanalytiker anders, besser, tiefer sein würden. Man konnte aber nicht so sehr viele Unterschiede sehen – außer man dachte an sehr lange Analysen, wobei aber andere Therapeuten auch oft voll Hohn darauf hinwiesen, daß dieser oder jener Mensch trotz sechs-, sieben- oder achtjähriger Analyse … etc. Natürlich behaupteten auch andere Therapeuten, daß ihre Erfolge der höherwertigen Technik und/oder Theorie und der darauf basierenden je eigenen Herangehensweise geschuldet seien …

Ich gab langsam das Gefühl auf, als Psychoanalytikerin nun »etwas Besseres« zu sein. Therapien aus früherer Zeit, an die ich im Lichte der psychoanalytischen Theorie nur mit Scham gedacht hatte, erwiesen sich manchmal als relativ stabile Therapie-Erfolge. Immer wieder sprachen mich frühere Patienten darauf an: Diese Übung oder jener Ausspruch sei für sie sehr wichtig gewesen. Als dann auch noch das große Fachgutachten (Grawe et al., 1994) – wenngleich mit Methoden, die ich bis heute nicht gutheißen kann – erbrachte, daß sowohl Verhaltenstherapeuten als auch Psychoanalytiker (als Tiefenpsychologen) etwa gleich gute Erfolge hatten, bestärkte mich das in meiner erneuten Skepsis. Ich war nicht mehr bereit, andere Therapieformen abzuwerten. Ich mußte mir daher sagen lassen, daß ich in bezug auf die Therapie »keine Objektkonstanz« habe (Stimmt! – Aber ist das ein Manko oder heißt das nur, daß ich nicht gerne erstarre?). Dazu kamen natürlich mit der jahrelangen Praxis und zunehmenden Erfahrung Zweitanalysen oder Zweittherapien, um die ich gebeten wurde. Nun konnte man sehr genau sehen, was alles die Kollegen (psychoanalytische und andere) »falsch« gemacht hatten. Eine Zeitlang kann man sich daran erfreuen und hämisch mit anderen darüber sprechen. »Ist die doch mit der Patientin tatsächlich zum Grab ihrer Mutter gegangen, um sie rituell nochmals zu begraben! Und so ein Agieren soll Erfolg bringen!« Oder: »Als sie ihrem Therapeuten ihre Liebe gestanden hatte, meinte der nur, das sei eben das Wirken der Übertragung – unglaublich, dieses naive Sich-Bedienen bei der psychoanalytischen Theorie!« »Der Therapeut hat der Patientin mitgeteilt, daß es ihm auch oft dreckig geht – das solle sie sich klarmachen.« »Als ihre Mutter starb, hat er ihr nicht kondoliert.« Mit solchen Geschichten bringen wir ganz gerne unsere Zeit hin, es wird uns aber selten erzählt, was unsere Patienten wohl über uns selbst nach Abschluß einer Therapie berichten!

In einem Seminar unseres Instituts gab es Fallvorstellungen: Eine Patientin, die sich bereit erklärt hatte, vorgeführt zu werden, erzählte von einer vorhergegangenen Gesprächspsychotherapie, die ihr vor Jahren gut geholfen hatte. Nun war sie zwar zweifellos nicht »geheilt« – sonst hätte sie nicht nochmals eine Therapie gesucht! Aber immerhin, offenbar hatte ihr die Therapie Erleichterung verschafft. Die vorstellende Analytikerin erklärte uns im Nachgespräch, daß diese Gesprächstherapeutin eben nur »die Abwehr verstärkt« habe, mehr nicht. Die Patientin hätte daher keine wirklichen Einsichten gewinnen können, das Ganze wäre wohl eher Trost als Therapie gewesen. Ich war darüber mehr erstaunt als empört und habe gegen solche vorschnellen Interpretationen leider keine Argumente gefunden. Da ich sehr gute Gesprächstherapeutinnen kenne, glaubte ich aber die Geschichte mit der »Stärkung der Abwehr« nicht ganz.

Natürlich hatte ich immer schon gewußt, daß wir Therapeuten in einem recht komplexen Feld mit ungewissem Feedback arbeiten. Wie sich das aber auf die Berufskontakte auswirkt, wie sehr wir bemüht sein müssen, uns nichts zu vergeben (und das natürlich um so mehr, als unsere berufliche Situation ziemlich prekär ist!), das wurde mir erst langsam klar und durch die Befassung mit den vielen Interviews in unserem Projekt besonders deutlich. Es regte in besonderer Weise zum Nachdenken an.

Es gab auch recht Erfreuliches: Menschen, denen eine Therapie sichtbar geholfen hatte, Freunde, mit denen man sich nun wirklich besser verstehen konnte. Und natürlich die Tatsache, daß so gut wie alle der Meinung waren, ihre eigene Lehranalyse oder – sofern es eine andere Therapieausbildung war – die Lehrtherapie, hätte ihnen ungemein geholfen. Die eigene Therapie aber, so wurde mir klar, *muß* man gut finden, weil man sich sonst das Wasser abgräbt, aus dem die Patienten trinken müssen. Einige wenige Male habe ich Psychotherapeuten getroffen, die ihre eigene Lehr-Therapie abwerteten. Sie alle aber hatten gerade beschlossen, eine zweite zu machen, einer wechselte sogar die Richtung. Daß man selbst die Kollegen nach dieser wunderbaren Lehrtherapie oft nicht so besonders verändert fand: auch das machte mich nachdenklich. Aussagen darüber klangen dann etwa so: »Na ja, wenn man bei *dem* Therapie macht, dann ist das ja kein Wunder – der kann ja bekanntlich überhaupt nicht mit Aggressionen (oder Gegenübertragung, erotischen Gefühlen etc.) umgehen!!!«

Wie rasch man sich mit der gewählten Therapierichtung identifiziert, habe ich bei einem solchen Kollegen, der gerade eine neue Ausbildung begonnen hatte und von der 3-Stunden-Analyse zur 4-Stunden-Analyse »umgestiegen« war, erlebt. Ein solches Umsteigen hieß, ein neues Institut wählen, die ganze Ausbildung gewissermaßen nochmals durchlaufen – kein Wunder, daß man einen solchen Entschluß mit gewichtigen Gründen abpolstern muß. Dieser Kollege, ein lieber Mensch, der mir sicher nichts Böses wollte, erklärte mir sehr ernsthaft, um wieviel »tiefer« nun diese 4-Stunden-Analyse ginge, kein Vergleich, jetzt erst werde ihm klar … etc. Ich konterte, daß ich zeitweise meine eigene Analyse auch vierstündig gemacht hätte, aber so groß erschiene mir der Unterschied nicht – es käme wohl auf die Situation an. Nachsichtiges Lächeln des Kollegen: Das sei ja wohl nicht zu vergleichen mit seiner Analyse bei den »echten« Analytikern, das seien nur solche, die bei der Fachgesellschaft »Deutsche Psychoanalytische Vereinigung« registriert seien, und schließlich hätte *mein* Analytiker ja wohl auch keine 4-Stunden-Analyse gemacht!

Ich fühlte mich dabei recht stark wiederum an meine katholische Kindheit erinnert, wo es auch dauernd um Traditionen und Nachfolgeschaft ging. So bezweifelten wir zum Beispiel die Rechtmäßigkeit der evangelischen Taufe und überlegten als Kinder, ob wir nicht insgeheim bei einem evangelischen Kind, mit dem wir spielten, die Taufe »nachholen« sollten. Da die Laientaufe erlaubt ist, vorausgesetzt man ist katholisch getauft, waren wir also dazu berechtigt, denn *wir* waren ja vollgültige Christen.

Ich habe selbstverständlich Therapeuten (übrigens aller Schulen!) kennengelernt, von denen ich Gutes nicht nur gehört, sondern auch selbst das Gefühl habe, daß sie für die ihnen anvertrauten Patienten sehr hilfreich sein können. Diese Erfahrung macht man besonders in der Supervision. Nun waren es aber oft nicht gerade diejenigen, die ich mir privat als Freunde gewünscht hätte. Manchmal waren es gerade die für die Therapie gewünschten Eigenschaften, die ich privat vermißte: zuhören können, nicht verurteilen, sondern verstehen, freundlich sein und ähnliches. »Das will ein Psychotherapeut sein!«, finden ja auch Laien sehr oft und können sich schlecht vorstellen, daß jener ichbezogene Mensch oder dieser Rüpel als Therapeut hilfreich sein kann. Dies ist vermutlich ungerecht! Mit ziemlicher Sicherheit möchte ich nämlich annehmen, daß viele Therapeuten eine Spaltung zwischen Beruf und Privatleben vornehmen, die sich gerade in so zentralen Dingen wie Beziehungsfähigkeit und Empathie auswirkt. Bugental bemerkt einmal voll Trauer, das Maß an Authentizität und Offenheit, das ihm in der Therapie gelinge, sei ihm zuhause nie möglich. Deshalb wohl auch die traurige Bilanz des Privatlebens bei Psychotherapeuten?! (Siehe dazu die Kapitel 5 und 10.)

Auch diese Erfahrung des Auseinanderklaffens von privatem und beruflichen Beziehungsverhalten regte mich an, auf einer etwas allgemeineren Basis wissen zu wollen, wie meine therapeutischen Berufskollegen diese Situation beurteilten. Hatten sie viele Freunde im therapeutischen Bereich? Waren sie auch erstaunt, wenn es zwischen Privatleben und Beruf offensichtlich eine Spaltung gab? All diese Fragen sollte mir das Projekt beantworten helfen.

Interviews sind natürlich kein Ersatz für lebendigen Austausch, für persönliche Beziehungen. Immerhin: sie sagen doch meist mehr aus als Fragebogen und Tests. Was »weht mich an« aus diesen Interviews? Vieles kann ich nicht beweisen, aber meinen Eindruck möchte ich doch nicht verschweigen. Auch auf die Gefahr hin, des vollkommen verdrehten Subjektivismus, höchst persönlicher Gefühle also, bezichtigt zu werden (einer unreflektierten Gegenübertragung eben!), will ich also meine Eindrücke darstellen.

Ich hatte bei vielen Interviews und bei vielen Themen das Gefühl, daß die befragten Therapeuten äußerst vorsichtig in ihren Aussagen waren – vielleicht, so dachte ich mir, haben sie immer das Gefühl, ihre Patienten hörten zu? Selten wagte sich einmal einer hinaus über das »Schickliche« – das war tatsächlich ganz anders als manche Gespräche mit Kollegen, die man zwischen Tür und Angel ab und zu führt.

Das »Schickliche« konnte übrigens sowohl die Theorie betreffen (dies gilt besonders für die Psychoanalytiker) als auch das von einem Therapeuten zu erwartende Verhalten und Fühlen in und außerhalb der Therapie.

»Offizielle« Theoriebestandteile wurden endlos wiederholt, sei es über Beziehungen, über Grenzen der Psychotherapie, über Indikationsfragen. Oft fragte ich mich, ob alle diese Aussagen wirklich mit ihren Erfahrungen übereinstimmen konnten.

Natürlich kann man – wenn man einen bestimmten Theoriepfad verfolgt – die in der Therapie aufgefundenen Fakten »passend« machen. Dann bedeutet ein bestimmter Traum »wirklich« den ungestümen Wunsch des Patienten, in den Mutterleib zurück zu wollen. Die Deutung des Traumes stößt auch nicht unbedingt auf Unverständnis, ja, im Laufe der Zeit zeigt sich, daß der Patient (durch richtige Deutungen? ... durch eine freundliche Beziehung? ...) sich besser fühlt. Derselbe Traum, von anderen Theorien her gedeutet, läßt andere Schlüsse zu, etwa den ungestümen Drang nach Befreiung. Möglicherweise ist es also der Konflikt zwischen dem Wunsch nach Verschmelzung und dem nach Autonomie, der im Traum ausgedrückt wird? So kann es unter Psychoanalytikern endlos weitergehen, und nicht nur unter Psychoanalytikern. Diese Form der Be- und Verarbeitung von Theoriebestandteilen könnte nun natürlich eine Flexibilisierung des »Theorieglaubens« bedeuten, eine Einsicht darein, daß Fakten und Theorien nicht »naturnotwendig« zusammengeschweißt werden. Dies aber wurde nur selten spürbar. Die Sprache der Theorie wurde meist absolut genommen. Meist war es die Sprache der Psychoanalyse.

Denn das war der zweite wichtige Eindruck: Außer den Verhaltenstherapeuten bedienten sich fast alle Therapeuten einer psychoanalytischen Sprache. Dauernd wurde von »Frühstörungen«, »narzißtischen Neurosen«, »Abwehrmechanismen« und ähnlichem gesprochen, die jeweilige Theoriesprache von Körpertherapeuten, Gestalttherapeuten oder Gesprächstherapeuten kam nur ganz am Rande zur Sprache.

Mir schienen sehr viele Therapeuten recht gespalten, was ihre eigenen Erklärungsmuster betrifft: Einerseits wird ganz allgemein (und vermutlich berechtigterweise) der therapeutischen Beziehung und dem »Hier und Jetzt« sehr viel Bedeutung beigemessen, andererseits (und das betrifft in besonderer Weise die Psychoanalytiker) wird die eigene theoretische Erklärungswelt als besonders überlegen angesehen, andere Therapieformen werden abgewertet, als »zu eng« angesehen, und es wird bezweifelt, ob man mit anderen Methoden etwas »Tieferes« (Authentischeres, Lebendigeres etc.) erreichen könne. Die Abwertung der Technik bezieht sich übrigens – bei sonstiger Hochachtung der Psychoanalyse gegenüber durch viele Therapeuten – auch wiederum auf die Psychoanalytiker, wobei dann eine klischierte und mit der Realität nicht mehr übereinstimmende Form der Psychoanalyse gekennzeichnet wird, zum Beispiel der schweigende Ölgötzen-Analytiker und die unbeweglich auf der Couch liegenden Patienten, denen ab und zu von oben herab Deutungen verabreicht werden.

Die Unsicherheit, in die man fällt, wenn man allein und ohne wesentliche Kontrolle seinen Beruf ausübt, ist beträchtlich. Wenn es »nur« um den Erfolg geht, kann man sich noch einigermaßen behelfen: Der Patient gibt Rückmeldung, viele Patienten lieben ihre Therapeuten, werden tatsächlich gesünder, und meistens hat man keine Gelegenheit, sich über die Stabilität dieses Heilerfolges nach längerer Zeit zu informieren. Also bleibt man kleben an dem, was man unmittelbar nach Abschluß der Therapie erlebt hat. Ziemlich sicher kann man sich damit eine etwas bessere Erfolgsquote zuschreiben, als man sie in Wirklichkeit erzielt hat.

Die meisten Therapeuten haben im Laufe ihres Lebens nicht allzu viele Patienten für längere Zeit gesehen (wenn jemand nur analytisch arbeitet, sind es, wie berechnet wurde, im Laufe eines Therapeutenlebens etwa 30!); wenn man die Vielfalt ihres Klientels in Betracht zieht, dann sind es für jede Klasse von Störungen und Persönlichkeiten sicher nur sehr, sehr wenige.

Es wäre aber für die Therapeuten sehr unbefriedigend, dabei stehenzubleiben und keinerlei Aussagen zu machen, die über den Rahmen des einen oder anderen Patienten hinausgehen. Jeder Mensch unterliegt, wenn er nicht ganz stumpf ist, dem Drang, seine wichtigen Lebenserfahrungen zu verallgemeinern. Auch Therapeuten tun dies.

Da die Datenbasis, auf denen sie dies tun, also sehr klein ist, mischen sich in ihren Aussagen – auch wenn sie sehr erfahren sind – Phantasien und Realität. Wie oft aber hört man sie sagen, sie »hätten diese oder jene Erfahrung ...«, hätten »schon oft erlebt, daß ...« etc., wobei sie sich selbst die Tatsache verschleiern, daß sie nur sehr selten wirklich valide Aussagen machen können. Das betrifft wichtige und weniger wichtige Dinge und wird außerdem je nach Interessenlage auch immer wieder neu zusammengesetzt und anders bewertet. Anstelle eigener reflektierter Erfahrungen werden dann oft nachgebetete Theorien bemüht.

Die Tatsache, daß zum Beispiel das neue Psychotherapeutengesetz nur mehr den Tiefenpsychologen kennt – Psychoanalytiker also offenbar die Alleinherrschaft in der Ausbildung aufgeben müssen –, rief sofort alle möglichen »erfahrenen« Leute auf den Plan, die behaupteten, es sei ganz klar, daß man Tiefenpsychologe nur sein könne, wenn man auch Psychoanalytiker sei. Das hätten sie schon oft erlebt. Ärztliche Psychoanalytiker blieben dabei vorsichtiger, weil ihre ärztlichen Kollegen schon seit langem tiefenpsychologisch behandelten; ihre »Erfahrungen« lagen offensichtlich nicht so eindeutig auf der Hand.

Ein anderes Beispiel aus meinem eigenen Kreis: Wenn man Gruppenselbsterfahrung und Lehrtherapie für Ausbildungskandidaten zur gleichen Zeit anbietet, gibt es immer einige Therapeuten, die das »aus Erfahrung« ganz und gar unmöglich finden: des Übertragungssplittings wegen zum Beispiel; andere – in deren Interesse es lag, diese Form der Ausbildung zu favorisieren – hatten offenbar ganz andere »Erfahrungen« gemacht: In Wirklichkeit reicht natürlich die Erfahrungsbasis bei keinem. Das betrifft in ganz besonderer Weise auch Indikationsfragen: Tiefenpsychologie für sehr schwere Fälle? Für sehr leichte? Man erreicht sehr viel damit? Man erreicht nur Oberflächliches? Jede Form der Aussage ist eine, die auf »Erfahrung« beruht.

Dies alles gibt einem Menschen, also auch einem Therapeuten, ein recht unsicheres Gefühl für die eigene berufliche Rolle. Solange man mit dem Patienten alleine ist, geht es noch einigermaßen, aber wehe, man muß sich nach außen verteidigen.

Die Gewohnheit, die eigenen geringen Primärerfahrungen zum Dogma zu erheben, ist fatal. Nüchternheit ist dabei nicht gefragt. Die im wissenschaftlichen Denken geübte Askese in bezug auf die Verallgemeinerung, eine Askese, die alle akademisch ausgebildeten Therapeuten kennen und irgendwann auch geübt haben, verschwindet so allmählich und ohne daß man es merkt.

Der Psychotherapeut ist also ein Mensch, der dauernd Fakten selbst schafft. Er tut dies im Therapieprozeß selbst, weil er sich nie auf eine vorgegebene Bahn verlassen kann. Die Theorie des Prozesses oder der Persönlichkeit ist viel zu wenig spezifisch, als daß er je mit absoluter Sicherheit sagen könnte, warum er was tut. Er ist angewiesen auf den nie endenden Konstruktionsprozeß, der sich zwischen ihm und dem Patienten abspielt. Die wenigsten aber sehen das so; sie sind mehr oder weniger sicher, daß sich alles ganz real so abspielt, wie sie es gerade selbst konstruiert haben: daß das spezifische Trauma oder die besondere Kindheitssituation oder der wiederholte Einfluß von Freunden oder eine besondere konstitutionelle Variante für eine bestimmte Ausprägung der Störung oder für den spezifischen Verlauf der Therapie verantwortlich zu machen sind. Vieles davon wird von den Patienten auch bejaht, weil der Prozeß der Realitätskonstruktion nun einmal von beiden Seiten ausgeht.

Therapeuten schaffen aber auch Fakten, indem sie ihre wenigen Erfahrungen zu allgemeinen Sätzen verdichten und sich daraus ihre eigene Theoriewelt schaffen.

Die Konstruktion solcher Realitäten aber ist ganz bestimmt ein Prozeß, bei dem vieles verleugnet werden muß; alles Unstimmige, alle nicht dazu passenden Fakten sind auszublenden. Auch dies schafft ein Gefühl von Unwirklichkeit im Beruf, der doch andererseits so viel verspricht und zu solch ernsthaften und ehrlichen Anstrengungen aufruft.

Psychoanalytiker mit ihren sehr elaborierten und differenzierten theoretischen Systemen befinden sich übrigens in einer wohl besonders schwierigen Lage. Viele von ihnen betonen zwar, wie interessant sie die Theorie fänden, und auch, daß sie unter anderem gerade der Theorienreichtum an der Psychoanalyse ursprünglich angezogen habe. In der täglichen Arbeit aber kann man mit diesem Theorienreichtum nicht mehr gar so viel anfangen. Oft »verdichtet« sich dann dieser Reichtum zu irgendwelchen recht allgemeinen Psycho-Floskeln: »Die Objektkonstanz fehlt.« »Es geht um strukturelle Veränderungen.« »Ein Autonomie-Abhängigkeits-Konflikt«. »Da muß man dann die Übertragung sehen.« Und immer und immer wieder: »Das ist eine typische narzißtische Störung«, oder »eben ein Frühgestörter«. Regelmäßig wurden in den Interviews alle diese Floskeln ohne die nötige Distanz verwendet. Es wäre unhöflich, wollte man in einem Interview all dies nun wirklich hinterfragen und sehen, ob sich die Psychoanalytiker der Problematik solcher Begriffsbildungen bewußt sind. Es muß daher bei einem allgemeinen Eindruck bleiben, den das Lesen vieler Interviews hinterlassen hat: nämlich daß hier notgedrungenerweise unter dem Druck einer hochkomplexen Praxis in ein Repertoire von Klischees hineingegriffen wird, das durch die häufige Verwendung zwar wiederum einer Art Selbstvalidierung verfällt, aber doch vielleicht ein gewisses Unbehagen hervorruft. Warum sonst sind viele Psychoanalytiker (siehe Kapitel 11) so unsicher, wenn es um theoretische Diskussionen geht?

Die Vielfalt der Therapieschulen und die Tatsache, daß alle einigermaßen gleiche Erfolge erzielt haben, hat die Sicherheit, mit der noch vor vierzig oder fünfzig Jahren Psychotherapeuten arbeiten konnten, erodieren lassen. Wenn es nur mehr schwer möglich ist, Kategorien klar zu benennen, also beispielsweise klare Aussagen darüber zu machen, welche Arten von Deutungen zum Erfolg führen, oder Indikationsaussagen zu machen oder klare Kriterien angeben zu können, warum man »abstinent« (also ohne eigene Bedürfnisse zu berücksichtigen!) behandeln sollte, wo doch Kollegen anderer Schulen offensichtlich mit völlig anderen Kriterien arbeiten, dann wird das Feld, in dem man sich bewegt, zum vieldeutigen und damit angsterregenden. Dieser Angst kann man auf vielerlei Arten begegnen:

1. Abwertung der Psychotherapeuten, die andere Schulen vertreten; manchmal handelt es sich um Abwertungen auch nur des geringen Unterschiedes (siehe Freud, *Narzißmus der kleinen Differenzen*), wie die Frage der drei- oder vierstündigen Analyse. Diese Entwertung ist auf Dauer wenig befriedigend, führt entweder in schwierige Fragen forschungstechnischer oder wissenschaftstheoretischer Art hinein oder bleibt in Primitiv-Klischees haften, die den meisten der akademisch ausgebildeten Psychotherapeuten auch nicht recht schmecken können.
2. Zynismus in bezug auf den Beruf: Man entwickelt das Gefühl, es sei sowieso egal, man könne machen, was man wolle – die Patienten merken es nicht etc. Auch dies entspricht natürlich nicht den ethischen Grundsätzen, denen man sich schließlich verpflichtet fühlt.
3. Der Psychotherapietourismus scheint einige Zeit ein Ausweg, bis man sich im Wirrwarr der unterschiedlichen Meinungen vollends verstrickt.
4. Von ziemlich wenigen wird die Vielfalt als Anregung aufgenommen. Der Schritt zurück von der eigenen Tätigkeit, der diese Tätigkeit eher zum offenen Forschungsfeld als zum verteidigten Besitz macht, ermöglicht ein Offenhalten des Interesses und natürlich auch eigener Experimentiermöglichkeiten. Auch dies ist eine Möglichkeit, der Angst zu begegnen.

Wie kann letzteres überhaupt erreicht werden?

Meiner Meinung nach am ehesten durch eine möglichst offene Ausbildung. In dieser müßten neben der Kenntnis anderer Methoden wissenschaftstheoretische, historische und soziologische Kenntnisse eingehen. Diese sollten es erlauben, das eigene Tun aus der Distanz zu reflektieren; die Forderung, man möge den »forschenden Praktiker« heranziehen (Jaeggi, 1990), hat seit den achtziger Jahren nichts an Relevanz eingebüßt. Diese Art des Herangehens verleiht dem Psychotherapeuten zugleich die Ernsthaftigkeit des reflektierenden

Forschers und die Freude des experimentierfreudigen Praktikers, der seine intellektuelle Neugierde befriedigen kann.

Alles in allem also war ich von vielen Interviews enttäuscht, weil ich das Gefühl hatte, hier würde vor allem das Gesicht gewahrt und nicht die Gelegenheit wahrgenommen, offen über einen schwierigen Beruf zu sprechen. Es ist nicht zu leugnen, daß wohl viele Therapeuten ihren Beruf aus idealistischen Motiven gewählt haben, daß sie – Helfersyndrom hin oder her – wirklich gerne mit anderen in Kontakt sind und sich für ihre Patienten interessieren. Aber andrerseits war das Gefühl unabweislich, daß hier viel geschönt, verdrängt und sogar gelogen wurde.

Was habe ich mir von den Interviews mit Psychotherapeuten erwartet? Trotz langjähriger Erfahrung in diesem Berufsfeld und gegen alle Erfahrung habe ich gedacht, daß Psychotherapeuten vielleicht, wenn man sie nur lange genug befragt, allgemeinmenschliche »Weisheiten« zutage fördern würden. Als Nachfolger von Priestern und Lehrern, ja vielleicht sogar von Philosophen hätte ich mir gewünscht, daß ich Neues und Tieferes über das menschliche Leben erfahren könnte. Schließlich gibt es in der europäischen Geschichte diese Art von verordneter Intimität, wie Psychotherapeuten sie erfahren, erst seit etwa hundert Jahren, wenn man von der Beichte absieht. Es könnte also eine Quelle unentdeckter Lebensweisheit sein, und zwar nicht nur als ein Nachplappern der schon bekannten Erkenntnisse, sondern eben als etwas je ganz Persönliches.

Autoren wie Yalom oder Bugental haben mir vorgeschwebt; diese hatten aus ihren Therapien heraus fast bei jedem einzelnen Fall Überlegungen angestellt, die weit über Lehrbuchkenntnisse hinausgingen. Selbstverständlich fand sich davon nur ganz wenig in den Interviews; wenn ich ehrlich bin, muß ich natürlich eingestehen, daß auch ich selbst – auf Therapiethemen befragt – vermutlich nichts Weltbewegendes zutage fördern könnte. Nicht umsonst sind eben die Bücher der genannten Autoren weltweit bekannt geworden und werden von Therapeuten aller Schulen gelesen. Ich war also enttäuscht, weil der Beruf des Psychotherapeuten beim einzelnen Berufsvertreter keine wirklich anderen Erkenntnisse ans Licht brachte als das, was ich schon oft gelesen und gehört hatte. Waren sie also einfach allzusehr bedacht auf ihre Reputation? Oder konnten sie wirklich nichts »Tieferes« formulieren?

Andere Erfahrungen, aus denen ich Zweifel an der Integrität und Offenheit von Psychotherapeuten schöpfte, hingen mit meiner neuen Aufgabe als Leiterin eines neu zu gründenden Ausbildungsinstituts für Psychotherapeuten tiefenpsychologischer Provenienz zusammen.

Was mich an den teilweise erbitterten Reaktionen vieler Kollegen im Grunde weniger interessierte, waren offensichtliche »Menschlichkeiten« wie Neid oder Konkurrenzangst – natürlich hatte ich nie gedacht, daß Psychotherapeuten in dieser Hinsicht anders seien als andere Menschen. Was mich vielmehr verblüffte – und da war ich vermutlich die Naive –, war die Art der Argumentation, mit der man das unliebsame Unterfangen (es bedeutete für die etablierten Institute einfach Konkurrenz) verunglimpfen wollte. Es waren nämlich Argumente, die wiederum – wie oft hatte ich das nun schon erfahren! – aus scheinbar »rein wissenschaftlichen Gründen« qua Theorie geschmiedet wurden. Obwohl es ganz offensichtlich ist (man muß nur einen Blick in die Literatur werfen), daß niemand sehr genau weiß, wann Tiefenpsychologie indiziert ist, wie sie gemacht wird und ab wann etwas so genannt wird, taten doch meine Widersacher so, als wäre für sie all dies auf einmal ganz klar: Das Unternehmen wäre »wissenschaftlich unmöglich«, entspräche »nicht dem Standard der Erfahrungen« etc.

Ich will nicht in die darauf folgende Debatte einsteigen, nur eines war aufschlußreich: Als nach einiger Zeit des Streitens einige psychoanalytische Institute sich entschlossen, dieselbe Ausbildung anzubieten, wurde diese scheinbar »wissenschaftliche« Debatte still ad acta gelegt. Nun ging es sozusagen in die «eigene Familie«, die man nicht verunglimpfen wollte. Die Argumente drehten sich: Es wurden nun eher die Personen der Ausbilder unseres neuen Instituts geschmäht, ihre Fähigkeiten angezweifelt und so weiter.

Mit einem Wort: nichts von dem, was vorher mit solcher Sicherheit behauptet worden war, schien wichtig. Wieder einmal zeigte sich, daß Psychotherapeuten in ihrer eigenen Unsicherheit meist erst dann Gewißheit erlangen, wenn sie gegen einen Außenfeind kämpfen können. Die Geschichte der vielen Spaltungen der Psychotherapie zeigt das ja in großer Klarheit auf.

Der Psychotherapeut einzeln oder der Psychotherapeut in der Institution bzw. in einem institutionell verankerten Beruf: Das ergibt wiederum eine Spaltung, die zu recht unangenehmen Ergebnissen führen kann. Auch davon legt die Geschichte der Psychotherapie ein unschönes Zeugnis ab. Interessant in diesem Zusammenhang ist auch die Geschichte der Hierarchie von Ausbildungsstätten.

An meinem Wohnort gibt es sehr viele davon, besonders viele tiefenpsychologische. Völlig klar ist beispielsweise jedem Psychoanalytiker eine »Rangordnung« der Qualität dieser Institute. Die letztgegründeten sind meist diejenigen, die am schlechtesten abschneiden; die mehr oder weniger feste Anbindung an Fachgesellschaften (die auch wiederum hierarchisch geordnet sind) ist ein weiteres Kriterium für gut und schlecht. Niemand hat noch je ein fachlich wirklich relevantes Kriterium für diese Rangordnung angeben können, also zum Beispiel die Qualität der Kandidaten aufgrund eines bestimmten Auswahlmodus, die fachliche und didaktische Eignung der Ausbilder, die Qualität des Curriculums oder gar die therapeutischen Erfolge. Es *ist* einfach so: die einen sind besser als die anderen. Man rümpft ein wenig die Nase über manche, solange, bis ein neuer Konkurrent auftaucht. Man erinnert sich an Situationen in der Schulklasse: Die »Neuen« mußten sich im Kampf um die Rangordnung der Beliebtheit hart bemühen, anfangs wurden sie eher gemieden, sofern sie nicht irgendein besonders wertvolles Attribut aufzuweisen hatten. (Bei den Psychoanalytikern könnte dies die Mitgliedschaft in der Internationalen Psychoanalytischen Vereinigung sein!)

All dies verläuft mehr oder weniger unbemerkt; bei Patienten würden wir sagen: es ist verdrängt.

Demgegenüber steht mein Credo: Wir wissen einfach außerordentlich wenig, wenn es darum geht, Menschen in einer Weise zu begegnen, die geeignet ist, Leidenszustände zu lindern. Es *gibt* Theorien des Psychischen, die außerordentlich interessant sind, die (vermutlich) auch wichtige psychische Dynamiken westlicher Menschen treffen – aber Gewißheit können wir uns über unsere Konstrukte nicht verschaffen. Die Dienlichkeit der Konstrukte zur Veränderung allerdings ist außerdem mit großen Fragezeichen zu versehen. Wenn mir daher ein Psychotherapeut erklärt, daß »man« mit diesem oder jenem Patienten(typ) *nur* auf der Couch oder *nur* mit Körperübungen oder mit In-vivo-Übungen umgehen könne, um Veränderungen zu erzielen, dann weiß ich genau, daß dieser Therapeut sich über die Grundlagen seines Berufes nicht im klaren ist.

»Mit beiden Beinen fest in den Wolken« erscheint mir daher als ein treffendes Bild für den Beruf des Psychotherapeuten. Psychotherapeuten sind natürlich vertraut mit allem Menschlichen, mit den vielen Fehlern und Irrwegen von Menschen. Sie kennen die Realität – aber sie täuschen sich gründlich, wenn sie meinen, daß sie mit den einzig und allein »richtigen« Theorien und Methoden damit umgehen. Daß sie dauernd mit Konstruktionen über diese innere Realität umgehen, daß ihre scheinbare Sicherheit immer wieder schnell umstürzen kann wie ein Kartenhaus – das alles wollen sie meist nur zögernd zur Kenntnis nehmen. Vorgespiegelte Sicherheit überwiegt, wenn man sie über ihren Beruf ausfragt. Offensichtlich aber gibt es viel mehr zu wissen über die Veränderungsmöglichkeiten von Menschen, als unsere Theorienweisheit sich träumen läßt.

2

Ahnen und Enkel – die Entwicklung des Berufes

Der Beruf des Psychotherapeuten, Nachfolger solch altehrwürdiger Tätigkeiten wie Heiler, Priester, Lehrer, verspricht und fordert viel. Einblick zu bekommen in das geheime Leben und die Geheimnisse anderer Menschen, ihr Leben zu verändern, auf vielleicht sogar magische Art einzugreifen: das sind nach wie vor – und allen modernen Funktionalisierungen und Entzauberungen zum Trotz – die oft unausgesprochenen Erwartungen, die damit verbunden sind. Wenn jemand Psychotherapeut wird, kann er gar nicht anders als diese alten und tief verwurzelten Vorstellungen mit seiner Berufswahl zu verbinden – da mag noch so viel bewußte Professionalisierung und damit Distanzierung eine Rolle spielen. Daß die meisten berufsvorbereitenden Ausbildungen mit einer eigenen Therapie verknüpft sind, bestätigt diese Vorstellungen in gewisser Weise: Ist man doch selbst auch gespannt, welche Tiefen (Untiefen?) die eigene Seele verbirgt.

Dem Heiler begegnet man in vielen Kulturen nicht nur mit Ehrfurcht, sondern auch mit Angst. Oft verbindet sich seine Kraft zu heilen mit der zu zerstören – wehe, er würde seine Fähigkeiten in dieser Weise verwenden. All dies führt zu einer Art von bewundernder Beklommenheit.

Der Psychotherapeut teilt ein Stück der Bewunderung, aber auch der Angst, die mit diesem Beruf seit alters her verbunden ist. An unzähligen Witzen und Karikaturen kann abgelesen werden, welch zwielichtige Figur er darstellt.

Dieser Beruf mit seinen alten Wurzeln steht emotional im Übergangsfeld zwischen Archaik und Moderne.

»Archaisch« deshalb, weil so gut wie jeder Patient irrationale Vorstellungen darüber entwickelt, welche (magischen?) Kräfte ihm in Person des Therapeuten entgegenschlagen, ein

Vorgang der Verzauberung, der in der Psychoanalyse mit dem Wort »Übertragung« gebannt und erklärt werden soll. Es sieht so aus, als käme der Prozeß der Therapie gar nicht in Gang, wenn nicht ein zumindest kleines Stück verzaubernder Irrationalität des Hoffens und Wünschens vorhanden ist, wenn nicht dem Therapeuten ein wenig Magie angedichtet wird. Das bekannte Klischee von den »Röntgenaugen«, mit denen man vom Psychotherapeuten durchschaut wird, erweist sich als Rest dieser irrationalen Empfindungen.

Die Moderne aber tut sich kund in der Vorstellung, dieser Beruf müsse womöglich evaluierbar und institutionalisierbar sein wie jeder andere; er müsse lehrbar und nach den Regeln irgendwelcher wissenschaftlicher Maßstäbe anwendbar sein, wobei die naturwissenschaftliche Medizin Vorbildcharakter hat.

Die Lehrtherapie aber, so denkt man meist, stellt die Gewähr dafür dar, daß der Therapeut selbst sich als würdig erweist, Mittler zum besseren Leben zu sein.

Was aber heißt das für denjenigen, der selbst den Beruf des Psychotherapeuten ausübt? Kann sich der Therapeut selbst befreien von der Vorstellung, er sei »berufen« und daher jemand, der vorleben sollte, was er anderen beibringen muß? Betrachtet er sich – mit allen Vorbehalten natürlich – als einen Menschen, der in besonderer Weise ein Instrument des höheren oder besseren Lebens ist? Viele Hinweise, die Psychotherapeuten in unserer Untersuchung geben, könnte man auf diese Weise deuten, wenngleich natürlich niemand es in solch krasser und unverblümter Art ausdrücken würde.

In den archaischen Ritualen traditioneller Ethnien allerdings werden solche Gedanken sehr konkret dargestellt. Die angehenden Schamanen und Heiler müssen sich vielen Ritualen unterziehen, um »rein« zu werden, so zum Beispiel in der Zulu-Ausbildung der Heiler, wo der angehende Schamane immer wieder große Mengen von Brechreiz erzeugenden Flüssigkeiten trinken muß, die er dann in einem Schwall erbricht. Auf diese Weise macht er seinen Körper durchlässig für die übernatürlichen Kräfte, die in ihn einströmen und durch ihn hindurch. Ähnliche sehr konkretistische Rituale finden wir in vielen anderen Kulturen. Besondere Bedeutung hat auch die »Erneuerung« des Körpers, was sehr oft Teil der »Jenseitsreisen« innerhalb der Schamanenausbildung ist. Kraft (1995) berichtet von den in vielen traditionellen Kulturen recht ähnlichen Phantasien oder Träumen der Schamanen, sie würden zerstückelt und nach einem Reinigungsritual wieder neu zusammengesetzt. Oft sind die Schamanenkostüme mit einem aufgemalten Gerippe geschmückt. Dies symbolisiert die völlige Zerstörung des Körpers und seine Wiederauferstehung als ein neuer Mensch.

»Von der Konfession zur Profession« (Grawe, Donati und Bernauer, 1994), so hat Grawe in seinem großen Forschungsbericht die von ihm angepeilte Richtung, in der sich die Psychotherapie bewegen soll, beschrieben. Diese von ungebrochenem und naivem Rationalismus getragene Forderung verrät den Zwiespalt, in dem sich moderne Psychotherapeuten befinden. Offensichtlich ist die Professionalisierung dieses Berufsstandes allen Modernitätsbedürfnissen zum Trotz im gängigen Schema von Aus- und Weiterbildung, Evaluation und Diplomierung einfach nicht unterzubringen (ähnlich steht es mit dem Beruf des Pfarrers). Deshalb wird die Professionalisierung mit solch großem Aplomb verlangt. Das große Zauberwort von der »Evaluierung« wird von den meisten »schlichteren« Heilberufen (wie Masseuren, Krankengymnastinnen, Heilpraktikern) nicht erfüllt, ohne daß man deswegen große Angst davor hat, es könne sich nur um eine »Konfession« handeln. Nur die Psychotherapie ist bedroht. Daher, so meint eine Reihe von Forschern und Politstrategen, muß diese Professionalisierung möglichst lückenlos geschehen. Meist wird die Angst vor den »Scharlatanen« als Grund für das Verlangen nach Überprüfbarkeit angegeben, und diese Angst ist natürlich auch berechtigt. Fraglich ist allerdings, ob sich die Scharlatanerie (oder was wir so nennen) damit wirklich bannen läßt.

Der moderne Psychotherapeut soll also einer sein, der eine »Profession« ausübt und nicht einer »Konfession« nachgeht. Offensichtlich wird er damit in irgendeiner Weise in einen Zwiespalt gestürzt.

Nun ist das Lernen und Lehren von Heilkunst (wobei in vormodernen Kulturen zwischen körperlichen, seelischen und spirituellen Leiden bekanntlich nicht genau unterschieden wird!) fast immer und in jeder Kultur an eine bestimmte Form geknüpft: Ausbildungsschulen, Meister, traditionelle Rituale begleiten diese oft Jahre dauernde Ausbildung. Nur so kann gewährleistet werden, daß der Lernende eben kein Scharlatan wird, seine ihm innewohnenden Kräfte nicht vergeudet oder zum Schlechten verwendet.

In einem von Curricula und Weiterbildungsgängen gesättigten Therapeutenalltag sind solche Bestimmungen mit den daran geknüpften Privilegien selbstverständlich. Sie sichern nicht nur die Zukunft des Kandidaten, der eine Kassenzulassung erlangen will, sondern geben auch ihm selbst ein besseres Gefühl für das, was er tut. Allerdings genügen in unserer wissenschaftsbestimmten Zeit natürlich nicht »irgendwelche« Ausbildungen. Die Forderung heißt (und ist im neuen Gesetz über den Psychotherapeutenberuf auch festgelegt): »wissenschaftlich überprüft«. Schon dieses Kriterium alleine hat unzählige Kommissionen ins Leben gerufen. Übereinkunft darüber, was damit gemeint ist, besteht absolut nicht, irgendwann wurden – eher durch machtpolitische Strategien festgestellt als durch »objektive« Maßstäbe – bestimmte Verfahren als »wissenschaftlich« eingestuft. Es sieht aber nicht so aus, als würden dadurch die Probleme der Psychotherapeuten in ihrem Arbeitsfeld gemildert.

Welche Probleme also ergeben sich dennoch für moderne Psychotherapeuten, auch wenn sie noch so gut und langjährig ausgebildet sind?

Da sind zum einen die nicht unerheblichen Probleme der immer wieder eintretenden Mißerfolge: Weder sind die Kriterien für eine gelungene Therapie sehr klar, noch sind im

Zeitalter der differierenden Therapieschulen den einzelnen Therapeuten die Methoden, die zu einem Erfolg führen könnten, in eindeutiger Weise ersichtlich. Fast jeder Therapeut kennt Methoden anderer Schulrichtungen oder zumindest andersartige Methoden der Kollegen der eigenen Richtung, mit denen man Erfolge erzielen kann – wenngleich dies auch wiederum nur recht ungenau. Man weiß zwar, was schwarz auf weiß geschrieben steht (oft voneinander recht Abweichendes), aber was nun in der anderen Küche wirklich zusammengebraut wird, weiß man eben doch nur sehr undeutlich. Selbst die Supervisionsgruppen können sich aufeinander nicht wirklich verlassen: Weiß doch jeder, daß er immer wieder seine eigenen Fälle vor den Kollegen »schönt«, Dinge zurechtbiegt und keinerlei Gewähr dafür hat, daß die anderen dies nicht ebenso machen.

Kottler und Blau (1991) beschreiben recht eindringlich, welche Strategien oft benutzt werden, um sich selbst und den Supervisionskollegen oder Ausbildern Sand in die Augen zu streuen. »Ich wußte, was ich zu sagen hatte und was nicht, was ich betonen mußte, um die Kritik, die ich nicht akzeptieren wollte, zu vermeiden. Ich war sehr geschickt darin, die Ausbildung so zu manipulieren, daß mein Selbstbild nicht bedroht wurde. Ich glaubte, alles unter Kontrolle zu haben, kannte genau die richtige Dosis an Selbstkritik und Selbstbewußtheit. Aber in meiner Praxis funktionierte das nicht« (S. 22). All dies führt dazu, daß sehr viel mehr gelungene als mißratene Therapien vorgestellt werden (siehe auch Kapitel 9).

Man bewegt sich also in einem recht unsicheren Feld. Hier ist der moderne Psychotherapeut – gefangen in der Modernitätsfalle – dem traditionellen Heiler gegenüber eindeutig im Nachteil, denn eigentlich dürfte es im Feld einer wissenschaftlich begründeten Strategie nicht so viel Unsicherheit geben. Das aufgeklärte Verständnis des Psychotherapeuten, das sich häufig an das Ideal eines naturwissenschaftlich orientierten Arztes anlehnt, wird durch diese Vagheiten des Berufes oftmals überfordert. Übrigens liegt hier vermutlich auch ein gewisser Nachteil gegenüber dem ansonsten in der Problematik verwandten Beruf des Priesters. Der kirchliche Würdenträger hat genauere Verhaltensvorschriften im Hintergrund als der Psychotherapeut, Verhaltensvorschriften, die ihm seine Kirche bietet und oft zu seinem Leidwesen, aber auch zu seiner Sicherheit, gebietet. Die Gemeinde, vor der er meist öffentlich handelt, kann ihn in gewissem Maß überprüfen. Gemeinsam allerdings ist den beiden Berufen sicherlich eine private Unsicherheit, die nagende Ungewißheit, ob man auch im privaten Bereich das »Richtige« tue und damit auch würdig sei, die Gemeinde zu vertreten.

Sehr viel mehr Öffentlichkeit als beim modernen Psychotherapeuten kann übrigens auch beim traditionellen Heiler hergestellt werden, meist kann das ganze Dorf oder der Clan sehr genau zusehen, »wie man es macht«, etwas, was dem modernen Psychotherapeuten – schulenspezifisch unterschiedlich, aber doch cum grano salis bei allen Therapien immer wieder – nicht gestattet ist. Auch hier zeigt sich eines der modernen Kennzeichen der Psychotherapie: das Bestehen auf der privaten Intimität im Bereich der Probleme, die sich im Psychischen auftun (zum Teil betrifft dies ja auch die Körpermedizin!). Die Erfahrungen, die der einzelne Therapeut mit seinen Klienten macht, sind, wenn es um Einzeltherapie geht, strikt privat, können nur selten von jemandem eingesehen werden, und das heißt, kein Therapeut kann ganz sicher sein, wie es denn eigentlich »richtig« gemacht wird. Hier finden wir übrigens ein Element, das auch beim traditionellen Heiler vorhanden ist, nämlich den künstlerischen Aspekt, der beim Heilen ebenfalls eine Rolle spielt. Nicht ohne Grund nennt Kraft (1995) den Schamanen einen »Allround-Künstler«, der in seiner Darstellung äußerst expressiv ist und sich in vielen Darstellungsfeldern (Musik, Tanz etc.) versucht, um zum Beispiel mit Ahnengeistern in Verbindung zu treten. Integriert in eine feste Gemeinschaft und in althergebrachte Tradition aber ist der »künstlerisch« tätige Schamane sicherer in dem, was er tun muß.

Nicht so der moderne »Allround«-Mensch in Person des Psychotherapeuten. Er muß oft Rituale erfinden, jede Situation neu bewerten, sich oft blitzschnell klarwerden, was nun gerade erforderlich ist. Man hat dabei aber wenig Tradition im Rücken.

In dieser Unsicherheit bietet die Ausbildungsinstitution, das Gebäude der Therapieschule einen gewissen Halt. Man erfährt dort Wichtiges über die eigene Vorgehensweise, aber man erfährt es natürlich nicht im einzelnen, nicht ganz so eindeutig, wie man es in seiner Unsicherheit oft gerne hätte. Dies gibt dem Beruf seinen ganz eigenartigen Geschmack von persönlicher Verantwortung und Einsamkeit, was manch einer sogar schätzt, was aber doch auch immer wieder verunsichert. Nicht umsonst ist der Beruf des Psychotherapeuten oft mit dem des Künstlers oder des Kunsthandwerkers verglichen worden (Möller und Hegener, 1998). Stimmt dieser Vergleich, dann darf man sich nicht wundern, wenn Psychotherapeuten auch die mit diesem Beruf immer schon einhergehenden Schwankungen des Gemütslebens, Verwirrungen und Zweifel mit sich schleppen. Es sind übrigens am ehesten die Verhaltenstherapeuten, die diese einsame Privatheit und damit den Vergleich mit dem Künstler zum Teil aufzugeben bereit sind. Schon bei der Ausbildung wird häufig durch die Einwegscheibe gearbeitet, es werden Hilfstherapeuten zugezogen, der angehende Therapeut arbeitet mit Kollegen an einem Fall zusammen, man erstellt Programme und ähnliches mehr. Dies entspricht der Vorstellung vieler Verhaltenstherapeuten von der wissenschaftlichen Fundierung ihrer Therapie und der Planbarkeit von Verhaltensänderungen.

Zur allgemeinen beruflichen Unsicherheit der meisten Therapeuten aber kommt – und dies scheint noch sehr viel problematischer – der Zweifel an der eigenen Person. Dieser wird in Therapieformen, in denen eine Eigentherapie gefordert ist, noch ganz besonders genährt. Schließlich hat man sich mit Übernahme dieses Berufes sozusagen »verpflichtet«, selbst einiges von dem zu realisieren, was als das – therapieschulenspezifische – Ideal einer »therapierten« Persönlichkeit gilt. Die eigene Person ist mit verwoben in das Heilungsgeschehen und muß daher auch in besonderer Weise fähig sein, hohen menschlichen Anforderungen zu genügen. Dazu gehört auf jeden Fall eine starke und dauerhafte Beziehungsfähigkeit, das Gefühl, man habe in seinem Leben so etwas wie einen übergeordneten Sinn gefunden und falle seiner Umwelt nicht zur Last, weil man noch viele »unaufgearbeitete« Areale in sich trägt. Dieses Ideal wird jeweils ein wenig anders formuliert (zum Beispiel Bewußtwerden von Unbewußtem, Entwicklung von Spontaneität oder Selbstaktualisierung), aber letztlich meinen die meisten Therapeuten damit ähnliches. Versagen wird weit eher den eigenen charakterlichen Mängeln und dem eigenen Narzißmus zugeschrieben als etwa Kompetenzmängeln kognitiver Art (Robertiello und Schoenewolf, 1987). In einer empirischen Untersuchung über Motive und Lebenslauf von Psychotherapeuten (Studienprojekt TUB, 1996) wurde denn auch für vier wichtige Therapieschulen ein übergreifendes Leitbild sichtbar: Es ist mehr der Humanistischen Psychologie mit ihrem Anspruch auf Selbstverwirklichung und Harmonie verpflichtet als beispielsweise der eher pessimistischen Sicht von Freud.

Ein damit korrespondierendes Konstrukt, das in dieser Studie gebildet werden konnte, ist das der »Identität von Berufsleben und Privatleben«, was ebenfalls auf den hohen Anspruch an die eigene Person hinweist. Natürlich muß ein Versagen, das auf persönliche Mängel zurückgeführt wird, mit noch sehr viel mehr an Abwehr versehen werden als eines, das auf technischen Mängeln beruht; dazu kommt, daß auch sogenannte technische Mängel – etwa das Übersehen kontraindizierter Persönlichkeitszüge beim Patienten – bei den meisten Therapierichtungen auf persönliche Mängel der Psychotherapeuten zurückgeführt werden. (»Der kann eben nicht mit Aggressionen umgehen, weil er selbst so aggressionsgehemmt ist«, etc.)

Psychotherapeut wird man nicht qua Ausbildung, meinen

Kottler und Blau, sondern man ist es schon als Säugling. Man kann viele Studien anführen, die beweisen, daß Psychotherapeuten angeblich schon als Kinder die »Tröster« der Mutter darstellen mußten oder als »Sonnenschein« die Familie zusammengehalten haben. Dies aber bedeutet natürlich in ganz besonderem Maß eine Verflechtung von therapeutischem Geschick und Persönlichkeit: Versagt man, dann hat man eben – wie damals als Kind – als Person versagt. Dies gilt auch für das Privatleben. Bei der ersten Scheidung läßt sich unter Umständen noch damit argumentieren, daß man zum Zeitpunkt der Partnerwahl – da noch nicht in Therapie – eben eine falsche und neurotische Entscheidung getroffen hat. Dies wird bei der zweiten und dritten Scheidung schon schwieriger.

Oft geht man dann wieder in Therapie, aber das Spiel kann sich etliche Male wiederholen, wodurch es allerdings nicht viel glaubwürdiger wird.

Es ist im oben erwähnten Schnittfeld von Archaik und Moderne nicht überraschend, daß es gerade in dieser Beziehung unterschiedliche Gewichtungen bei den verschiedenen Therapieschulen gibt. Die von den meisten Therapieschulen verlangte Selbsterfahrung, die man in manchen Punkten mit Ausbildung und Initiationen der Schamanen vergleichen könnte, wurde denn auch von der »modernsten« Therapieform, die wir kennen, nämlich von der Verhaltenstherapie, lange Zeit als eher unwichtig angesehen, manchmal sogar abgelehnt, seit einem Jahr allerdings vom Gesetz erzwungen. In einigen Studien wird sogar behauptet, daß eine eigene Therapie die Professionalität der Psychotherapeuten eher verschlechtere (Margraf, 1996). Ähnliches kann man bei Sandell et al. (1999) nachlesen. Auch diese – ziemlich ungesicherten – Studien lassen sich als Abwehr verstehen: Man möchte lieber Kompetenzmängel für ein eventuelles Versagen verantwortlich machen als Persönlichkeitsdefekte.

Die enge Verbindung der Psychotherapeuten mit den Krankenkassen hat das zweischneidige Image der Psychotherapeuten noch verschärft. Hier soll auf institutionell-politische

Weise die changierende Qualität des Therapierens ins klare Licht eines medizinischen Modells gehoben werden: Heilung von Krankheit ist die Devise, die naturwissenschaftlich orientierte Medizin das Vorbild. Ungeachtet der Tatsache, daß auch die Körpermedizin in den meisten Fällen nicht von absoluter Heilung spricht, ist es doch die Illusion, der man anhängt.

Andererseits aber – und dies verschärft das Dilemma und damit auch die Unsicherheit des eigenen Berufsstandes – geht die inhaltliche Orientierung der Psychotherapie längst andere Wege. Nicht Heilung, sondern Heil wird von vielen Therapieschulen versprochen und erwartet. Nur die Verhaltenstherapie – Liebkind der Krankenkassen – schlägt sich auf die Seite der »Heilung«, wenngleich übrigens ihre leiblichen Vertreter sehr oft ganz anders denken.

Welche Ziele aber werden von den Vertretern der meisten Psychotherapieschulen angepeilt? Welche Vorstellungen von Menschen stecken dahinter?

Wie wir so gut wie allen Interviews in den verschiedensten Zusammenhängen entnehmen konnten (Studienprojekt TU Berlin; vgl. Kapitel 3) – explizit und implizit –, ist der moderne Psychotherapeut weit entfernt davon, nur dem medizinischen Modell zu dienen. Es ist die Humanistische Psychologie, die bei den meisten Pate steht. Diese liefert ein von der Medizin sehr verschiedenes Bild davon, was Gesundheit und was Krankheit bedeutet. Es ist das Bild einer Person, die »authentisch« ist und sich von einem unechten, falschen Selbst befreit hat; damit aber bekommt sie Chancen zu »echter« Liebesfähigkeit und seelischer Gesundheit. Carl Rogers, der Papst der Humanistischen Psychologie, unterscheidet daher nicht mehr zwischen den einzelnen psychischen Störungen, ja er unterscheidet überhaupt nicht mehr zwischen gesund und krank, sondern nur mehr zwischen authentisch und unecht. Das aber heißt, daß das Feld für die Psychotherapie sich sehr erweitert hat: Man muß nicht krank sein, um in den Genuß derjenigen Heilkunst zu kommen, die dazu führt, daß man ein »authentisches« Leben führen kann. Die Idee der Authentizität und ihrer Wichtigkeit kennen wir in der Belletristik seit dem Ende des 18. Jahrhunderts (Trilling, 1972). Die Vorstellung, wonach persönliche Fassadenhaftigkeit gekoppelt ist mit persönlichem Unglück und schließlich auch mit psychischer Krankheit, ist neueren Datums und wurde eigentlich erst durch Carl Rogers ins Denken der Psychotherapie eingeführt.

Zwar gibt es auch bei Sigmund Freud den Gedanken des stetigen Übergangs zwischen gesund und krank, er wird aber ganz anders begründet. Bei ihm ist es der ständig präsente Konflikt zwischen Triebwünschen und Abwehr, der das Leben bestimmt. Krank wird der Mensch dann, wenn ihm die Balance zwischen beiden nicht mehr gelingt; das heißt aber auch, daß er in dauernder Gefahr schwebt – ein Gedanke, den Freud in mehreren Abhandlungen immer wieder vorgetragen hat (in *Das Unbehagen in der Kultur*, in *Die endliche und unendliche Analyse* und vielen anderen Texten).

Auch Freud war klar, daß die Beziehungsfähigkeit ein wichtiger Posten im Haushalt der seelischen Gesundheit ist, daher seine Forderung, der Mensch müsse liebesfähig gemacht werden. Es ist aber bei ihm diese Liebesfähigkeit gekoppelt an ganz bestimmte Entwicklungsvoraussetzungen, zum Beispiel an die Überwindung der ödipalen Kämpfe. Die Idee der »Authentizität« als ein sozusagen letztes Fundament ist in der Psychoanalyse unbekannt.

Um so erstaunlicher ist die ungemein weite Verbreitung dieser Idee nicht nur unter Humanistischen Psychologen, einer Idee vom modernen Menschen, der sich befreit hat von den vielgestaltigen Verführungen der Massenmedien, der Freizeitangebote, der »billigen« Vergnügungen und Ablenkungen. Ein hohes moralisches Pathos steckt dahinter, und dieses Pathos ist es auch, das den meisten Psychotherapeuten – bewußt oder unbewußt – in den Knochen steckt, wenn sie sich selbst und ihre Patienten beurteilen.

»Ich möchte Therapie, weil ich nicht richtig beziehungsfähig bin«, sagte eine Frau zu einer meiner Kolleginnen. Deren

Antwort darauf war: »Ich glaube nicht, daß dies für die Kasse ein Symptom mit Krankheitswert ist«. In dieser kleinen Szene steckt das Dilemma einer Krankenkassen-Psychotherapie. Denn natürlich würden vermutlich 90% der Therapeuten auf diesen Wunsch der Patientin durchaus eingehen. In ihrem Antrag an den Kassengutachter würden sie wohl schreiben, daß es sich um eine Depression handle, um eine schizoide Abwehrhaltung oder ähnliches.

Kann man sich diesen Wunsch der Patientin in Freuds Zeiten vorstellen? Ich glaube: nein. Zum Arzt (und der Psychoanalytiker war in den allermeisten Fällen Arzt!) ging man mit Symptomen. Daß diese mit der gesamten Lebensführung zusammenhängen sollten, war ein ziemlich neuer Gedanke, zumindest in der damals herrschenden Medizin. Ob man »echt« war oder ein »falsches Selbst« hatte, war nicht nur von der Nomenklatur her unbekannt. Es war für den Mediziner, auch für den Psychoanalytiker, gleichgültig. Wichtig war die Verarbeitung der menschlich immer präsenten Konflikthaftigkeit. »Das Moralische versteht sich von selber«, soll Freud formuliert haben.

Anders in den humanistischen Richtungen: Das Moralische wird oft sehr nahe an das »Authentische« gerückt und die oftmals beklagte pastorale und moralische Attitüde der Humanistischen Psychologen wird daher manchmal von Psychoanalytikern und Verhaltenstherapeuten gleichermaßen beanstandet.

Nicht nur wie man gesund wird oder bleibt, soll moderne Psychotherapie also lehren; sie ist auch zu einer Anleitung für »richtiges Leben« geworden – ob man das nun gut findet oder nicht und gleichgültig, für wie sinnvoll dies die Krankenkassen halten. Allemal kann jeder Therapeut argumentieren, daß dieses »richtige Leben« gleichzeitig auch ein beschwerdefreies Leben garantiert.

Moderne allgemeinmenschliche Probleme werden in der Psychotherapie immer wieder verhandelt: Die verschiedenen Beziehungsformen mit dem immer wieder auftauchenden

Wortpaar von der schwierigen Balance zwischen Nähe und Distanz sind das Thema, das wohl das Problem Sexualität, das noch zu Freuds Zeiten die Sitzungen füllte, abgelöst hat. Wo Rollenvorgaben die Beziehungen zwischen Menschen nur mehr unverbindlich definieren, muß vom Einzelnen die jeweilige Beziehungsform erst »erfunden« werden, ein Prozeß, der oft entgleitet und nicht selten die Hilfe des Psychotherapeuten erheischt. Natürlich ist nach wie vor die Problematik der Sexualität wichtig. Auch in diesem Bereich ist für jeden einzelnen Improvisationstalent gefragt, und damit ist ebenfalls wachsende Unsicherheit zu bemerken. Hier sind es vor allem die Ansprüche der Frauen, die noch immer für Verwirrung sorgen. Ihre Ansprüche an sich selbst (»orgasmusfähig zu sein«, »eine gute Geliebte zu sein«) und an ihre Partner sind mit den Möglichkeiten innerhalb einer längerdauernden Partnerschaft oft schwer in Einklang zu bringen.

Eine andere »moderne« Variante der Psychotherapie betrifft den Stellenwert der Kindheit. Beginnend mit der Psychoanalyse ist die biographische Dimension in den verschiedenen Therapierichtungen immer wieder als Quelle der Selbstvergewisserung angesehen worden. Wer ich bin, welche Identität ich habe und welche Probleme ich mit mir herumtrage: das alles wird mit der Kindheit in Zusammenhang gebracht und dementsprechend diskutiert. Schuldgefühle zwischen Eltern und Kindern – in beiden Richtungen übrigens – beherrschen das Bild vieler Therapien.

Alles in allem ist – weit über jede vor-psychoanalytische Therapiebewegung hinaus – Selbsterkenntnis als Selbstzweck und nicht nur zum Zwecke der Heilung ein wichtiges Merkmal des modernen Menschen. Selbsterkenntnis, das Hineinhorchen in das Innere und eine daraus hoffentlich erwachsende Sicherheit tritt damit an die Stelle der Rollensicherheit des vormodernen Menschen. Die eigene Person ist nun nicht mehr unhinterfragt in ihrer Identität – sie muß sich diese durch Selbsterkenntnis erst »erringen«.

Natürlich sind Psychotherapeuten von all diesen Forderungen und Problemkonstellationen nicht ausgenommen. Auch sie sollten – unabhängig von ihrer psychischen Gesundheit – eine Form von Selbstreflexion erreichen, die ihnen für ihre Patienten als richtig und wichtig erscheint.

All das macht verständlich, warum sich Psychotherapeuten – wie in den folgenden Kapiteln dargelegt – in ihrer Haut nicht immer wohl fühlen, warum sie sich gerade der so sehr gewünschten und erhofften privaten Gesundheit und »Authentizität« der Lebensführung nicht erfreuen können. Weder ihre Familienangehörigen noch die Öffentlichkeit sind immer der Meinung, daß es sich bei der Spezies »Psychotherapeut« um gesunde, wohlgeratene und lebensweise Menschen handelt. Das aber ist in höherem Grad kränkend als in anderen Berufen. »Das will ein Psychotherapeut sein« – wie oft hat man es gehört; wie oft hat man es einfach auf die »anderen« bezogen und vielfächrige Abwehr dagegen gesetzt, wenn man sich selbst betroffen fühlen mußte.

3

Wie dieses Buch entstanden ist

Dieses Buch hat viele Quellen. Neben der üblichen, schon veröffentlichten Literatur habe ich zusammen mit Studenten und Doktoranden, die ihre Arbeiten im Rahmen eines von mir initiierten Projekts »Der Beruf des Psychotherapeuten« verfaßt haben, sehr verschiedene Aspekte des Therapeutenberufes untersucht und untersuchen lassen. Diese Arbeiten zitiere ich am Ende dieses Kapitels. Die meisten sind nicht veröffentlicht. Im Text werden sie in der üblichen Weise zitiert, wenn direkte Aussagen bzw. Auswertungen der Autoren dies nötig machen.

Eine andere Quelle sind meine sehr persönlichen Erfahrungen im Bereich der Psychotherapie. Ursprünglich als Verhaltenstherapeutin ausgebildet, habe ich im Laufe meiner Berufsjahre sehr viele andere Therapieformen kennen und respektieren gelernt (Jaeggi, 1991), um schließlich zuletzt – angezogen von der Reichhaltigkeit der Theorie – bei der Psychoanalyse zu bleiben und mich der Mühsal des psychoanalytischen Trainings noch in höherem Alter zu unterziehen. Diese Präferenz der Psychoanalyse hindert mich allerdings nicht daran, erstens auch daran Kritik zu üben und zweitens anderen Therapieformen ihre Gültigkeit zu belassen. Ich bedaure daher sehr, daß das neue Psychotherapeutengesetz, das nun in Deutschland die Landschaft bestimmt, so viele interessante Zweige der Psychotherapie zum Verdorren bringt.

Es gibt noch eine dritte »Quelle« meiner Darstellungen, und diese ist weniger leicht zu identifizieren.

Sowohl Lebensläufe von Psychotherapeuten, die uns in Interviews geschildert wurden, als auch sehr persönliche Gespräche mit Kollegen über bestimmte Themen wurden von unseren Gesprächspartnern immer wieder mit dem Hinweis versehen, daß wir dies »so«, wie sie es erzählt hatten, nicht veröffentlichen dürften. Die »Szene« der Psychotherapie ist relativ leicht zu überschauen, und natürlich ist die Identifizierung von Kollegen bei irgendwelchen besonders prägnanten Aussagen oder Erlebnissen ganz leicht. Gerade diese Erlebnisse aber waren oft in spezieller Weise geeignet, etwas Wichtiges zu veranschaulichen. Ich wählte daher die Form der Idealtypen, indem ich Aussagen verschiedener Gesprächspartner »bündelte« und so zusammenstellte, daß sie zwar ein sinnvolles Ganzes ergaben, trotzdem aber verschiedenen Personen zugehörten. Die »Gestalten« sollten dabei gewahrt werden. Es gibt keine Methode der Überprüfung bei dieser Form der Darstellung, die Leser müssen sich damit zufriedengeben, daß sie beim Lesen ein Gefühl von Stimmigkeit haben. Ohne diesen Schritt hätte ich viel wertvolles Material verloren, das wäre schade gewesen.

Es sind daher bei diesen Personendarstellungen keine Literaturangaben gemacht worden, damit auf keinen Fall kenntlich wird, in welcher Arbeit bestimmte Aussagen gemacht wurden. Natürlich kann ich nicht verhindern, daß die befragten Personen selbst die eine oder andere Aussage, die sie gemacht haben, wiedererkennen. Sicher verhindern jedoch meine Vorsichtsmaßnahmen, daß irgendein anderer (auch ein Kollege) diese Aussagen identifizieren kann.

Der Charakter einer wissenschaftlichen Arbeit bleibt daher insoweit gewahrt, als alle zitierten Diplom- und Doktorarbeiten in der Universitätsbibliothek der Technischen Universität Berlin eingesehen werden können. Meine eigenen oft recht persönlichen Meinungen und Urteile sind leicht als solche kenntlich, ich stehe daher für jede Diskussion darüber zur Verfügung.

Folgende Arbeiten im Bereich des Projekts »Der Beruf des Psychotherapeuten« standen Pate für dieses Buch:

Arndt, Samierah, *Die Persönlichkeit des Psychotherapeuten*, Dipl.-Arb. TU Berlin, 1998.

Beiten, Nicola, und Sabine Raedler, *Psychotherapeuten im Spannungsfeld zwischen konventionellen und New Age-Therapien*, Dipl.-Arb. TU Berlin, 1998.

Georgopapadakou, St., *Gründe für die Wahl einer Therapieschule bei griechischen Psychoanalytikern und Familientherapeuten*, Dipl.-Arb. TU Berlin, 1999.

Goldmann, Gerhard, *Vorstellungen über therapeutische Idealprofile*, Dipl.-Arb. TU Berlin, 1997.

Hundt, Ulrike, *Westliche Psychotherapie und östliche Spiritualität*, Dipl.-Arb. TU Berlin, 1998.

Huth, Irina, *Zur Berufsmotivation und Berufszufriedenheit von Psychoanalytikern*, Dipl.-Arb. TU Berlin, 2000.

Kant, Andrea, *Spiritualität in Biographie und beruflichem Selbstverständnis von PsychotherapeutInnen*, Dipl.-Arb. TU Berlin, 1999.

Katein, Erwin, *Heilungskonzepte und Beziehungsvorstellungen von Psychodramatherapeuten*, Diss. TU Berlin, 2000.

Kavvadia, V., *Motive für die Wahl einer Therapiemethode bei griechischen DiplompsychologInnen. Gruppenanalyse und Verhaltenstherapie im Vergleich*, Dipl.-Arb. TU Berlin, 1999.

Keil de Ballon, Silvia, *Biographien Analytischer Psychotherapeuten nach Jung: Motive und Konsequenzen für die Berufswahl*, Dipl.-Arb. TU Berlin, 1998.

Nufer, Sonja, *Der berufliche Werdegang von DiplompsychologInnen/PsychotherapeutInnen. Motive und Erfahrungen*, Dipl.-Arb. TU Berlin, 1999.

Rölcke, Frank, *Selbstwahrnehmung der therapeutischen Arbeit von selbständigen PsychoanalytikerInnen*, Dipl.-Arb. TU Berlin, 1999.

Schulze, Reinhild, *Heilungskonzepte von Geistheilern*, Dipl.-Arb. TU Berlin, 1998.

Siefkes, Marie Luise, *Zur Rolle moralischer Werte in der Verhaltens- und Gesprächspsychotherapie*, Dipl.-Arb. TU Berlin, 1999.

Studienprojekt TUB, *Berufsbiographien von PsychotherapeutInnen*, 1996.

Tomsic, Julia, *Burnout bei PsychotherapeutInnen. Das Erleben von Arbeitsbelastungen und der Umgang mit ihnen bei PsychoanalytikerInnen und BioenergetikerInnen*, Dipl.-Arb. TU Berlin, 1999.

Tulodziecki, Katja, und Anja Zilker, *Macht in der Psychotherapie aus der Sicht der Klienten*. Dipl.-Arb. TU Berlin, 1997.

Allen meinen Studentinnen und Studenten schulde ich Dank. Viele von ihnen haben sich mit ihren Arbeiten identifiziert und damit auch einen neuen Zugang zum Beruf des Psychotherapeuten gewonnen. Einige haben diesen Beruf inzwischen auch gewählt. Ihnen ganz speziell wünsche ich viel Erfolg und ein reiches berufliches Leben. Wenn es mir gelingt, sie vor einigen der beruflichen »Fallen« zu bewahren, dann ist ein Zweck diese Buches erfüllt.

4

Beruf oder Berufung: die Motivation

Unter den wichtigsten Theorien zur Berufswahl sind für die Psychotherapeuten sicher diejenigen am relevantesten, die sich darauf beziehen, daß weniger die Eignung als vielmehr die Neigungen im Vordergrund stehen (Super, 1953; Ginzberg, 1951) und daß Bedürfnisse und Antriebe wesentlich sind, wobei – psychodynamischen Theorien zufolge (Moser, 1963; Bordin, Nachman und Segal, 1963) – kindliche Grundbedürfnisse durch die Berufswahl sublimiert werden. Außerdem kann man die Berufswahl (Moser, 1963) auch als den Versuch betrachten, im Arbeitsleben eine spezifische Konfliktthematik zu lösen.

Diese Modelle (nicht zufällig stammen sie aus den Zeiten wirtschaftlichen Wachstums) sind zwar für die heutige Zeit mit ihrem Mangel an Arbeitsplätzen wohl nicht unhinterfragt anwendbar. Für die Psychotherapeuten allerdings scheinen sie sehr relevant, wenn man die vielen Aussagen von Psychotherapeuten über ihre Berufswahlmotivation ernst nimmt. Wie selten ein anderer Beruf wird gerade dieser mit sehr wichtigen Aspekten des Selbstkonzepts in Beziehung gesetzt. Es kommt so gut wie nie vor, daß eine Therapeutin angibt, sie habe den Beruf nur halbherzig gewählt und sei dann irgendwie »hineingewachsen« – eine Aussage, die man in anderen Berufsfeldern oft findet.

Diejenigen Autoren, die sich mit den Ursachen für die Berufswahl von Psychotherapeuten im engeren Sinne befassen, geben ausgefeiltere, oft psychodynamische Erklärungen. Meist beziehen sich diese Autoren zwar auf den Beruf des Psychoanalytikers, es lassen sich allerdings die meisten anderen Therapieschulenvertreter ohne Mühe in dasselbe Schema einordnen.

Schon 1913 hat Jones in seinem Essay »The God Complex« festgestellt, daß die Berufswahl des Psychoanalytikers von dem unbewußten Wunsch getrieben sein kann, einen ursprünglichen Zustand kindlicher Allmacht wiederherzustellen. »Ein Streben nach Abgesondertheit und Unzugänglichkeit, nach einer Aura des Geheimnisses kennzeichnet den betreffenden Typ … Machtvorstellungen und besonders die Vorstellung, über großen Reichtum zu verfügen, sind häufig. Sie halten sich für allwissend … Konstante, aber weniger charakteristische Attribute sind Streben nach Anerkennung, der Wunsch, Schwache zu beschützen, der Glaube an die eigene Unsterblichkeit …« (Jones, 1913).

Die »Distanz« zu anderen Menschen beschreibt Jones als ein wesentliches Kennzeichen des Psychoanalytikers, weshalb auch das Privatleben mit einem »Schleier des Geheimnisses« umgeben wird.

Eine ähnliche Auffassung zeigt auch Wheelis (1966), wenn er meint, daß das Intimitätsproblem ein wesentliches Merkmal des Psychoanalytikers sei. Diese Personengruppe, so sagt er, sei in besonderer Weise ängstlich bemüht, nicht in allzugroße Nähe zu anderen zu geraten, um sich keiner Kränkung aussetzen zu müssen.

Sowohl Schmidbauer (1992) als auch Alice Miller (1975) sowie H. E. Richter (1997) gehen auf dieser Linie weiter. Für alle drei ist eine Störung des narzißtischen Gleichgewichts der wichtigste Grund für die Wahl des Therapeutenberufes.

Miller verweist dabei auf die emotional tief verunsicherte Mutter, die ihr Kind zur Absicherung braucht und das Kind nur dann libidinös besetzen kann, wenn dieses ihr ihren Selbstwert bestätigt. Solche Kinder bilden dann ein besonderes Sensorium aus für das, was die Mutter »braucht«. Damit ist der Grundstein für die spätere Therapeutenpersönlichkeit gelegt. Begleitet sei diese Entwicklung, so Miller, von der Ausbildung einer »Als-ob-Persönlichkeit«, eines »falschen Selbst«. (Natürlich wird davon ausgegangen, daß der Therapeut sich dieser Dynamik schließlich bewußt wird, damit er nicht die gleiche Manipulation auf seine Patienten ausübt, denen er als Kind selbst ausgesetzt war.) Es bleibt allerdings bei dieser Beschreibung ein vages Unwohlsein: Ob denn den Therapeuten dies wirklich gelingt? (Siehe dazu das Kapitel 12.)

Ähnlich sehen es Schmidbauer und Richter: Das »Helfer-Syndrom« (Schmidbauer), seit vielen Jahren als Schlagwort in aller Helfer Munde, basiert ebenfalls auf einer tiefen Selbstwertproblematik, bei der orale Wünsche abgewehrt werden müssen. Bei Richter werden die Kontaktdefizite angesprochen. Dies ist es auch, was v. Rad (1996) meint, wenn er vom »Leben aus zweiter Hand« spricht.

Schmidbauer hat in einem weiteren Buch (1992, 1995) spezifiziert, in welcher Weise Psychotherapeuten mit der Grundproblematik des Narzißmus umgehen. Er schildert vier »Typen«: Das »Opfer des Berufes« wird gänzlich aufgezehrt von seinem Berufsleben. Der »Spalter« verhält sich bei seiner Arbeit ganz anders als privat. Der »Perfektionist« tut alles, um sich auch emotional zu »vervollständigen«, der »Pirat« schließlich beutet seine Patienten aus, um sich privat zu sanieren.

Rouslin-Welt (1990) und Herron (1978) wiederum behaupten, daß Personen mit einer zwanghaften Persönlichkeitsstruktur häufiger als andere von diesem Beruf angezogen werden. Sie nennen das ausgeprägte Kontrollbedürfnis des Psychotherapeuten als eines seiner wesentlichen Persönlichkeitsmerkmale, das Streben nach Macht sowie die Angst vor Beeinflussung. Ein weiteres Merkmal, so behaupten sie, sei eine (Pseudo-)Gewißheit in all ihren Aussagen, die der Abwehr von Selbstwertproblemen diene. Diese Angst vor Kontrollverlust hindere den Therapeuten daran, sich emotional auf sein Gegenüber einzulassen, weshalb sie Psychotherapeuten als nicht besonders empathisch einschätzen. All dies, so meinen die Autoren, ist Ausdruck der fehlgeschlagenen Versuche, die Eltern zu beeinflussen, von denen sie selbst narzißtisch mißbraucht wurden. Dies überträgt sich auf das Arbeitsfeld, wo sie in einer gegenseitigen »Pseudobeziehung« die Patienten bemuttern.

Daß Psychotherapeuten ihre Berufswahl unter dem Aspekt der Selbstheilung treffen, wird immer wieder und von unterschiedlichen Positionen, auch von empirischen Ergebnissen her, beleuchtet.

Goldberg (1986) zum Beispiel zeigt mittels Forschungsergebnissen auf, daß Psychotherapeuten ihren Beruf auffallend oft deshalb wählen, weil sie einsam und isoliert sind. Henry et al. (1973) und Greben (1973) stellen ebenfalls fest, daß viele Psychotherapeuten Schwierigkeiten haben, Nähe zuzulassen. Die auch von ihnen gewünschte Nähe stellen sie lieber qua Beruf her als über ihre privaten Kontakte. Auch Guy (1987), ein sehr abwägender und ausbalancierender Forscher, stellt fest, daß es eine Reihe von Therapeuten gibt, die zwar gerne Traditionen und Normen angreifen, dies aber nicht selbst tun, sondern lieber indirekt, indem sie ihre Patienten dazu ermuntern.

Es sind also sehr persönliche Motive, häufig defizitärer Art, die zur Berufswahl des Psychotherapeuten führen. Die Möglichkeit, diese destruktiven Persönlichkeitseigenschaften durch den Beruf umzugestalten und konstruktiv zu verwenden, mag zwar angestrebt werden, nach Ansicht der genannten Autoren jedoch siegen oft diejenigen unbewußten Kräfte, die der Berufsausübung nicht unbedingt förderlich sind.

Doris Schaeffer (1990) hat Lebensläufe von Psychotherapeuten skizziert und einer detaillierten Analyse unterzogen. Es handelte sich um Psychotherapeuten eher unkonventioneller Art, auch um solche ohne ein vorangegangenes Medizin- oder Psychologiestudium. Ihre Schlußfolgerung für die Motivation, Psychotherapeut zu werden, scheint aber – mit Einschränkungen – auch für konventionell ausgebildete Psychotherapeuten zu gelten. Sie lautet nämlich, daß alle diese Therapeuten von irgendeiner Art »Erleuchtung« ausgegangen sind, daß der Entschluß, Psychotherapeut zu werden, sich als meist plötzlicher, unwiderstehlicher und nicht zu hinterfragender ergab. Meist war ein Knick in der Lebensgeschichte sichtbar.

Nun gehören fast alle von uns befragten Therapeuten den konventionellen Schulen an, und alle haben auch eine entsprechende akademische Vorbildung. Trotzdem ist das Muster, das bei den Angaben zur Motivation vorherrscht, demjenigen der Therapeuten bei Doris Schaeffer oft recht ähnlich.

Erstaunlich häufig nämlich werden die Erinnerungen an die Zeit der Berufswahl auch von unseren Interviewpartnern als eine Art »Erleuchtung« dargestellt, als ein ganz und gar persönliches Erlebnis also, das wenig zu tun hat mit differenzierter Kenntnis dessen, was der Beruf eigentlich beinhaltet.

Besonders oft hat Mullan in seiner Interviewstudie über Berufsmotivation und Berufsweg Therapeuten gefunden, die sich in dieser Weise über ihre Berufswahl äußerten. Ein Humanistischer Psychologe spricht zum Beispiel von Erleuchtungserlebnissen durch Musik und Yoga, ein Therapeut des Neurolinguistischen Programmierens (einer eher rationalen Therapieform) verweist auf seinen spirituellen Lehrer – bei der Meditation kam ihm die Erleuchtung, er sei zum Psychotherapeuten berufen (Mullan, 1996).

Auch unsere eigenen Forschungen zum Beruf des Psychotherapeuten haben immer wieder gezeigt, daß tatsächlich sehr viele Therapeuten die Motivation, die sie zum Beruf treibt, als etwas äußerst Persönliches, ja Intimes begreifen. Es ist sehr oft mit einem »Aha«-Erlebnis verbunden.

Aussagen dazu klingen dann etwa so:

»Es passierte«, »wie von selbst«, »aus dem Bauch heraus«. »Als ich in einem Zirkel von Jugendlichen erstmals von Freud hörte – in diesem Moment war alles entschieden« (alle Zitate in Huth, Nufer, Studienprojekt TUB).

Das alles sind Aussagen, die stark adoleszent geprägt sind und von sehr frühen Erfahrungen zeugen. Vermutlich werden in dieser wichtigen Periode der Identitätsfindung die eigenen Nöte und Defizite erstmals deutlich spürbar und mit solcherart »Erleuchtungen« beantwortet.

Auch ich selbst (Jaeggi, 1991) habe Ähnliches erlebt. Auf einem Spaziergang, wie aus heiterem Himmel heraus, tat sich mir diese Möglichkeit auf, und ich wußte: das wird mein Beruf. Kritisches Überlegen und andere Erfahrungen brachten mich zuerst auf Umwege, die aber schließlich doch – hoffentlich etwas reflektierter – zur Erstberufswahl zurückgeführt haben.

Kai, ein Psychotherapeut jungianischer Richtung, gehört ebenfalls zu diesem Typ. Er gibt – auf die Motivation für seine Berufswahl hin befragt – an, daß er sich in der Pubertät sehr stark mit Sinnfragen beschäftigt habe. »Die üblichen Turbulenzen dieser Jahre, vor allem die Sexualität«, seien es gewesen, die ihn dazu gebracht hätten, seinen konventionellen Glauben über Bord zu werfen und sich mit der Frage zu beschäftigen, wozu wir eigentlich auf der Welt sind, ob nicht alles sinnlos sei, und ähnlichem. Da sei er zuerst – noch ziemlich jung – in eine Sekte gekommen – die Bhagwan-Sekte – und habe sich sogar bis nach Poona gewagt, obwohl er eigentlich ein eher ängstlicher Mensch sei.

Dort habe ich richtige »Erleuchtungserlebnisse« gehabt, das heißt: natürlich war das alles eher so ein hysterisches Getue, aber wir waren solch eine tolle Gruppe von Jugendlichen – nächtelange Diskussionen, Psychoübungen und ähnliches. Mein Gruppenleiter damals war in einer höheren Charge bei den Bhagwan-Leuten, der war, glaube ich, Gestalttherapeut. Manchmal dachte ich wirklich und wahrhaftig, ich sei schon der Erleuchtung nahe. Ich wollte in diesem Zusammenhang unbedingt Therapeut werden, natürlich einer von dieser erlebnisorientierten Sorte.

Zuerst machte er dann auch eine Art Gestalttherapie-Ausbildung. Aber dann lernte er – das war schon nach dem Studium, als er in einer Erziehungsberatungsstelle arbeitete – eine Frau kennen, die eine jungianische Ausbildung machte. Er interessierte sich für die Frau, war auch einige Jahre mit ihr zusammen in einer Partnerschaft, und da fing er an, C. G. Jung zu lesen. Seine Träume und das »Horchen auf das Unbewußte« sind von da an wichtig geworden. Er hatte damals das Gefühl, wieder an seine alten Sinnprobleme in der Pubertät anzuknüpfen, und so bewarb er sich um Aufnahme in das jungianische Institut. »Ich habe zwar meinen alten Kinderglauben schon lange abgelegt, aber die Fragen der Religion sind mir doch immer noch wichtig – und da finde ich bei den Jungianern mehr Verständnis als bei den anderen Therapeuten.«

Auch Mario, ein 45jähriger Arzt, gibt lapidar an: »Die Entscheidung kam auf mich zu.« Er habe das »Verborgene gesucht – da gab es nichts anderes«.

Immer wieder werden die Motive mit denen der Pubertät verknüpft: »Der Sinn des Lebens«, »das kann doch nicht alles sein«, »das Gefühl, das ist etwas Besonderes«, und ähnliche Erfahrungen werden sehr oft als Ausgangspunkt der Entscheidung zum Beruf des Psychotherapeuten angegeben (Nufer, 1999; Huth, 1999; Kavvadia, 1999; Georgopapadakou, 1999).

Natürlich drücken sich nicht alle Therapeuten so aus; bei manchen gibt es Phasen der Unsicherheit (interessanterweise sind die Alternativen oft künstlerische Berufe!), auch ab und zu der Unschlüssigkeit darüber, welche Richtung man bevorzuge, und andere Gedanken.

Bei Vera zum Beispiel gab es mehrere Möglichkeiten: Sie hatte immer wieder einmal mit dem Beruf der Schauspielerin geliebäugelt, das Probesprechen bei einer privaten Schauspiellehrerin war auch sehr positiv verlaufen. Noch knapp vor dem Abitur war Vera unschlüssig. Ihr Vater, ein Kinderarzt, hatte in späteren Jahren noch eine Ausbildung zum Familientherapeuten gemacht – was sie davon gehört hatte, gefiel ihr. Eine Berufsberatung ergab, daß Vera vermutlich eine gute Therapeutin werden konnte, und die Berufsberaterin empfahl ihr eine tiefenpsychologische Ausbildung als Kindertherapeutin. Das aber war Vera wiederum allzu nahe am väterlichen Geschäft. Sie ließ sich beide Wege offen, studierte Psychologie, nahm Schauspielunterricht und arbeitete sich durch all die verschiedenen Therapieschulen. Immer wieder besuchte sie Workshops und Seminare – und beschloß nach Abschluß des Studiums, zuerst einmal zu warten. Sie nahm eine der wenig begehrten Stellen beim TÜV an und überlegte weiter. Irgendwann wurde klar: das Theaterspielen konnte ein nettes Hobby bleiben (sie spielt jetzt in einer Laiengruppe), ihre Ausbildung machte sie in der Gestalttherapie. Hier hatte ihr ein besonders beeindruckender Workshop-Leiter sehr imponiert, und daraufhin war der Entschluß gefaßt. Diesen hat sie auch nie bereut. Nur daß sie jetzt noch eine »Nachqualifikation« machen mußte, ärgerte sie. Sie ist auch der Überzeugung, daß diese ihr nicht viel gebracht hat.

Über Unterschiede der Begründung in der Wahl der theoretischen Ausrichtung gibt es wenig Literatur. Hagin (zit. in Ambühl, 1995) stellte fest, daß die theoretische Orientierung stärker von den zur Verfügung stehenden Ausbildungsmöglichkeiten abhänge als von persönlichen Bedürfnissen, während bei Norcross und Prochaska (1983) eher die persönlichen Wertmaßstäbe eine Rolle spielen.

Ambühl et al. (1995) haben in einer großen Fragebogen-Studie bei 1225 Psychotherapeuten festgestellt, daß die theoretische Orientierung im Laufe eines Berufslebens sehr wechselhaft ist, was für die einzelnen Schulen allerdings in unterschiedlichem Maß gilt. Psychoanalytiker sind am wenigsten zu einer Öffnung oder einem Wechsel ihrer therapeutischen Orientierung bereit, was darauf hindeutet, daß sie von Anfang an eine sehr klare und vielleicht auch persönlichkeitsbestimmte Wahl treffen. Für andere Therapieschulen gilt, daß sie sich im Laufe ihres Berufslebens immer mehr für andere theoretische Konzepte öffnen. Vermutlich hat beides negative und positive Seiten. Einerseits ist eine frühe Identifizierung sicher wichtig, um die Strapazen der Ausbildung heil zu überstehen, andrerseits aber drohen hier natürlich auch Verhärtung, ja sogar Sektenbildung.

Es gibt ziemlich wenige Variationen in den Erklärungsmustern für die Berufswahl.

Diana Blau (1991) weist in besonders ausgeprägter Form auf, wie die Hauptlinie der Erklärungen aussieht, indem sie behauptet, man sei für den Beruf des Psychotherapeuten schon als Säugling vorherbestimmt.

Ganz so kraß hat das zwar niemand unserer Befragten ausgesprochen, aber alles in allem läuft es doch auf Ähnliches hinaus, wenn man die Erklärungsmuster durchsieht.

Ein sehr typisches Beispiel dafür ist Maria, eine Psychoanalytikerin, die als einen ihrer Schwerpunkte die Familientherapie angibt. Sie erzählt über ihre Berufswahl, daß sie »schon in der Kindheit« das »Helfer-Kind« gewesen sei. Die Ehe der Eltern sei nicht so besonders glücklich gewesen, sie habe in einer recht zerbrechlichen Beziehung als »Kitt« gewirkt. Dazu komme noch die Tatsache, daß sie die Älteste von drei Geschwistern sei, da habe sie ziemlich viele Aufgaben übernommen.

Ich war immer die »Vernünftige«, dafür habe ich natürlich viel Lob bekommen, diese »Helferrolle« habe ich mir auch ausgesucht später dann, bei anderen Kindern. Ich habe schon mit zehn Jahren gewußt, daß ich irgendso'nen Helferberuf ergreifen werde. Dazu kommt noch, daß mein Vater, ein Kinderarzt, sich speziell mit behinderten Kindern beschäftigt hat, und da gab es sicher auch so etwas wie eine Delegation von ihm.

Maria gibt auf näheres Befragen an, daß sie sich an Szenen erinnert, wo in der Nacht zwischen den Eltern ein lautstarker Streit ausgebrochen war.

Meine nächstjüngere Schwester, die ist immer ängstlich gewesen, die hat dann immer zu weinen begonnen und ist an mein Bett gekommen. Da habe ich sie getröstet und immer wieder gesagt, daß die sich sicher nicht scheiden lassen, daß alle Menschen auch mal streiten und so weiter. Einmal bin ich sogar aufgestanden und ins Wohnzimmer gegangen und habe die Eltern ermahnt.

Sie glaubt, daß sie als Familientherapeutin noch immer »die Ehe der Eltern kitten will«. Als die Berufswahl dann ernsthaft anstand, schwankte sie, ob sie nicht eher Sonderschulpädagogik machen solle, das hätte sie auch interessiert. Psychologie erschien dann aber auch wieder interessanter, sie habe ja nicht gewußt, wie praxisfern die Ausbildung verläuft. »Aber ich hab's durchgestanden, weil mir das Ziel ganz klar vor Augen stand: Psychotherapeutin.« Wie sie dann eigentlich ganz speziell auf diesen Beruf gekommen sei? Nun, natürlich gab es die üblichen Berufswahl-Wochen in der Schule, aber da war ihr Wunsch schon ausgeprägt. Wichtiger war wohl eine Freundin, die eine Krise in der Pubertät gehabt habe. Jetzt würde sie sagen, daß diese damals eine Zwangsneurose entwickelt habe. Jedenfalls hat die Klassenlehrerin sie gerufen und sozusagen mit der Aufgabe »betraut«, sich um das Mädchen zu kümmern.

Dieses Mädchen – übrigens ist sie bis heute in ziemlich schlechtem Zustand – hat sich dauernd die Hände gewaschen, wollte nicht mehr rausgehen, weil man sich dabei so viele Bakterien holen könne, und eben solche typischen Symptome. Sie wurde dann zum Therapeuten geschickt, ab und zu hat sie mir auf mein Drängen hin auch erzählt, wie es da zugeht, das war für mich wahnsinnig interessant. Ich selbst konnte natürlich mit diesen Symptomen gar nichts anfangen, aber irgendwie wird es doch ganz gut gewesen sein, daß ich da war, weil in der Klasse viele über sie gelacht haben, und ich habe sie einfach beiseite genommen und mich mit ihr normal unterhalten.

Fast immer werden also intime Faktoren genannt, solche, die tief in die Kindheit hineinreichen.

Die angegebenen, als spezifisch erachteten familiären Verhältnisse erscheinen allerdings relativ unspektakulär. Meist sind es die üblichen, in unseren Familien bestehenden Probleme: abwesender Vater, depressive Mutter, Streit und/oder kalte Beziehung der Eltern zueinander, »besonderes« Kind sein müssen, »nichts Besonderes« in der Geschwisterreihe sein, auffällig im Negativen oder Positiven, über Leistung etwas beweisen müssen und ähnliches mehr. Die meisten Familienverhältnisse werden also nicht als extrem geschildert.

Die These von der Parentifizierung bzw. vom »Helfer-Kind«, das in der Familie verantwortlich war für die Kommunikation, das Kind, das die Ehe der Eltern zusammenhalten oder die Mutter (meist war es diese, selten der Vater) »trösten« mußte, wird von sehr vielen Psychotherapeuten angegeben. Die Schule, der man angehört, ist dabei nicht so wichtig, denn die dazugehörige Literatur sowie die immer wiederholten Stereotypen sind sehr bekannt und werden daher immer wieder benutzt, wenn man sich die Motivation für den Beruf überlegt. Viele sagen auch, daß ihnen all dies erst in ihrer Eigentherapie klargeworden ist.

Nur bei einigen wenigen sind es sehr traumatische Erfahrungen, die für die Motivation wesentlich sein sollen, so zum Beispiel bei Elefteira, einer griechischen Gruppentherapeutin, die ihre Mutter verlor, als sie fünfeinhalb Jahre alt war. »Ich war eine total depressive Person … Der Verlust meiner Mutter in einem so jungen Alter war für mich ein Stempel und eine sehr harte Ohrfeige … mit einem sehr strengen Vater, der Hut und Uniform trug, es war sozusagen der Teufel los …« (Kavvadia, 1999).

Auch Herr Esche, ein Kommunikations- und Verhaltenstherapeut, hat seine Mutter verloren, als er fünf war, woraufhin er, wie er sagt, das »Reden verlernte«. »Ich war ein stummes Kind … ich war für niemanden wichtig« (Nufer, 1999).

Gianni (Kognitiver Verhaltenstherapeut) hat sich in der Pubertät völlig alleingelassen gefühlt, weil er als »Bauer in der Großstadt« von den Stadtkindern verachtet wurde (Kavvadia, 1999). Der Körpertherapeut Mr. Redwood hat mit 16 Jahren bei einem langen Krankenhausaufenthalt sehr viel über sich nachgedacht (Nufer, 1999). All dies aber sind eher Ausnahmen.

In den meisten Fällen sind die Begründungen für die Wahl eines Helferberufes aus der Kindheit heraus viel weniger dramatisch und traumatisch: Es dominiert die »Helferperson« als Erklärung, oft auch eine etwas vage beschriebene »unglückliche Kindheit«.

Frau H., eine Psychoanalytikerin, sagt zum Beispiel: »Ich denke, so um die Geburt meiner Schwester sind mehrere Dinge passiert, da ist erstens meine Urgroßmutter gestorben, zu der ich ein sehr enges Verhältnis hatte ... Mein Vater fing richtig an zu arbeiten, war also fast ständig weg. Und meine Mutter kriegte halt noch ein Baby und war damit sehr beschäftigt ... Ich glaub, ich bin zu der Zeit dann in den Kindergarten gekommen ...« (Huth, 2000).

Frau O., ebenfalls eine Psychoanalytikerin, erinnert sich, daß ihre Mutter immer von den schweren Zeiten erzählte – da habe sie »das Zuhören« gut gelernt (Huth, 2000).

Melina, eine Kognitive Verhaltenstherapeutin, erklärt, daß sie in ihrer Familie »sehr früh ... das Mitglied war, das Autarkie zeigte und Problemlösungen lieferte, im Gegensatz zu allen anderen, die vielleicht Schwierigkeiten hatten, den Dingen zu begegnen« (Kavvadia, 1999).

Frau Weide, eine Psychoanalytikerin, erklärt zu ihrer Motivation: »... eindeutig eine Helferrolle ... als älteste Schwester, ich habe noch drei jüngere Geschwister, für die ich Sorge zu tragen hatte ... auch in schwierigen Situationen zu reagieren ... und daß man auf der anderen Seite Kind war, bedürftig war, aber nichts gekriegt hat« (Nufer, 1999).

Pubertäre Loslösungsprobleme, pubertäre Sinnfragen (Keil de Ballon, 1998), eine schwierige Mutter (Georgopapadakou, 1999) oder eine unglückliche Ehe der Eltern mit allen dazugehörigen Problemen der Ambivalenz scheinen nicht aus dem Rahmen der »üblichen« Probleme in den westlichen Familienbeziehungen zu fallen. Herr S. wiederum gibt an, daß er von der Mutter sehr vereinnahmt wurde und daher einen Wunsch nach »Selbstbehandlung« verspürte. Spannungen zwischen den Eltern, zwischen den Generationen, Einzelkindstellung oder Letzter in der Geschwisterreihe: all dies kann zur Erklärung für den Berufswunsch dienen.

Welche Bedeutung haben solche Konstruktionen?

Auf jeden Fall erweisen sie sich als Indiz dafür, daß die Berufswahl sehr tiefe und persönliche Wurzeln hat, auch: daß man vielleicht gar nicht anders »konnte«. Letzteres wird nicht zuletzt dadurch gestützt, daß ein anderer »Berufungswunsch« bei vielen Psychotherapeuten auch noch als Alternative eine Rolle spielt, nämlich der Beruf des Künstlers. Schauspieler, Musiker, ab und zu auch bildender Künstler sind bei vielen in Frage gekommen und wurden dann vom größeren (sicheren) Berufswunsch »Psychotherapeut« verdrängt. Es handelt sich also oft um zwei »Berufungsberufe«, zwischen denen man wählen mußte.

Der Beruf als »Berufung« steht im Zentrum, wobei es in gewisser Weise eine schmerzliche Berufung ist, die hier Pate steht. Ähnlich dem traditionellen »Heiler«, der in sehr vielen Kulturen durch große Mühsal und Schmerzen gegangen sein muß, um seiner Berufung gerecht zu werden, wird auch bei den angegebenen Berufswahlmotiven sehr klar ausgedrückt, daß diese Berufung keine leicht zu tragende Bürde ist. Anders als beim Heiler allerdings spielt hier speziell die Kindheit und damit das Motiv der ungewollten »Belastung« eine wichtige Rolle.

Die Erklärungen, die – ziemlich uniform – Therapeuten, unabhängig von der Therapieschule, von ihren Motiven geben, sind in Deutschland fast alle angelehnt an die bekannten Bücher von Schmidbauer und Miller; bei den Amerikanern und Engländern wird »The Wounded Healer« oft zitiert, bei den Griechen wechseln die Erklärungen je nach Studienort. Der Bedarf an stimmigen und mit den sozusagen »offiziellen« Erklärungsmodi übereinstimmenden Erklärungen wird offenbar durch die Konstrukte der entsprechenden Autoren ziemlich gut gestillt. Diese Bücher geben einen weiten Rahmen vor: Narzißtische Störungen können auf jeder Basis postuliert werden, Abwehr oraler Wünsche ebenso – und daß man irgendwie vielleicht mehr als andere »gelitten« hat, ist in dieser Berufsgruppe eine Art Adelsprädikat.

Nun ist eine solche »Berufung« natürlich auch eine Auszeichnung, egal, wie schmerzlich sie sein mag. Der lange Weg von den Kindheitstraumen (eingebildet oder auch nicht) zur konstruktiven Bewältigung in Form des (sublimierten) Berufswunsches birgt natürlich sehr viel an achtenswerten Schritten. Wenn wir uns den diversen Deutungen in bezug auf die Allmachtsphantasien des zukünftigen Therapeuten in seiner Kindheit und in seiner Berufsausübung anschließen, könnte man sagen, daß schon die Art, in der die Motive für die Berufswahl konstruiert werden, sehr viel von diesen Allmachtsphantasien aufweisen: Man hatte es zwar schwer, konnte aber das Geschick konstruktiv herumreißen, hat sich gerettet und hat gezeigt, was man alles auch gegen unglückliche Konstellationen bewirken kann. Daß diese »schwierigen Kindheiten« vielleicht auch einen Schatten hinterlassen könnten, der nicht unbedingt positiv zu bewerten ist: das läßt keiner der Befragten durchblicken. Die Geschichten sind meist Heldenstories, zumindest so, wie sie von den Interviewten erzählt werden.

Diese Konstruktionen des Motivs – »ich war von Kindheit an vorbestimmt zu diesem Beruf« (natürlich, ohne daß man es wußte) – in seinen vielen Facetten weisen schon einiges von dem auf, was der Beruf auch später in seiner Ausübung noch an Gelegenheiten zu illusionären Allmachtsphantasien aufweist. Der Therapeut wähnt sich meist in der Position dessen, der viel mehr weiß als der Patient, und das in außerordentlich wichtigen Belangen. Diese Vorstellung kann er sehr lange behalten, da die Konstrukte für das Seelische besonders unscharf und ihres metaphorischen Gehalts wegen nach vielen Richtungen hin ausdeutbar sind. Definiert der Psychotherapeut sich selbst als einen, der (durch seine Leiden, durch seine Kindheit etc.) vorherbestimmt ist, dann hat er – in seiner Phantasie – sehr viel dazu getan, um Kontrolle zu bekommen, ein vielleicht ungünstiges Schicksal »herumzuwerfen«. Diese

Vorstellung greift sehr viel tiefer als etwa die Vorstellung, man habe den Berufswunsch entwickelt, weil man Vorbilder kennengelernt habe, weil man sich ein gutes Einkommen ausrechne oder einfach, »weil man das schon immer wollte«.

Die Allmachtsphantasien der Psychotherapeuten werden besonders virulent in den mehr oder weniger autarken Institutionen der Ausbildung und Überwachung. Wie nicht nur Kernberg für Amerika und bei uns in Deutschland Cremerius beschrieben haben, ist gerade in den prestigeträchtigen ältesten Ausbildungsstätten, nämlich in denen der Psychoanalyse, die Phantasie von der unumschränkten Herrschaft besonders lebendig. Die Definitionsmacht der Älteren (Lehranalytiker, Supervisoren) ist außerordentlich groß. Für Deutschland hat Cremerius erstmals in ausführlicher Form darauf hingewiesen, für die USA hat Kernberg in spöttischer Weise 30 Punkte angeführt, die es den Ausbildungsinstituten ermöglichen, die Kreativität ihrer Kandidaten zu drosseln, ja sogar zu ersticken – die unhinterfragte Autorität der Älteren gehört an vorderster Stelle dazu. Ein ganzes Heft der angesehenen Zeitschrift *Luzifer amor* beschäftigt sich in recht kritischer Weise mit der psychoanalytischen Ausbildung (26/2000) – was in den meisten Fällen zur Rechtfertigung dieser Thesen führt. Für andere als die psychoanalytischen Institute gibt es meines Wissens keine etablierte Literatur, ich fürchte aber, daß es auch dort nach den ersten Jahren der Gründungseuphorie nicht viel anders zugeht – zumindest wird einem in dieser Richtung sehr viel erzählt.

So berichten griechische Gruppenanalytiker, daß man sich mit den neuen Ausbildungsinstituten zumindest anfangs eine Heimat geschaffen habe, wo es immer ein wenig gemütlicher und kollegialer zugegangen sei.

Die Verwendung der Kategorien »Narzißmus«, »Helfer-Kind«, »Parentifizierung« etc., mit denen die Berufswahl zum Psychotherapeuten begründet wird, scheint fast so etwas wie ein Gütesiegel zu sein. Es begründet sich damit vermutlich für viele Therapeuten eine eigene Identität. So ist es nicht erstaunlich, daß bei einigen wenigen, die anscheinend in der eigenen Biographie nichts finden konnten, was die Narzißmus-Begründung bestätigt, dieses Faktum extra betont wird. »Ich bin keine Helferpersönlichkeit«, ich habe eine normale Kindheit gehabt – das ist dann eine vom Mainstream abgesetzte Entwicklung und begründet eine ganz besondere Identität. Dies ist aber selten und kann nur sehr schlecht in einen logisch und psychologisch stimmigen Begründungszusammenhang integriert werden.

Interessant ist in diesem Zusammenhang auch das ungeheuer positive Selbstbild, das Therapeuten von sich haben. Etwa 86% einer Gruppe von 3000 Therapeuten schätzten sich als »engagiert«, »tolerant«, »akzeptierend« und »intuitiv« ein – und das sowohl privat als auch beruflich (siehe dazu das Kapitel 10).

Der Entschluß für die Berufswahl ist auf jeden Fall etwas sehr Intimes und sehr Bedeutendes, das auf eine Besonderheit hinweist. Zusammengenommen drückt sich schon in der Begründung der Berufswahl und in der Art, wie diese geschildert wird, aus, daß es sich um eine Besonderheit handelt, eine Wahl, bei der rationale Motive selten eine Rolle spielen – zumindest werden sie von sehr vielen irrationalen Beweggründen gespeist. Das mag zwar bei anderen Berufen realiter auch so sein, aber bei den Psychotherapeuten wird es in besonderer Weise thematisiert. Und gerade diese Art der Thematisierung ist es, die auch wiederum eine Besonderheit darstellt und zu einem Spezifikum des Berufes wird; nämlich zum Spezifikum einer Wahl, die mit den inhärenten »Berufungsqualitäten« auch besondere Ansprüche mit sich führt.

Es könnte nun sein, daß es genau diese Ansprüche sind, die immer wieder für Mißbehagen sorgen und dem berüchtigten »Burnout« der Helferberufe Nahrung geben. Wenn einer »berufen« ist, hat er in jeder Hinsicht dieser Berufung gerecht zu werden. Kann er das nicht leisten (und es ist vermutlich schwer, dies zu tun!), dann ergeben sich wie von selbst Zweifel an der eigenen Person und Tätigkeit. Diese Zweifelsmöglichkeiten sind also schon durch die hohe Subjektivierung und sensible Psychologisierung in bezug auf die Motivation angelegt und vorbestimmt.

Ohne Zweifel aber ist es später auch der Beruf selbst, dessen strukturelle Qualitäten die Unsicherheiten und das Gefühl, man befände sich irgendwo im luftleeren Raum, noch vertiefen.

Schon der Anfangsmythos vom »Helfer-Kind« (das nach Alice Millers Buchtitel vielleicht ja auch ein besonders »begabtes Kind« ist) deutet in gewisser Weise auf den Größenwahn der Psychotherapeuten. Ein Größenwahn, den die oft nur schlichten beruflichen Erfolge und das zweifelhafte Prestige nicht eindämmen, sondern vielmehr in recht unliebsame Bahnen lenken.

5

Die therapeutische Beziehung: Herzstück und Stolperstein der Therapie

Daß die »Beziehung« das wichtigste Ingrediens für eine gute Psychotherapie ist, wurde in allen empirischen Studien (Orlinsky und Howard, 1987; Grawe, 1998, und anderen) sowie in Therapietheorien immer wieder erforscht, behauptet und gelehrt – niemand bezweifelt es, und es ist wohl auch kaum zu bezweifeln. Nur 15 % des Erfolges, so hat Lambert (1994) berechnet, sind der jeweiligen Technik geschuldet. Der Rest ist Beziehung, Persönlichkeit, Art des Zusammenpassens von Therapeutin und Patientin.

Nur: was *ist* denn diese Beziehung? Was versteckt sich dahinter? Wie weit entfernt ist die therapeutische Beziehung von einer allgemeinmenschlichen. Von welcher »allgemeinmenschlichen«? So fragt sich zum Beispiel auch Bauriedl (1998), ohne gleich eine Antwort parat zu haben.

Noch unklarer ist: Welcher »Typ« von Mensch verkörpert denn als Therapeut diese Beziehung am ehesten? Ist's der Depressive? Der Zwanghafte? Und was ist mit dem Schizoiden, der ja vor engen Beziehungen eher zurückschreckt? Oder hat es damit gar nichts zu tun? Ist diese spezifische Beziehungsfähigkeit, die man in der Therapie braucht, etwas ganz anderes als das, was den Privatmenschen ausmacht?

»Alle, die ich als gute Analytiker schätze, sind auch privat gut beziehungsfähig«, meint ein alter, erfahrener Psychoanalytiker, den ich selbst befragt habe; nicht lange nachher allerdings erfuhr man, daß sein bester Analytiker-Freund nicht nur ein Verhältnis mit einer Patientin angefangen hatte, sondern daß dessen Ehefrau sich in der Institutsöffentlichkeit recht eindeutig über die dubiosen Beziehungsqualitäten ihres Mannes ausgelassen hatte.

Die befragten Psychotherapeuten haben recht unterschiedliche Vorstellungen über die besondere Qualität dieser Beziehung.

Ein Psychoanalytiker im Sample von Rölcke (1999) schwärmt: »Wenn einer seine Frühstörung bearbeitet hat, der hat in seiner Ausstrahlung eine Weisheit, ein Wissen, eine Herzlichkeit ...« Ob er sich selbst dazu zählt? Eine Gestalttherapeutin im Sample von Goldmann (1997) allerdings ist der Meinung, daß alle Eigentherapie bei den wenigsten etwas bewirke.

Die Realität des privaten Lebens setzt übrigens den Idealisierungen des eigenen Standes ziemlich harte Fakten entgegen (siehe Kapitel 10).

Es ist nicht möglich, aus den vielen, vielen Aussagen, die die von uns befragten Therapeuten über ihre Vorstellung von therapeutischer Beziehung gemacht haben, so etwas wie eine Einheitlichkeit herauszudestillieren. Es ist außerdem nur sehr schwer möglich, die Unterschiede den Therapieschulen zuzuordnen. Auch bei Mullan (1996), der viele verschiedene Schulenvertreter in England befragt hat, kann man da nicht fündig werden. Die Meinungen gehen »querbeet«.

Folgende vier »Typen« könnte man – mit aller Vorsicht – »herauskristallisieren«:

1 Der Idealisierer

»Man muß ganz und gar ›Ich selbst‹ sein«, sagt ein Humanistischer Psychotherapeut im Sample von Mullan. »Man muß Liebe geben«, so drückt es in derselben Befragtengruppe eine Personenzentrierte Therapeutin aus. »Die Göttlichkeit im Patienten wieder herausholen«, das sagt eine Therapeutin, die Psychosynthese macht; »den spirituellen Weg begleiten« (alle in Mullan, 1996).

Aber nicht nur englische Therapeuten haben solche überhöhten Vorstellungen. Auch in Deutschland finden wir sie. Im

Sample von Katein gibt es zum Beispiel von Psychodramatikern (die alle auch noch andere Therapieausbildungen hatten) Aussagen wie: »... (Die therapeutische Beziehung) gibt Antwort auf die existentiellen Fragen und hat etwas zu tun mit dem höheren Selbst«, oder: »das Göttliche, das Entwickeln von Beziehung« (Katein, 2000).

»Sich als Mensch einbringen«, sagt auch Frau D., eine Verhaltenstherapeutin und Psychodramatikerin, zwar bescheidener im Ausdruck, aber nicht weniger anspruchsvoll, oder »eine Begegnung von Mensch zu Mensch« – so eine Gesprächs- und Gestalttherapeutin. Kein Wunder, daß bei solcher überhöhender Betrachtung auch der Ausspruch fällt: »Der ideale Therapeut und der ideale Mensch, das ist eins« (alle in Goldmann, 1997).

Keine Therapieschule scheint von solchen Idealisierungen verschont, auch Psychoanalytiker können sich in dieser Weise äußern. Allerdings fanden wir bei diesen doch sehr viel mehr distanzierende Bemerkungen, was natürlich auch ihrem theoretischen Denken in den Konzepten von der Analyse von Übertragung und Gegenübertragung entspricht. In diesem Sinne erklärt Adam Phillips, ein Psychoanalytiker aus der Befragung von Mullan, das ganze Gerede von Empathie und Liebe sei »oracular stuff«, und der Psychoanalytiker Lomas (in Mullan, 1996) meint, es gebe im echten Leben tiefere Gefühle als das, was der Therapeut aufbringen muß.

2 Die mildere Variante; »Rogers-Variablen«

Nicht immer werden so große Worte gebraucht, viele Therapeuten begnügen sich mit allgemein üblichen im Sinne von Carl Rogers: Wärme, Akzeptanz, Einfühlung. Auch die Psychoanalytiker, ein wenig genauer befragt auf die gewünschten Beziehungsqualitäten hin, zentrieren selten auf die Analyse von Übertragung und Gegenübertragung, sondern auf eben diese sehr menschlichen Eigenschaften. »Authentizität« wird genannt (Frau D., Verhaltenstherapeutin; Goldmann, 1997), oder »warme Gefühle« (Frau A., Psychoanalytikerin; Huth, 2000), »eine authentische Person sein« (Psychoanalytiker; Goldmann, 1997).

Evelin, eine 58jährige Gesprächspsychotherapeutin, redet über die Wichtigkeit der Beziehung sehr ausführlich und lange – ist sie doch auch, nach den Vorstellungen der Humanistischen Psychologie, das wichtigste, wenn nicht das einzige Heilmittel der Psychotherapie.

Ich habe das schon sehr früh empfunden, da war ich noch beim Arbeitsamt als Berufsberaterin, man meint ja, da käme es vor allem auf Informationen an und auf eine gute Testdiagnostik – zumindest dachte man das damals. Ich habe aber recht bald die Erfahrung gemacht, daß ich mich in die Situation des anderen hineinversenken muß, wenn ich seine Wünsche oder auch Enttäuschungen in bezug auf den Beruf verstehen will. Ich habe damals ganz anders gearbeitet als die Kollegen, natürlich dauerte es auch länger.

Es wird nicht ganz klar, ob dies von den Kollegen geschätzt wurde – jedenfalls ist Evelin bald weggegangen vom Arbeitsamt und hat sich als Psychotherapeutin niedergelassen.

Damals ging das ja noch, ich habe über die Liste des Bundessozialhilfegesetzes gearbeitet und gleichzeitig meine Gesprächstherapie-Ausbildung gemacht. Und da fiel es mir wie Schuppen von den Augen, daß ich ja schon die ganze Zeit beziehungsorientiert arbeite und daß ich ein ähnliches Erlebnis hatte wie Rogers, wenn er seine Anfangszeit als Berater unter Psychoanalytikern beschreibt. Rogers hat auch irgendein Unbehagen empfunden, wenn man Menschen Ratschläge gibt oder Deutungen von oben herab macht.

Evelin hat mit sich oft sehr gerungen, weil sie immer wieder das Gefühl hatte, das Gebot der Kongruenz zu verletzen. »Ich kam mir oft so wenig authentisch vor, immer wieder erwischte ich mich dabei, daß ich sehr marionettenhaft agierte, damals am Beginn war es ja auch so ein strenges Gebot, man müsse einfach ehrlich sein ...« Sie erzählt, daß sie anfangs sogar einmal ungeheuer mit sich gerungen habe, ob sie einem Patienten sagen müsse, daß sie sich in ihn verliebt habe. »Ich bin stundenlang auf und ab gegangen und habe Satzanfänge geprobt, immer wieder war ich von Scham überwältigt.« Es war für sie später ungeheuer erleichternd, daß es so etwas wie eine »selektive Authentizität« geben könne. »Heutzutage wäre das alles kein Problem mehr«, sagt sie und fügt lachend hinzu: »Aber leider verliebe ich mich nicht mehr in Patienten.«

Es fällt ihr offensichtlich schwer, die ganz besondere Bedeutung, die sie ihrer Beziehungsarbeit gibt, zu beschreiben. Unter dem Strich kommen die alten Rogers-Variablen heraus: Wärme, Echtheit, bedingungsloses Akzeptieren. Sie fügt dann noch hinzu: »Aktivität«, denn die alte Tour des schweigenden Lauschens und Wiederholens ist längst überholt. Wie sie sich fühle in der therapeutischen Beziehung? »Ganz leer und ganz voll«, sagt sie zögernd. »Ich habe fast immer ein Bild des Patienten vor mir, wie er sein könnte – und dieses Bild begleitet mich als stummer Helfer. Aber ich spüre auch, wie weit er entfernt ist davon und mit welchen Mühen das alles versehen ist. Und das gibt mir ein Gefühl des Verlorenseins. Ich kann diese innere Beziehungslosigkeit fast körperlich spüren.« Ob diese Art der Beziehung nicht für alle menschlichen Beziehungen günstig wäre, also auch im Privatbereich? Evelin zuckt die Achseln. »Therapie ist einfach ein Modellfall, das hält man im Alltag nicht durch – leider!«

Evelin hat viele gute Erfahrungen mit ihrer Therapierichtung gemacht: »Wenn man es wirklich durchhält, an einen Menschen zu glauben, und wenn der das spürt – das versetzt eben Berge!«

Die 43jährige Adele, eine Gestalttherapeutin, ist sich noch klarer über ihre Haltung den Patienten gegenüber: »Zwischen

Mensch und Patient gibt es keine Trennung«, behauptet sie, fügt dann aber doch abmildernd hinzu: »Natürlich nimmt man sich ein wenig mehr zurück!« Aber: »das eigene Leben ist Teil der Therapie«, »man muß sich als Mensch einbringen«.

3 Der distanzierte Skeptiker

Einige Therapeuten sehen das ganze Geschäft der Beziehungsarbeit etwas nüchterner. Es wird davon gesprochen, daß man sich »heraushalten« muß, daß man sich nicht »hineinziehen« lassen soll, und schon diese häufige Wortwahl zeugt von ein wenig Angst vor allzu großer Nähe. Die »Balance« zwischen Nähe und Distanz wird zwar – da inzwischen ein Schlagwort geworden – von sehr vielen Therapeuten angegeben, aber bei den Distanzierten ist man bei näherem Hinhören ziemlich überzeugt, daß es ihnen tatsächlich eher um die Distanz geht.

Sehr viel seltener als die oben erwähnten idealisierenden Aussprüche findet man bei ihnen solche, die eher dem Distanzpol zuzuordnen sind; die wenigen, die man dabei zitieren kann, sind oft (nicht immer) Psychoanalytiker.

Es kommt darauf an, »daß man den Spannungsbogen hinkriegt zwischen einem gesunden Egoismus und dem Bezogensein auf andere«, sagt ein Psychodramatiker, der auch Psychoanalytiker ist, und ein anderer: »Je (mehr ich ein) … neugieriger und interessierter Zuschauer sein kann, desto besser gelingt die Therapie« (Katein, 2000).

»Ich habe warme Gefühle, aber wünsche mir nichts Besonderes. Ich habe keine Wünsche und trauere nicht beim Abschied.« »Eine gute Barriere, ich möchte nicht mehr berührt werden« (Psychoanalytikerinnen; Huth, 2000). »Neugier als erotisches Vergnügen«, so benennt ein Psychoanalytiker in Mullans Sample das Wesentliche an Beziehungsqualität.

Auch Verhaltenstherapeuten, die noch traditionelle Vorstellungen von Heilung haben (also sehr wenige!), sprechen unter Umständen vom Therapeuten als »Reinforcer« (bekräftigender Person), wobei das Reden als nicht so wichtig oder eben »nur« als eine »Bekräftigung« gesehen wird (Mullan, 1996).

Kurt, ein Psychoanalytiker, hat, wie er sagt, jahrelang um die richtige »Balance« gerungen. Seiner Meinung nach werde über die therapeutische Beziehung ziemlich viel Unsinn geredet. Er hat sich jahrelang um dieses, wie er sagt, »undefinierbare Ding der Balance zwischen Nähe und Distanz« bemüht, jetzt meint er, sie gefunden zu haben. In früheren Zeiten sind ihm seine Fälle noch nächtelang »nachgegangen«. Er erinnert sich, daß er einmal um 12 Uhr Mitternacht voller Nervosität aufstand und in die etwa 15 Minuten entfernte Praxis ging. Er hatte das Gutachten eines befreundeten Kollegen, der etwas von Suizidalität seiner Patientin geschrieben hatte, nicht mehr ganz im Kopf und wollte sehen, wie ernst der Kollege die Situation geschildert hatte.

Ich war plötzlich aufgewacht von einem Schrei – da fiel mir die Patientin ein und mir kamen Geschichten in den Sinn, wie C. G. Jung irgendwie »vorgewarnt« worden war durch einen Schlag auf den Kopf oder so ähnlich, und dann hatte sich tatsächlich jemand erschossen. Den Schrei habe ich natürlich geträumt, die Patientin hat sich übrigens nicht umgebracht. Ich bin damals noch bei einem Kontrollanalytiker gewesen und habe ihm in einer Extrastunde das Ganze aufgeregt erzählt. Der hat mir sehr geholfen. Er hat nämlich gesagt, daß solche Träume nichts weiter bedeuten als eine schlechte Abgrenzung vom Patienten, sie hätten nichts zu tun mit irgendeiner besonderen Sensibilität, sondern nur damit, daß ich zu wenig Distanz habe – na, so war es auch, die Patientin lebt, und ich bin kein irgendwie besonders ausgezeichnetes Medium. Der Supervisor hat sich übrigens dann noch sehr despektierlich über C. G. Jung geäußert, und das hat mich wieder ernüchtert. Jetzt betrachte ich Patienten als »zu behandelnde Leidende«, das ist alles.

4 Der Abgebrühte

Man findet unter dieser (eher seltenen) Gruppe von Therapeuten solche, die recht zynisch klingen (und dabei muß man bedenken, daß sie sich immerhin einer Studentin oder einem Studenten gegenüber geäußert haben – was mögen sie wohl im stillen Kämmerlein denken?), aber auch solche, die einfach ein wenig ernüchtert, eventuell enttäuscht sind von ihrem Beruf. »Ich mag diesen Therapeutenschwindel nicht«, sagt eine Frau (Gestalttherapeutin) und fügt dann noch hinzu: »Therapeuten sind meist Schwindler oder verrückt« (Goldmann, 1997). Von »detektivischer Neugier« als Beziehungsqualität spricht Herr J. und sagt ungerührt: »Wenn jemand suizidal ist, dann ist er eben suizidal.« Er nehme seine Patienten nicht mit nach Hause. »Der kriegt von mir die Mutter nicht.« Das alles hinterlasse bei ihm keine besonderen Spuren (Huth, 2000).

Der Psychodramatiker Herr Zimmer versteht die Beziehung zwischen sich und dem Patienten als reine Austauschbeziehung. »Ich bin ein Zuschauer, der sich was zeigen läßt, ich tausche Geld gegen Empathie.« Er verwendet das manchmal in der Therapieszene verwendete Wort vom Therapeuten als Prostituierte (Katein, 2000).

Reinhard, ein Analytiker, 49jährig, ist ebenfalls ziemlich reserviert. Er hat lange in einer Klinik gearbeitet und kennt sehr schwere Fälle: schwere Pathologien, Persönlichkeitsstörungen, Borderliner – da hilft die ganze gute Beziehung, »was immer das sein soll«, nicht viel. Reinhard kann sich ereifern über die Therapien, die den Patienten »verwöhnen«. Seiner Meinung nach sind solche Therapien Gift für fast alle modernen Menschen. »Die narzißtische Gesellschaft«, das ist sein Thema. »Verwöhnt, oral anspruchsvoll, nie bereit, Verantwortung zu übernehmen« – das ist es, was fast alle Patienten kennzeichnet, und wenn man »sie dann auch noch betütert, dann hat man die gewohnte Situation wiederhergestellt«. In dieser Tonart kann Reinhard noch lange weiterreden, so daß man irgendwann den Eindruck bekommt, daß er seinen Patienten eher grollend als liebevoll gegenübersteht. Therapeutische Beziehung, so könnte man resümieren, ist »streng, aber gerecht« – so hat sich Reinhard zwar nicht gerade geäußert, aber es läuft wohl auf etwas Ähnliches hinaus.

Reinhard hat vor seiner tiefenpsychologischen Ausbildung (er ist Arzt) eine Gesprächstherapie-Ausbildung begonnen, aber die war ihm eben »zu weich«, wie er sagt. Er findet das ganze Getue mit der Wärme und der Kongruenz »und diesem Blabla« recht öde, und seiner Erfahrung hilft es eben auch nicht weiter. »Entweder man konfrontiert oder man dirigiert«, so behauptet er erstaunlicherweise. Vielleicht ist es aber nicht so erstaunlich, wenn man weiß, daß er jetzt konsiliarisch in einer Suchtklinik arbeitet und auch in der Privatpraxis viel mit Suchtpatienten zu tun hat. Therapie empfindet er wohl oft als Kampf.

In dem Maß, in dem Beziehungen unter Menschen nicht automatisch geregelt sind, unterliegen sie immer ein Stück weit der Willkür des Einzelnen; dies macht es offenbar in einer traditionsarmen Zeit schwierig, sich die richtigen »Regeln« auszudenken. Die psychotherapeutischen Schulen geben zwar einige Regeln vor, sie können diese aber offenbar nicht so klar definieren, daß keine Mißverständnisse entstehen. Die Vielfalt der Therapieschulen hat es im Laufe der letzten 50 Jahre außerdem mit sich gebracht, daß die Regeln der Psychoanalyse (wiewohl ebenfalls nie sehr klar definiert, trotz der Versuche »strenger« Theoretiker wie Eissler oder Greenson), bisher einen einigermaßen sicheren Rahmen gebend, sich in vieler Hinsicht auch innerhalb der Psychoanalyse verflüchtigt haben. Die Konzentration auf das Hier und Jetzt auch im psychoanalytischen Feld, das Aufbrechen der strikten Abstinenz, die Möglichkeiten der »Selbstenthüllung« und auch eine gewisse Naivität der Verhaltenstherapeuten den realen Gegebenheiten des täglichen Lebens der Patienten gegenüber, was auch mit einer Lockerung des Verbots der privaten Kontaktnahme einhergeht: all das trägt dazu bei, die Verkehrsformen der Therapeuten aus dem relativ strengen Korsett, das Psychoanalytiker vorgegeben haben, herauszuholen. Dies aber bringt neue Unsicherheiten mit sich. Sie werden typischerweise in derselben Sprache ausgedrückt, in der man sich über intime Alltagsbeziehungen austauscht, nämlich in der Rede über die Schwierigkeit, »Nähe und Distanz« zu balancieren.

Was bedeutet dieses Schlagwort eigentlich? Inhaltlich ziemlich wenig: Was der einzelne jeweils als Nähe bzw. als Distanz ansieht, ist schwer zu sagen und mag individuell recht unterschiedlich sein. Kommunikationsprobleme, die sich darum ranken, sind unendlich verzweigt und stets schwer aufzulösen. Sie wechseln dazu noch mit den Stimmungslagen. Versucht man, sie in konkrete Verhaltensweisen zu übersetzen, dann merkt man schnell, wie sehr sich die Wünsche an den anderen verändern – je nach Laune und Situation. Die Nähe-Distanz-Floskel eignet sich also schlecht zur konkreten Beschreibung der Problematik unter Menschen, allerdings gibt sie eine Suchrichtung vor, die offensichtlich vieles von dem, was moderne Menschen bewegt, getroffen hat.

Wir haben uns daran gewöhnt, diese räumliche Metapher vor allem auf die seelische Nähe zu beziehen. Seelische Nähe wiederum bezieht sich auf so etwas wie Offenheit des Gedankenaustauschs. Und natürlich ist auch das eine verwirrende Metapher. Es ist dabei unter Erwachsenen aber fast immer an Zweiseitigkeit gedacht – etwas, was gerade in der Psychotherapie nicht gegeben ist.

Das heißt also, daß es eine »Nähe-Distanz-Regulierung« gibt, die von derjenigen abweicht, die man im Privatleben vorzunehmen hat. In dieser Regulierung darf man sich nicht allein von den eigenen jeweils changierenden Stimmungen und denen des Patienten tragen lassen, sondern hat auch noch gewisse unalltägliche Regeln zu beachten, die aber – und dies ist das große Problem – auch wiederum nur schwach definiert sind. Der Psychotherapeut befindet sich also in einer recht zweideutigen menschlichen Kommunikationssituation.

Was dabei vor allem für viele Therapeuten Probleme schafft,

ist die Vorstellung, daß es so etwas wie eine »allgemeine Beziehungsfähigkeit« gäbe und daß diese sich im Berufs- und Privatleben gleichermaßen zeigen müßte. Das aber ist vielleicht einer der großen Irrtümer innerhalb der Therapieszene.

Es steckt unter diesen allzu allgemeinen Vorstellungen von menschlichen Beziehungen eine zweifache Unsicherheit: Einerseits geht es offensichtlich um eine prinzipielle Frage: wieweit es überhaupt möglich ist, den anderen zu verstehen, sich in seine Gefühlswelt einzufühlen und »in seinen Schuhen zu gehen«. (Ein Psychoanalytiker in Mullans Sample behauptet sogar, sich in den anderen einzufühlen sei sowieso unmöglich!) Andrerseits geht es um die Frage, wieweit jeder individuelle Therapeut imstande ist, dem Postulat der möglichst exakten Einfühlung überhaupt nahezukommen. Als eine besondere Qualität des Psychotherapeuten, der diese Empathiefähigkeit tagtäglich realisieren soll, wird dann immer wieder die eigene (private) intakte Beziehungsfähigkeit gesehen. Die wesentlichen Unterschiede, die sich ergeben, wenn man private und berufliche Beziehungen eingeht, werden dabei vernachlässigt (siehe Kapitel 14). Übersehen wird vor allem, daß es eben nicht nur auf der Patientenseite etwas anderes ist, sondern daß vor allem die Voraussetzungen, die der Therapeut mitbringen muß, etwas anderes sein könnten als das, was man im Privatleben als »Beziehungsfähigkeit« bezeichnet.

Man könnte sagen, daß – illustriert an Beispielen, an wie zufällig hingeworfenen Bemerkungen – diese therapeutischen Beziehungsvorstellungen zwischen zwei Polen aufgespannt sind: Der eine ist gekennzeichnet durch Vorstellungen, wie wir sie herkömmlicherweise in Liebes- bzw. tiefen Freundschaftsbeziehungen haben. (Eben die Idealisierer!) Die andere Vorstellung setzt sich sehr bewußt davon ab und betont das Eigenartige und Einzigartige gerade der therapeutischen Beziehung, das nichts mit den Alltagsbeziehungen zu tun habe, wo man sich distanziert und sogar ein wenig zynisch sein darf.

»Das ist kein Mensch, das ist ein Patient«, so pointierte das ein mir bekannter alter Psychoanalytiker, von dem ich übrigens weiß, daß er vielen Menschen geholfen hat.

Die zentrale Rolle der Beziehungsvorstellungen, das Herzstück der Therapie, scheint also gleichzeitig etwas sehr Persönliches und etwas sehr Allgemeines zu sein: Es ist schwer, das Wesen einer solchen Beziehung zu fassen, sie abzugrenzen von Alltagsbeziehungen und trotzdem nicht ins Mystische zu überhöhen. Gerade in dieser changierenden Qualität aber weiß man natürlich nie genau, ob und wieviel man von den im Grunde sehr anspruchsvollen Postulaten eigentlich erfüllen kann.

Es gibt offenbar einen unmittelbaren Impuls dazu, die Vorstellung von der therapeutischen Beziehung mit all ihren idealisierenden Attributen mit den Vorstellungen von Privatbeziehungen zu vermischen – auch wenn man sich sehr bemüht, dies immer wieder auseinanderzuhalten, so gibt es doch wohl einen ganz selbstverständlichen »Drang«, einem anderen Menschen in innerer Not und bei intimen Geständnissen gegenüber nicht kühl abwägend zu sein, sondern die Ebenen der Beziehung zu wechseln. Es sind dies aber, wie es scheint, unverträgliche Ebenen der Beziehung, wenn man ein therapeutischer »Beziehungsspezialist« ist.

Fast alle Psychotherapeuten geben – danach befragt, weshalb ihrer Meinung nach so viele Kollegen unter dem »Burnout-Syndrom« leiden – an, daß es die Verausgabung sei, die dauernde Empathie, das Miterleben, das psychisch aushöhlen kann, wenn man nicht Kompensationen im Privatleben schafft. Auch die Supervision wird dabei empfohlen. Um all dem gewachsen zu sein, so wird argumentiert, müsse man aber auch selbst eine starke Beziehungsfähigkeit haben (siehe Kapitel 9).

Eine der Schwierigkeiten des Berufes liegt darin, daß Therapeuten immer wieder innerlich daran zweifeln, ob es eigentlich um ihre »Beziehungsfähigkeit« wirklich so gut bestellt ist, daß sie dazu »berufen« sind, Psychotherapeuten zu werden, daß sie es ihren Patienten ohne Scham ermöglichen können, »beziehungsfähig« zu werden, und ihnen damit zu einem Happyend in ihrem Leben verhelfen, wo sie selbst doch diesem Happyend oft noch sehr ferne stehen.

Ist es aber wirklich das echte Gefühl für den anderen, die Empathiefähigkeit, das liebende »Eingehen« auf den anderen, das gefordert ist vom guten Therapeuten? Ist die Vorbildfigur im Leben die gute Mutter, die Liebende, die Freundin? Ist es also ein Beruf, der wirklich bis ins Innerste der Seele hineinragt, weil ja auch der Patient sich entblößt? Oder sollte man sich eines anderen Vorbildes bemächtigen, das weniger vom Therapeuten verlangt als seine Seele? Immer wieder wird erklärt, daß die »Chirurgen«- oder die »Spiegel«-Metapher von Freud so ernst nicht gemeint war, daß die amerikanischen seelenlosen Vorbilder (kein Händedruck, kein Bild im Behandlungszimmer, jahrelang der gleiche graue Anzug) Karikaturen sind und nicht wirklich Standbilder des guten Psychotherapeuten. Freuds reale Therapeutenexistenz wird angeführt, jeder kennt seit Cremerius' und Roazens Buch die Geschichten vom hungrigen Wolfsmann, dem ein Frühstück serviert wurde oder von der Lyrikerin Hilda Doolittle, der Freud eine Blume schenkt, und ähnliches mehr.

Was also könnte eine Vorbildfigur sein, wenn man ein guter Therapeut sein will? Beziehungsfähigkeit – von Kernberg geschildert als die Vereinigung ödipaler und präödipaler Strebungen bezogen auf einen einzigen Menschen (dem man dann natürlich auch treu ist?) –, das wäre das Ideal nicht nur für den Patienten, auch für den Therapeuten. Warum nur gibt es so viele Schilderungen – sowohl von Kollegenseite als auch von Laienseite – über schwierige Psychotherapeuten, die sich im Privatleben unmöglich benehmen, ihre Frauen und Kinder frustrieren, sich durch belangloses Gerede und maskenhafte Ausstrahlung auszeichnen? Sind das alles eben die »schlechten« Therapeuten?

Nicht ohne Erstaunen erfährt man dann von Patientenseite über eben diese Therapeuten, mit denen man im realen Leben keine halbe Stunde verbringen möchte, wie ungemein zartfühlig sie sind, wie sehr sie einem durch ihr interessiertes Zuhören geholfen haben und wie wundervoll es übrigens sein müßte, diesen wunderbaren Menschen als Vater zu haben. Manchmal hat man das Vergnügen, die Kinder dieser wunderbar beziehungsfähigen Menschen auf der Couch liegen zu sehen, und erfährt dann einiges über das Intimleben der Kollegen. Und man wundert sich, beschließt vielleicht auch, nie mehr einen Patienten dorthin zu empfehlen. Dies aber ist ganz sicher sehr ungerecht!

Die Vorbildfigur – so meine freche These – für den Psychotherapeuten ist nicht die des real beziehungsfähigen Menschen, sondern es ist die des Schauspielers. Diese These wird im übrigen von der Vorstellung, Psychotherapie sei so etwas wie ein Kunsthandwerk, ebenfalls gestützt.

Was zeichnet einen Schauspieler aus? Da ich schon mehrere Male, auch beruflich, mit Schauspielern zu tun hatte, kenne ich das Gewerbe ein wenig von »innen«, was mir hilft, diesen Beruf besser zu verstehen. Es half mir auch, den berühmten kleinen Essay von Diderot (geschrieben 1760) über das »Paradox des Schauspielers« zu verstehen. Dieser Aufsatz ist ein Juwel an Feinfühligkeit, Präzision und Gedankenreichtum über den Beruf des Schauspielers. In seiner Kernaussage behauptet Diderot, daß nur der schlechte Schauspieler mit »echtem Gefühl« arbeite, der gute Schauspieler benutze seinen Kopf. Das aber heißt nun nicht, daß der Schauspieler keine Gefühle hat, er muß sie nur »mit kühlem Kopf« umformen.

Was bedeutet dies und was hat es mit dem Psychotherapeuten zu tun? Folgen wir ein Stück weit Diderot: »Ich verlange von ihm viel Urteilsvermögen. Ich will, daß in ihm ein kalter und ruhiger Beobachter der menschlichen Natur sei. Ich fordere, als Folge davon, durchdringenden Scharfblick, aber keine Empfindsamkeit ...« Der Gegensprecher im Dialog sagt daraufhin erstaunt: »Keine Empfindsamkeit?«, worauf der Hauptsprecher antwortet: »Keine«, und dann erläutert, was er damit meint. Ein Schauspieler, der nur mit echten Gefühlen spie[illegible] so sagt er, könnte unmöglich jeden Abend mit derselben Ausdruckskraft spielen und auch nicht so viele verschiedene Rollen beherrschen. Man müsse als Schauspieler viel zu sehr beobachten, auskundschaften, nachahmen, als daß man auch noch genuin fühlen könne. Genau dies aber lasse im Zuschauer echte Gefühle entstehen. Würde der Schauspieler »echt« sein, dann würde er übersteigert und lächerlich wirken. Diderot führt dann einige Anekdoten an, die dies belegen und denen zufolge gerade die besten Schauspieler seiner Epoche in den rührendsten Momenten völlig prosaische Dinge geäußert hätten, etwa habe im Todeskampf eine Schauspielerin zu ihrem Partner, der sich verzweifelt über sie beugte, gesagt: »Du stinkst«.

»Die Tränen des Schauspielers rinnen aus seinem Gehirn herab, jene des empfindsamen Menschen steigen aus seinem Herzen empor«, sagt Diderot. Und nochmals: »Er weint wie ein ungläubiger Priester, der die Passionsgeschichte predigt, wie ein Verführer vor den Knien einer Frau, die er nicht liebt« … Immer wieder weist er darauf hin, daß der Beruf des Schauspielers ohne diese Gabe der Nachahmung eine viel zu erschöpfende sein würde und er dies nicht aushalten könnte.

Er verweist öfters auf den Unterschied zwischen der »Natur« und dem Schauspiel und zeigt wiederum, mit Anekdoten veranschaulicht, daß eine natürliche Situation, in der man echte Gefühle zeigt, für den Zuschauer meist peinlich und selten erhebend ist, sofern man nicht mitagiert. Er versteigt sich sogar zu dem Ausspruch, daß der gute Schauspieler persönlich ein »Nichts« ist, was er allerdings mit anderen Beispielen wiederum aufhebt, so daß man zu dem Schluß kommen muß, daß Schauspieler weder mehr noch weniger Gefühl haben als andere Menschen, weder besser noch schlechter sind. Die allzu gefühlvollen Schauspieler nennt er die »ewigen Heulsusen«.

Auch Thomas Mann erklärt uns auf ähnliche Weise den Unterschied zwischen guten und schlechten Künstlern: »Liegt

Ihnen zu viel an dem, was Sie zu sagen haben, schlägt Ihr Herz zu warm dafür, so können Sie eines vollständigen Fiaskos sicher sein. Sie werden pathetisch, Sie werden sentimental« (Th. Mann, *Tonio Kröger*, S. 39).

Verlassen wir diese scharfsinnigen Beobachtungen und Behauptungen und wenden wir uns dem Psychotherapeuten zu. Was hat all dies mit dem Psychotherapeuten und seiner Gefühlswelt zu tun?

Zweifellos ist das Handeln des Therapeuten durch seine Berufsrolle geprägt. Das Besondere dieser Rolle besteht in einer schwer zu klassifizierenden Mittelposition zwischen bestimmten rollenspezifisch geprägten Verhaltensweisen und gefühlsmäßiger Beteiligung, wie man sie auch im Privatbereich kennt. Letzteres darf es aber gerade *nicht* sein! Psychotherapeuten, die den Unterschied verwischen, geraten in unterschiedliche Gefahrenzonen. Die extremste ist sicherlich diejenige, in der die in jeder menschlichen Interaktion entstehenden Gefühle nicht kontrolliert und für bare Münze genommen werden: Es ist die Situation, in der die gebotene Zurückhaltung des Therapeuten durchbrochen wird. Andere Gefahren liegen darin, daß man in sich selbst unbedingt »echte« Gefühle vorfinden will und sich daher in halbekstatische Zustände hineinsteigert. Es sind diejenigen Therapeuten, die alles möglichst »erlebnisnah« gestalten, das Setting eventuell so verändern, daß das »reine Gefühl« zum Ausdruck kommt, und sich selbst in gefühlvoller Ekstase als Partner anbieten, ohne sich distanzierend und reflektierend darüber klarzuwerden, welche inneren Erfahrungen sie gerade machen. Eine Reihe moderner Erlebnistherapeuten benehmen sich daher auch wie schlechte Schauspieler: Sie zeigen dem Patienten, daß sie »echte Tränen« weinen, teilen ihnen ihre »wahren Gefühle« mit und ähnliches. Im weiteren Sinn sind auch dies natürlich Abstinenz- bzw. Neutralitätsverletzungen. Andere Fehler liegen allerdings in einer nur ritualisierten Rollenauffassung des Berufes; das sind dann Therapeuten, die sich innerlich vom Patienten distanzieren, nichts an sich herankommen lassen und so ihre Rolle ebenfalls sehr schlech len. Diese Form der Berufsauffassung gibt es meines Era nach allerdings nicht so oft wie die anderen erwähnten.

Das Paradox des Psychotherapeuten liegt darin, daß er zwar echte menschliche Gefühle darstellt und hervorruft – aber eben nicht wie im echten Leben mit diesen Gefühlen umgehen darf.

Die Patienten gehen natürlich sozusagen »naiv« in diese Szene hinein. Für sie hat die Situation nichts mit dem Theater zu tun; sie sind mit ihrem echten Leben dabei – unähnlich dem Theaterpublikum, das höchstens Anklänge an das eigene Leben findet, sie aber nicht damit verwechselt. Der Patient aber spielt nicht und hat auch kein Bewußtsein davon, daß es sich bei der Therapie vielleicht um eine Art Spiel handeln könnte. Das heißt: das Publikum »Patient« befindet sich in einer Ernstsituation, der Therapeut aber sollte sich dabei heraushalten. Dies ist ein sehr schweres Unterfangen, weil wir instinktiv gewohnt sind, auf menschliche Gefühle auch mit Gefühlen zu reagieren und diese Gefühle natürlich so behandeln, wie Gefühle eben behandelt werden: mit großer Dynamik, mit körperlicher Beteiligung, mit dem Bedürfnis, mitzuagieren. Die meisten Theorien der Behandlungstechnik warnen vor dieser Art des Beteiligtseins; gleichzeitig aber zeigen sie den Weg, wie man dieses »natürliche« Mitagieren verhindern kann, nicht auf. Psychoanalytische Theorien, die mit dem Konzept von Gegenübertragung und therapeutischer Ichspaltung arbeiten, sind hier noch der beste Schutz, körperbetonte Therapeuten, die möglichst erlebnisnah arbeiten, sind meist besonders hilflos.

Der Schauspieler, der sich mit seiner Rolle befaßt, ahmt zwar nach, aber er tut es sozusagen nicht maßstabgetreu. Er abstrahiert, er pointiert. Eine Schauspielerin erklärte mir einmal, daß es zu den schwierigsten Rollenaufgaben gehöre, einen Betrunkenen zu spielen, der sich so verstellen will, als sei er nicht betrunken, während es ziemlich einfach sei, einen Betrunkenen zu spielen. Betrunkene verhalten sich sehr auffällig, es ist leicht, sie zu imitieren, man muß nur wenige

Merkmale im Kopf behalten. Derjenige, der zwar betrunken ist, dies aber verbergen will, ist wesentlich schwerer zu imitieren, es gibt allzu viele Varianten, als daß man schnell zu einer Abstraktion kommen könnte.

Der Psychotherapeut befindet sich in gewisser Weise in dieser Situation. Er muß ein Gefühl der Wärme, des Wohlwollens, der allseits verstehenden Person vermitteln, muß verbergen, daß er all dies nicht wirklich ist, und dabei in irgendeiner Weise signalisieren, daß er es doch ist – sonst würde er ja vom Patienten nur als Schauspieler wahrgenommen.

Die Situation ist allerdings sogar noch ein wenig vertrackter. Der Schauspieler ist tatsächlich nicht betrunken. Der Therapeut ist aber nicht ohne Gefühl für den Patienten, nur ist es nicht immer das Gefühl, das der Patient erwartet. Der Therapeut ist also nicht so »nüchtern« wie der Schauspieler, sondern er hat sich sozusagen »selbst einen Schluck gegönnt«. Weder seine Fast-Nüchternheit noch seine Verstellung darf aber vom Patienten durchschaut werden, denn dies würde den Therapieerfolg gefährden, der Patient könnte nicht mehr affiziert werden. Viele Therapeuten haben ein schlechtes Gewissen, weil sie entweder nur sehr selten ein »echtes« Gefühl spüren oder die Echtheit ihrer Gefühle nicht richtig nachprüfen können. Vor allem aber haben sie ein schlechtes Gewissen, weil sie zwischen ihrer gespielten Beziehungsfähigkeit im Beruf und ihrer Privatwelt einen großen Riß entdecken. Natürlich wollen die wenigsten dies so wahrnehmen. Dies aber ist unsinnig. Die Geschichte der Psychotherapie ist voll von großen (wirklich großen) Figuren, die in ihrem Privatleben unfähig waren und ihre Familie und Freunde ziemlich schlecht behandelten.

Die Fähigkeit, auf andere Menschen »heilend« einzuwirken, scheint zum wenigsten gebunden an so etwas wie private Beziehungsfähigkeit, moralische Integrität und Wärme. Wenn wir privat mit Psychotherapeuten verkehren, dürfen wir daher nicht mehr und nicht weniger erwarten als von jedem anderen unserer Freunde.

6

Wer sind wir eigentlich? Die Öffentlichkeit und das Selbstverständnis der Psychotherapeuten

Es gibt einen Witz, den ich meinen Studenten bei Gelegenheit gerne erzähle:

In einem Karajan-Konzert gibt es am Schluß tosenden Beifall. Plötzlich ertönt ein lauter Ruf von hinten im Saal. »Ist ein Arzt da?« In der ersten Reihe dreht sich ein gut gekleideter Herr um und ruft – professioneller Ton in der Stimme – »Ja, hier«, und schickt sich an, schon wieder voll im Beruf stehend, den Rufer auszumachen. Da läßt sich dieser nochmals vernehmen: »War das nicht wundervoll, Herr Kollege!!«

Warum ich diesen Witz erzähle? Weil er unmöglich auf Psychologen zu übertragen wäre!

Ich erzähle ihn, um Psychologen nachdenken zu machen über ihr eigenes Berufsbild, ihre Identität als Psychologe. Was bei den Ärzten aus jahrhundertelangen Erfahrungen heraus selbstverständlich erscheint: daß sie eine spezielle Gruppe bilden, daß sie sich immer wieder über ihre Zusammengehörigkeit vergewissern wollen – das eben gibt es bei Psychologen nicht. Nun sind natürlich nicht alle Psychotherapeuten Psychologen. Allerdings macht man in der Öffentlichkeit zwischen Psychologen, Psychotherapeuten und Psychiatern keinen besonderen Unterschied, weshalb die unsichere Identität bei allen dreien konstituierend ist – allerdings bei den Psychologen am besten untersucht und vielleicht auch am stärksten ausgeprägt. Was ich aus privaten Bemerkungen von ärztlichen Kollegen höre, geht allerdings in dieselbe Richtung. So berichtete mir ein ärztlicher Psychotherapeut, daß man ihn – träfe er alte Studienkollegen – immer wieder voll Erstaunen frage, weshalb er denn um Himmels willen »Seelenklempner«

geworden sei – wo man von ihm doch gewußt hätte, daß er wirklich begabt sei und in der Medizin große Leistungen hätte vollbringen können!

Psychologiestudenten scheinen ein besonders schlechtes Selbstbewußtsein zu haben. In einer Untersuchung von Hejj (1999) wurden 101 Psychologiestudenten befragt, wie hoch sie das Prestige des Psychologenberufes einschätzen. Diese Tätigkeit erhielt in einer Liste von 20 Berufen den 16. Platz. Noch schlechter eingeschätzt wurden der Schneider, der Metzger, der Verkäufer und der Maurer. Selbst der Bäcker oder der Schreiner kamen auf einen besseren Rang (an erster Stelle natürlich stand der Arzt).

Diese Plazierungen prägen offensichtlich auch das Bild des nunmehr fertig ausgebildeten Psychotherapeuten. Wie oft habe ich manche von ihnen voll Stolz sagen hören, sie seien »nicht von der üblichen Sorte Psychologen«, ihr privater Kreis setze sich »Gott sei Dank« aus ganz anderen, aus »normalen« Berufen zusammen. (Meist stimmt das gar nicht, weil das Berufsumfeld das private fast immer stark durchdringt!)

Sicher, es ist ein ziemlich neuer Beruf, er ist unscharf definiert, die Ausbildungs- und Betätigungsfelder sind recht unterschiedlich. War einer vor 40 Jahren an der Universität, dann hat seine Ausbildung kaum etwas gemein mit der eines heutigen Studenten. Aber auch abgesehen von der Vergangenheit: Wenn einer in Bremen studiert, dann wird es ihm schwerfallen, an der Berliner Humboldt-Universität anzuschließen. Allzu diffus sind die Studienpläne, lassen viel zu an Auslegung und sind – wie bei den Sozial- und Geisteswissenschaften üblich – immer wieder von anderen Vorlieben der Lehrenden dominiert. (Dies gilt für Mediziner natürlich nicht!) Da hilft – bisher – auch die Bemühung der naturwissenschaftlich orientierten Psychologen, die das Studium vereinheitlichen wollen, wenig. Hinzu kommt noch ein weiterer Faktor: Was man im späteren Leben macht, hat meist nur sehr wenig mit dem Studium zu tun. Wird einer Psychotherapeut, dann muß er noch eine lange Zeit weiter studieren, um sein Handwerkszeug zu erlernen. Das aber heißt: Erst dort, wo man seine Weiterbildung (seit 1999 für Psychologen: berufsqualifizierende Ausbildung) macht, kann man mit einem einigermaßen homogenen Studiengang rechnen. Viele Psychologen und auch Ärzte entwickeln erst dann eine berufliche Identität, nämlich die des Psychoanalytikers, des Verhaltenstherapeuten oder des Gestalttherapeuten etc. Besonders ausgeprägt ist dieses Identitätsgefühl bei Psychoanalytikern. Aber das alleine macht es sicher nicht aus, daß die Psychologen sich selbst nicht so recht identifizieren wollen. Immer wieder hört man bei ihnen Aussagen darüber, daß die Psychologenkollegen ziemlich komisch seien, daß man eigentlich gar nicht so recht dazugehöre etc.

Sehr wichtig ist bei dieser Verneinung der eigenen beruflichen Identität sicher auch das Bild, das man sich vom Psychologen, der übrigens häufig gleichgesetzt wird mit dem Psychotherapeuten, in der Öffentlichkeit macht. Ungeachtet der idealisierenden Eigenschaften, die sozusagen »offiziell« vom Psychotherapeuten gefordert sind, als da sind Wärme, Empathie, Idealismus, Beständigkeit, Beziehungsfähigkeit etc., scheint die Öffentlichkeit nicht ganz so überzeugt von diesen Qualitäten. Wen wundert es, wenn dann auch die Meinung der Psychotherapeuten selbst über ihren Beruf recht ambivalent ist?

In einer Seminarstudie, die von Arendt (1998) ausgewertet wurde, haben wir 45 Menschen, die selbst beruflich nichts mit Psychologie zu tun hatten, über den Beruf des Psychologen ausgefragt. Fast ausnahmslos wurde dieser Beruf mit Psychiatern und Psychotherapeuten in einen Topf geworfen. Die Zwiespältigkeit, die sich aus den Antworten ergibt, zeigt deutlich, wie schwer es fällt, den Beruf einzuordnen. Einerseits vermutet man, daß Therapeuten »Menschen (sind), die aus einem religiösen Denken heraus das Gefühl haben, daß sie anderen Menschen helfen wollen«, daß sie »eine besondere soziale Ader haben«. Andrerseits aber werden sie als Menschen gesehen, die »selbst Probleme haben«, die durch ihren

Beruf »selbst hoffen, mit sich ins reine zu kommen« – etwas, was eben auch zwiespältig erlebt wird. Jedenfalls, so meint ein Mann, der noch nie Kontakt zu Psychologen hatte, seien sie ein »besonderer Menschenschlag«, und eine Frau meint, daß viele von ihnen »eine Macke haben«.

Menschen, die schon Erfahrung mit Psychotherapeuten hatten, geben zwar ein wenig differenziertere Antworten, aber hier werden auch die Verurteilungen schärfer: »Selbst krank«; »kann nicht mit Menschen umgehen«; »irre und absonderlich«; »abseitig«. Therapie wird dann unter Umständen abwegig erlebt, »mehr wie wenn ich bei meiner Oma einen Kaffeebesuch mache«. So und ähnlich lauten hier die Urteile, natürlich neben solchen, die durchaus positiv sind. »Sensibel«, »mitfühlend«, »konstruktiv« heißen da die Adjektive. Oft wird auch das Klischee vom »Röntgenblick« der Psychotherapeuten bemüht, die Angst vor einem »Durchschautwerden«. Daß dann auch die »Manipulation« nicht weit ist, leuchtet ein. Geschichten von dümmlichen oder manipulativen Aktionen der Psychotherapeuten wurden uns immer wieder erzählt.

Da ist dann meine Mutter mit meiner Schwester zum Psychologen gegangen, weil die in der Schule so schlecht und die Lehrerin der Meinung war, daß sie viel mehr leisten könnte. Und da hat der Psychologe – oder war's ein Psychiater? – sie getestet und nach zwei oder drei Vormittagen festgestellt, daß sie »sich nicht konzentrieren kann«. Das hat genau übereingestimmt mit dem, was jeder gesagt hat. Tolle Leistung!! Und so was wird bezahlt.

Eine andere Therapeutin mutet ihrer Patientin eine »ganz harte Freudsche Analyse zu«, sie war »hochintellektuell, ein reiner Kopfmensch« – eine Therapie, die offensichtlich nichts gefruchtet hat (Arendt, 1998).

Das Bild der Psychologen (immer wieder gleichgesetzt mit Psychotherapeuten) in den Medien wurde schon öfters untersucht und von Sydow und Reimer (1999) einer Meta-Analyse unterzogen. Dabei ergibt sich, daß dieses Bild sehr oft eher negativ bestimmt ist. Psychotherapeuten werden oft als Witzfiguren dargestellt, als wenig einfühlsam und verständnisvoll oder auch als sexuell übergriffig. Natürlich gibt es auch das andere Bild: der warmherzige und verständnisvolle Seelenführer. Aber diese Figur ist – den Gesetzen der Medien gehorchend – weniger interessant und gibt meist weniger an Konfliktstoff her. Sehr viel häufiger ist der Psychotherapeut in den Medien männlich als weiblich (was der Realität nicht entspricht), und oft hat er eine äußere Ähnlichkeit mit Sigmund Freud. Er ist daher fast immer psychoanalytisch orientiert. Manche sind auch Hypnotiseure und als solche sehr mächtig und manipulativ. Frauen als Psychotherapeutinnen sind zwar oft attraktiv, aber als Frauen »unerweckt«. Diese Erweckung passiert dann oft durch einen sehr männlich wirkenden Patienten, so daß sich die Rollen umkehren.

Fragt man mittels Fragebogen nach dem Bild von »Psychos«, dann ergibt sich übrigens ein, wenn auch ambivalentes, so doch insgesamt positiveres Bild. (Dies entspricht allgemein bekannten methodisch bewirkten Eigenarten, wonach Interviews andere Suchstrategien hervorrufen als Fragebogen.)

Allerdings sind sich Psychologen selbst ihrer Wirkung in der Öffentlichkeit absolut nicht sicher. In einer Internet-Untersuchung wurde festgestellt, daß Psychologen sich selbst zwar nicht unbedingt schlecht einschätzen – jedenfalls signifikant besser, als die nicht-psychologische Öffentlichkeit es tut. Ihre Vorstellungen darüber, wie sie in der Öffentlichkeit eingeschätzt werden, weichen jedoch noch erheblich von der tatsächlichen Einschätzung ab: Sie vermuten also in der Öffentlichkeit ein noch weitaus schlechteres Image, als es tatsächlich der Fall ist (Wahl und Rietz, 1999).

All dies trägt natürlich nicht bei zu einem guten Selbstvertrauen der Psychotherapeuten, die übrigens selbst oft die schärfsten Kritiker ihrer Kollegen im Medienbereich sind (Jaeggi und Möller, 1998).

Anders als beim Arztberuf ist schon im Studienplan der Psychologen – neben der oben erwähnten Uneinheitlichkeit – dafür gesorgt, daß Psychologen und Psychotherapeuten verwirrt werden, weil sie nie das Gefühl haben können, sie würden wirklich in einer einigermaßen klaren Linie zu ihrem Beruf geführt. Hin- und herschwankend zwischen Natur- und Sozialwissenschaften sowie zwischen Berufsausbildung und »reiner« Wissenschaft, wird der Anspruch der »Wissenschaftlichkeit«, verkörpert durch ihre wissenschaftlich denkenden Lehrer an der Universität, immer wieder in Frage gestellt, ohne daß ein klarer Bezug zu irgendeiner Art von Praxis auszumachen ist. Sie haben demnach ein dauernd schlechtes Gewissen, weil sie sich einerseits im wissenschaftlichen Raum meist nur dubios verankern können (zum Beispiel den Naturwissenschaften gegenüber, sofern sie dieser Art von Psychologie verschrieben sind; sind sie aber eher sozial- und geisteswissenschaftlich orientiert, dann müssen sie ihre Position dem Mainstream der akademischen Psychologie gegenüber verteidigen!). Sehen sie das Studium aber nur als – meist lästige – Verpflichtung an, um später praktisch tätig zu werden, dann ist ihnen eine gewisse Verachtung der gesamten akademischen Welt sicher, und das abschätzige Diktum, solche Menschen sollten nicht an die Universität, sondern lieber an die Fachhochschule gehen, hängt über ihnen. Für Ärzte ist demgegenüber die Situation viel klarer. Niemand verlangt von ihnen, sich im Wissenschaftsraum auszukennen – daß sie später praktisch tätig (und nur das!) werden wollen, ist selbstverständlich und wird ihnen nie negativ angerechnet.

Machen Psychologen später noch die Ausbildung zum Psychotherapeuten, dann ist man endlich (mehr oder weniger) im Kreise von »Gleichgesinnten«, wobei dann meist eine Art von Identifizierung stattfindet. Die Natur des Gegenstandes aber – die menschliche Seele in ihren gesunden und gestörten Formen – bringt es im Laufe der Berufstätigkeit mit sich, daß man wiederum recht unsicher wird. Eine Tätigkeit, die in solch hohem Maß von der eigenen Person abhängt (und dies wird natürlich in jeder Therapieschule verkündet: es hänge außerordentlich viel an der Beziehung), eignet sich nicht so ganz, um ein Gefühl von Sicherheit zu vermitteln. Je länger man berufstätig ist, desto klarer wird ersichtlich, daß man nicht im Besitz unumstößlicher Wahrheiten ist. (Der Pastor, übrigens oft in ähnlicher Lage, kann sich manchmal in die ganz andere Welt des reinen »Glaubens« retten; auch dies ist dem akademisch ausgebildeten Psychotherapeuten nicht möglich.) Der Zweifel an der eigenen Tätigkeit und selbst an den zentralen Konstrukten der eigenen Therapieform wird dann zum Dauerstachel. Man kann sich »retten«, indem man sich in Dogmatismus einmauert und die Kollegen anderer Schulen zutiefst verachtet (orthodoxe Analytiker tun dies besonders oft!). Man kann aber auch versuchen, möglichst viel von anderen Schulen zu integrieren und sich auf diese Weise das Gefühl verschaffen, man sei liberal und über die »Fortschritte« innerhalb der Profession gut auf dem laufenden. Die dabei auftauchenden Probleme werden oft nur dunkel geahnt, nicht wirklich reflektiert. Es ist nämlich nicht ganz leicht, die sehr unterschiedlichen Herangehensweisen an das Psychische in ein logisch einigermaßen kohärentes System zu bringen. Das Gefühl für Identität kann dabei wiederum verlorengehen.

Es ist also nicht weiter verwunderlich, wenn in der Öffentlichkeit das Bild der Psychologen, Psychotherapeuten und Psychiater verschwimmt, ambivalent ist und selten positiv besetzt wird. Das geringe Interesse von Psychotherapeuten, sich an empirischer Forschung zu beteiligen – Forschung, die natürlich immer Relativierung und Infragestellung des eigenen Standpunktes bedeutet –, kann man daher auch als eine Abwehrleistung ansehen. Wo man seine eigene Identität nur mühsam im Kreis Gleichgesinnter findet, will man sie nicht aufs Spiel setzen, indem man sich mit Ergebnissen konfrontiert, die der eigenen Profession vielleicht nicht immer günstig gesonnen sind.

7

Der dornige Weg: vom Optimismus zum Zweifel

Wenn die Ausbildungszeit vorüber ist und man nur mehr wenig haltgebende Anleitung erfährt, empfinden natürlich viele Psychotherapeuten Unsicherheit und Zweifel an ihren Fähigkeiten. Ganz besonders betrifft dies die oft überhöhten inneren Bilder von der therapeutischen Beziehung.

Die Vorstellung, man müsse in der therapeutischen Beziehung etwas ganz Besonderes realisieren, auch sich selbst in einer besonderen Art und Weise entweder »einbringen« oder die Gegenübertragung »analysieren«, ein gutes »Containing« (Haltgeben) herstellen und ähnliches, macht unsicher. Nie weiß man ganz genau, was für diese Idealform therapeutischer Haltung eigentlich die richtigen Kriterien sind.

All diese von Therapeuten berichteten Schwierigkeiten scheinen sich nicht unbedingt zu verbessern, wenn man einige Jahre Berufserfahrung hinter sich hat. Die Berichte über die Belastungen im Beruf drehen sich vorwiegend um die schwierigen Arten von Beziehungen und werden oft dafür verantwortlich gemacht, daß man sich am Ende eines Tages ausgelaugt fühlt oder mit niemandem mehr sprechen will.

Nun gibt es für viele die Supervisionsgruppe (meist als Intervisionsgruppe gedacht), wo man sich unter Gleichgesinnten den Frust von der Seele reden kann. Die Objektivierung von kommunikativen Schwierigkeiten durch ihre Analyse (egal in welcher Form) verhilft zu Distanz dazu und macht wiederum arbeitsfähiger. Aber nicht alle Supervisionsgruppen wirken so (siehe Kapitel 9).

Selbstverständlich gibt es einen speziellen »Typ« des Psychotherapeuten nicht; die Persönlichkeiten sind so verschieden wie andere Menschen auch. Es gibt aber ziemlich typische Arten, mit dem Beruf umzugehen, es gibt »typische« Weisen, den Beruf mit den ihm innewohnenden Zweifeln und Freuden für sich selbst zu »verarbeiten«. Diese Zweifel und Freuden sind offensichtlich nicht schulengebunden. In jeder Schule kommen sie vor, in jeder Therapierichtung werden sie anders ausgedrückt, aber ähnlich bekämpft.

Viele Psychotherapeuten haben sich zu Beginn ihrer Laufbahn von den Möglichkeiten der Psychotherapie etwas mehr versprochen. Die jeweiligen Supervisionen waren – wie fast alle berichten – auch nicht unbedingt dazu angetan, ihnen die vielen Arten des Scheiterns vor Augen zu führen. »Alles war, so schien es mir, mit entsprechenden Methoden in den Griff zu kriegen«, so berichtete ein Verhaltenstherapeut. Aber auch Einsichtstherapeuten sind oft allzu leichtgläubig in ihre Therapien hineingegangen.

Heidemarie zum Beispiel ist Psychoanalytikerin, 50 Jahre alt; seit acht Jahren hat sie ihr psychoanalytisches Examen in der Tasche, ihre Ausbildungszeit hat, der Kinder wegen (Zwillinge), zehn Jahre gedauert. Dies ist nicht besonders ungewöhnlich, viele Kolleginnen haben eine so lange Ausbildungsdauer hinter sich. Sie hat Psychologie studiert.

Heidemarie ist froh, ihren Beruf gefunden zu haben, zumindest hat sie das bis vor kurzem noch gedacht. Sie ist sich nicht sicher, ob das jetzt auch noch gilt. Seit einiger Zeit hat sie nämlich Zweifel bekommen. Zwei ihrer »besten« Patienten sind, wie sie erzählt, auf böse Weise rückfällig geworden. Eine davon, eine angstkranke Frau, mußte sogar in die Klinik gehen, weil sie nicht einen einzigen Tag lang auf einen Termin warten konnte. Von der behandelnden Ärztin, mit der sie Kontakt aufgenommen hat, wurde Heidemarie ziemlich rüde behandelt, so als ob sie gar keine Fachkompetenz hätte.

Sie hat getan, als wüßte ich nichts über Verhaltenstherapie, und war sehr vorwurfsvoll: Ob mir denn nicht klar sei, daß bei Angsterkrankungen die Psychoanalyse absolut kontraindiziert sei, sie selbst hätte auch eine tiefenpsychologische Ausbildung, aber man müßte eben auch andere Richtungen kennen, wenn man wirklich den Anspruch hätte ... und so weiter. Mir fiel gar nichts ein dazu, ich bin mir wirklich wie ein dummes Gör vorgekommen.

Heidemarie scheint unter dieser Episode sehr zu leiden, obwohl, wie ich ihr auch sage, es doch bekannt ist, daß diese angeblich einzige Methode der Verhaltenstherapie absolut nicht bei allen Patienten wirkt. Das alles weiß Heidemarie, aber es trifft sie eben doch hart, wenn eine Patientin, der es seit einem Jahr wirklich gutging, nun so schlecht dran ist. Die Therapie ist gerade einmal seit vier Monaten beendet – und jetzt das ...!

Ich weiß auch nicht, was eigentlich los ist mit ihr. Ich habe telefoniert, sie wollte nicht einmal, daß ich sie besuche. Das Telefonat war eine Katastrophe – nichts mehr vom alten Vertrauen, alles sehr unpersönlich, fast feindselig; ich habe enorme Schuldgefühle bekommen und frage mich natürlich die ganze Zeit, was ich alles übersehen habe.

Diese Angstpatientin ist aber nicht der einzige Grund, weshalb Heidemarie in einer Krise steckt. Ein Patient, der unter Impotenz litt, hat ihr nach 30 Stunden eröffnet, daß er doch lieber zu einem Mann gehen möchte, bei ihr, einer Frau, fühle er sich nicht so verstanden. Heidemarie fühlt sich auch dadurch sehr abgewertet. Sie ist der Meinung, daß es keinen Unterschied machen dürfe, ob Mann oder Frau, weil das Symptom nicht das Wichtige sei, sondern die Übertragungsbeziehung. Anscheinend sieht ihr Patient das anders. Er hat schon nach der vierten oder fünften Stunde geklagt, daß es zu langsam gehe. Das hat sie immer wieder aufgenommen, sich auf die Impotenz bezogen, und ihrer Meinung nach hat der Patient die Erklärung auch ganz gut verstanden: daß alles zu schnell gehen solle bei ihm, eben auch das sexuelle Funktionieren – aber irgendwie scheint sie doch nicht durchgedrungen zu sein. Auch hier versteht sie vieles nicht. Sie hat jetzt gerade einige

Supervisionsstunden bei einem renommierten Kollegen vereinbart und hofft, daß sie mit dessen Hilfe begreifen kann, wie das alles passieren konnte. Außerdem hat sie auch schon überlegt, ob sie nochmals eine eigene Analyse machen soll. Aber mit einer solchen Entscheidung will sie doch noch warten, sie will da nichts überstürzen.

Heidemarie fühlt sich also wirklich sehr konsterniert durch diesen Mißerfolg, und es ist schwer, sie auf ein anderes Gesprächsthema zu bringen.

Wie war denn nun der Beginn Deiner Ausbildung? frage ich sie. Heidemarie hat das alles noch sehr präsent. Sie hat nach dem Studium einige Jahre in einer Erziehungsberatungsstelle gearbeitet, später dann noch in der Studentenberatung. Verhaltenstherapie und Gesprächspsychotherapie hat sie an der Uni gelernt, wobei es vor allem die Gesprächspsychotherapie war, die ihr später sehr geholfen hat. »Dieses Gewährenlassen, die freundliche Distanz, die man einnimmt – die liegt mir.« Aber die Psychoanalyse war schon damals eine Richtung, für die sie sich interessiert hat. Sie meint, sie sei irgendwie von selbst mehr und mehr ins tiefenpsychologische Fahrwasser geraten. Ihr damaliger Freund habe sich dann für eine Ausbildung angemeldet, sei auch gleich angenommen worden, und das habe sie nicht ruhen lassen. Beim ersten Mal habe es aber nicht geklappt, sie habe beim Interview wohl allzu schüchtern gewirkt. Allerdings wisse man ja nie genau, woran es gelegen habe. Jedenfalls hätte sie sich sicher nicht noch einmal beworben, denn sie sei damals voller Selbstzweifel gewesen. Ihr Freund habe sie aber ermuntert, und im nächsten Jahr sei dann alles glatt gegangen. Jetzt, nachdem sie seit zehn Jahren fertig sei, könnte sie eigentlich Akteneinsicht verlangen, aber sie hat sich bisher nicht recht getraut. Was da wohl auf sie zukäme? Im Augenblick, mit diesen Selbstzweifeln, das sei auch nicht der rechte Moment. Vielleicht hat ja die damalige Interviewerin irgend etwas an ihr bemerkt, was ihre mangelnde Eignung bestätigt?

Ich wundere mich aufrichtig, daß eine kompetente Frau mit

solch langer Berufserfahrung sich von zwei Mißerfolgen so schnell herunterziehen läßt. Es scheint, daß Heidemarie sich wirklich ganz persönlich, auch als Mensch, verantwortlich fühlt, zur Zeit an allen Fronten mit sich kämpft und unzufrieden ist.

Damals aber, zu Beginn der Ausbildung, war sie voll Zuversicht gewesen. Sie muß heute lachen über ihren damaligen Optimismus, daß man alles, aber auch alles erklären und sogar heilen könne. Sie glaubt, daß sie sich Mißerfolge irgendwie zurechtgeredet hat. Eine ihrer Patientinnen hat zum Beispiel immer wieder solch paranoide Anwandlungen gehabt, hat sich dauernd verfolgt gefühlt und sogar die Polizei eingeschaltet, weil sie dachte, sie werde von ihrem Lehrerkollegium bespitzelt, ihr Telefon werde abgehört, und ähnliches. Heute würde sie eine solche Patientin nicht mehr nehmen, aber damals hat sie immer, wenn es der Patientin besser ging, alles Vorherige wieder vergessen und ist davon ausgegangen, daß jetzt der Durchbruch geschafft sei. Eine andere Patientin, die gut mitgearbeitet hat, hat in der letzten Stunde gesagt: »Na ja, das Gelbe vom Ei war's ja nicht gerade …«

Ich war zwar sehr verblüfft, weil ich es als eine gute Analyse empfunden habe, aber ich konnte mich mit Hilfe meiner Kontrollanalytikerin schnell trösten. Die hat mir gezeigt, daß dies gerade für eine gute Analyse spricht, wenn die Patientin gar nichts mehr wissen will davon, daß man ihr geholfen hat. Ich glaube allerdings, daß ich heutzutage nicht mehr so leicht zu trösten wäre. Ich frage mich jetzt oft, ob ich nicht allzu leichtgläubig war, was meine Kontrollanalytiker betrifft. Durch die beiden letzten Mißerfolge ist für mich vieles ziemlich unklar geworden. Ich glaube, ich bin jetzt auch nicht mehr so arrogant gegenüber anderen Therapiekollegen, die nicht diese »große Analyse« gemacht haben.

Zu Beginn habe sie die Welt in analysierte und nichtanalysierte Personen eingeteilt, und eigentlich – wenn sie ehrlich sei – habe sie mit Nicht-Analysierten gar nichts zu tun haben wollen. Das hat auch ihre Ehe damals – sie hat ziemlich bald nach Beginn der Analyse geheiratet und Zwillinge bekommen – sehr gestört, und sie wundert sich, daß ihr Mann das überhaupt ausgehalten hat. Er weigert sich nämlich standhaft, in die Analyse zu gehen – nun ja, eigentlich findet sie schon, daß es ihm nicht schaden könne; er sei halt sehr schizoid, möchte am liebsten hinter seinem Computer sitzen, und nur sie und die Kinder hätten Zugang zu ihm.

In letzter Zeit habe sie auch Kontakt zu Therapeuten anderer Richtungen bekommen, auch das Gutachten von Grawe habe sie einiges anders sehen lassen – und da sei es doch wohl klar, daß andere Therapeuten nicht gänzlich falsch liegen könnten. Aber wie das theoretisch miteinander vereinbar sei, da stehe sie noch ganz am Anfang. Ob die anderen wirklich nur sogenannte »unspezifische Therapievariablen« wie einfaches Zuhören, Trost oder Entspannung benutzten? Irgend etwas stimme da doch nicht. Sie komme sich wie eine Ketzerin vor, wenn sie so denke; wenn sie einen Vortrag im Institut hört, dann klingt alles so einleuchtend und sie weiß gegen diese geschliffenen Argumente gar nichts zu sagen, aber insgeheim – sie hat dort auch zwei Freundinnen – besprechen sie dann ihre Zweifel. Sie ist voll Bewunderung darüber, wie klug manche Analytiker sind. »Nie, nie könnte ich mir solche Dinge ausdenken«, sagt sie, »diese ganzen Überlegungen zu den Objektrepräsentanzen und den Interaktionen oder all das zur Projektiven Identifizierung – phantastisch. Und es erklärt wirklich sehr viel, wenn man es einmal verstanden hat.« Warum es den Patienten oft nicht hilft, wenn man sich doch die Herleitung ihrer Leiden ziemlich logisch erklären kann und die das auch verstehen, das gibt ihr allerdings viele Rätsel auf. Sie würde übrigens niemals solche Dinge in größerem Kreis ansprechen; die Angst, als inkompetent angesehen zu werden, ist allzu groß.

Zweifel wie die von Heidemarie kommen wohl auch bei anders spezialisierten Therapeuten auf, ihre Bewunderung für die klugen Psychoanalytiker-Kollegen, vor denen man sich nicht blamieren darf, scheint mir allerdings vor allem für diese Berufsgruppe zu gelten. Bei anderen Therapeuten findet man solche Aussprüche seltener: Sie haben sehr viel mehr als Psychoanalytiker das Gefühl, man komme im Kollegenkreis vor allem dann gut an, wenn man sich authentisch gebe.

Bei manchen Psychoanalytikern allerdings überwiegt der Stolz, dazuzugehören, sie gestehen zumindest keine Zweifel ein. So zum Beispiel Herbert. Er ist rundum zufrieden mit seiner Wahl; gerade die Psychoanalyse reizt ihn immer wieder von neuem. Die Widersprüche in der Theorie, das immer wieder neue Nachdenken über Patienten: das findet er spannend und gar nicht zum Verzweifeln. Herbert ist erst vor drei Jahren fertig geworden. Für einen Psychoanalytiker ist er mit 38 Jahren noch sehr jung.

Natürlich gibt es auch Patienten, wo es nicht ganz so gut läuft, aber Herbert ist zuversichtlich: »Wenn man nur immer weiter analysiert, hat man auch Erfolg.« Er hat seine persönliche Analyse noch bis vor kurzem weitergemacht, insgesamt zehn Jahre: das sollte fürs Leben reichen, meint er lachend. Ich kann mir gut denken, daß Herberts (noch oder wieder) ungebrochene Lebensauffassung vielen Patienten guttut. Es verwundert mich sein Optimismus aber dann doch, als er im Laufe des Gesprächs erzählt, daß er nämlich hauptsächlich »schwere Fälle« annimmt: Selbstmordkandidaten, Psychosenahe, Borderliner zuhauf hat er in seinem Repertoire. Und das soll alles gutgehen? Herbert meint, er habe bisher immer einen Schutzengel gehabt. Herbert hat viel Kritik an den Kollegen. Er ist überzeugt, daß viele von ihnen eigentlich nichts von Psychoanalyse verstehen: »Die machen bestenfalls eine etwas laue Gesprächspsychotherapie«. Kein Wunder, daß es viele gibt, die »ausgebrannt« sind. Was denn, seiner Meinung nach, da falsch läuft? Herbert setzt vor allem auf die »richtige« Psychoanalyse. Man müsse sich einfach immer wieder mit den »Quellen« beschäftigen, also mit Freud.

»Keine Heiapopeia-Therapie mit ganz viel Liebe, sondern Analyse der unbewußten Konflikte und der Abwehr – aber das durchzuhalten und nicht in freundlichen Zuspruch zu verfallen: das ist das ganze Geheimnis. Alles andere können auch Sozialarbeiter machen!«

Herberts Berufslaufbahn ist sehr geradlinig. Er war immer mit allem als erster fertig: Medizinstudium, Facharzt, Psychoanalyse-Ausbildung – immer in der Kürzest-Zeit. »Ich bin der geborene Musterschüler«, meint er selbstironisch. Er lebt mit seiner Freundin, ebenfalls einer Psychoanalytikerin, zusammen, aber für die Partnerschaft bleibt immer nur wenig Zeit. Seine Freundin ist nicht ganz so arbeitswütig wie er und beklagt sich öfters.

Von anderen Therapierichtungen hält Herbert wenig. »Das ist alles Trost und keine Therapie«, lautet sein Resümee. Die Jahre in der Ausbildung hat er als etwas ganz Besonderes empfunden: Er hat sich richtig »hineingeworfen«, viel mehr Seminare besucht als andere und auch schon bald angefangen, sich in Gremien wählen zu lassen. Da hat er die Institutsstruktur »von innen« kennengelernt. Er macht auch jetzt weiter, ist zum Beispiel verantwortlich für den Stundenplan. Demnächst wird wohl ein Artikel von ihm veröffentlicht, in einer ziemlich guten Zeitschrift. Mit einem Wort: die Analyse bestimmt sein Leben ganz und gar. Natürlich schielt er ein wenig auf den Lehranalytiker-Status, da ist er ganz ehrlich. Bisher hat er noch seinen Klinik-Job, halbe Arbeitszeit, beibehalten, aber eigentlich will er doch später nur mehr Analysen machen. Er hält übrigens nicht so sehr viel von der sogenannten »tiefenpsychologisch fundierten« Therapie, »das ist alles zweiter Aufguß, da kommt man nicht heran an das Unbewußte. Ich wüßte nicht, wie man da Übertragung analysieren könnte – und das ist eben doch das A und O.« Daß die Langzeitanalyse von den Gutachtern im Moment nicht mehr so gerne gesehen wird, bedrückt ihn sehr. »Da macht man die Psychoanalyse kaputt«, jammert er. Auch aus diesem Grund will er sich noch nicht von der Klinik trennen.

»Burnout« kann es seiner Meinung nach nicht geben, wenn man sich immer wieder in die theoretischen Grundlagen vertieft. Das ist auch sein Rezept dafür: lesen, lesen, diskutieren. »Die Psychoanalyse stellt ein so reiches Buffet zur Verfügung, da kann man immer satt werden.«

Man weiß nicht, ob man diese Begeisterung gutheißen soll oder nicht. Sie macht neidisch und mißtrauisch zugleich, weil sie eben vielen Erfahrungen, die man als Therapeut macht, widerspricht. Hat man nicht den gleichen festen Glauben, dann kann man nicht umhin zu denken: »Na, Du wirst schon noch etwas anderes erleben …«

Die Zweifel der Kognitiven Verhaltenstherapeutin Gudula sind da doch sehr viel spürbarer. Mit ihr kann man sich leichter identifizieren. Sie findet, daß sie wohl den richtigen Beruf gewählt hat – aber vielleicht die falsche Theorie. Sie hat an ihrer Universität – sie ist Psychologin – sehr viele Verhaltenstherapie-Seminare besucht, dort war einer der bekannten Verhaltenstherapeuten Professor, außerdem war sie ein Jahr in den USA und hat auch dort mit Verhaltenstherapeuten zu tun gehabt. Als sie zurückkam, galt sie als absolute »Expertin«, und deshalb hat sie wohl auch eine Stelle als wissenschaftliche Mitarbeiterin an der Uni bekommen. Die Praxis, so merkte sie, lag ihr aber doch mehr, und so strebte sie nach dem Doktortitel keine weiteren akademischen Würden an und ging in die Privatpraxis. Sie arbeitet nun schon seit 15 Jahren in einer Gemeinschaftspraxis, das findet sie sehr interessant. Sie muß gestehen, daß ihr der Austausch mit dem psychoanalytischen Kollegen dort am meisten bringt – deshalb auch immer wieder die Überlegung, ob sie mit der Verhaltenstherapie nicht zu kurz gegriffen hat. Aber jetzt, sie ist 45 Jahre und hat alleine für zwei Kinder zu sorgen, ist es für eine Ausbildung sowieso zu spät. Sie findet vor allem das wichtig, was sie beim Kollegen über Übertragung und Gegenübertragung lernt. Alle 14 Tage macht nämlich die Praxis eine gemeinsame Supervisionssitzung, »es ist aber keine Einbahnstraße, mein Psychoanalyse-Kollege sagt immer wieder, daß er durch uns zwei Verhaltenstherapeuten eine Menge mitgekriegt hat über Orientierung an der Realität«. Trotzdem: Gudula findet, daß sie ohne den Einschlag an tiefenpsychologischen Überlegungen nicht so weit kommt. Sie weiß auch nicht genau, ob sie diese jahrelangen psychoanalytischen Therapien wirklich problemlos durchhalten würde. »Und ob so viel mehr herauskommt dabei?« Auch das fragt sie sich oft zweifelnd. Übrigens kann sie solche Zweifel ohne weiteres mit ihrem psychoanalytischen Kollegen besprechen. Er ist in seiner Theorie und auch seiner Praxis durchaus selbstkritisch. Gudula glaubt, daß er durch sie und die Kollegin weniger abstinent und realitätsorientierter geworden ist.

Was aber läßt Gudula denn zweifeln an ihrem Beruf? Sie sagt ganz spontan, daß es die »Enge« der Theorie sei, sie finde alles, was man lesen kann, ziemlich uninteressant. Irgendwie sei ihr Theoriehunger immer zu kurz gekommen. Deshalb sei ihr das Buch von Grawe über die »Allgemeine Psychotherapie« wie eine Erlösung erschienen. Seither, da man nun auch ganz unbekümmert über das »Unbewußte« sprechen könne und sich mit der Wichtigkeit auch von Einsichten befasse, ist für sie Therapie wieder interessanter. Obwohl: wie man das nun alles umsetzt – das bleibt ja nach wie vor unklar. Und da sehe sie eben doch eine große Lücke. Seit einem Jahr lehrt sie übrigens in einem Verhaltenstherapie-Institut Theorie. Grawes Buch ist dabei ganz wichtig geworden. Aber da gibt es Leute, die sie jetzt schon etwas argwöhnisch betrachten: ob das denn noch Verhaltenstherapie sei?? Das hätte es übrigens früher nicht gegeben bei den Verhaltenstherapeuten – daß man die »reine Lehre« nicht verletzen dürfe, gilt ja eigentlich vor allem bei den Psychoanalytikern. Sie frage sich manchmal, ob das in jeder anerkannten Richtung eigentlich mit der Zeit so laufen müsse?

Gudula ist froh über ihren Lehrauftrag, immer nur Therapie sei manchmal zuwenig. Sie hat übrigens ihre Schwerpunkte ein wenig gewechselt. Zu Beginn war sie vor allem mit

Depressionen beschäftigt, jetzt hat sie sich auf Eßstörungen spezialisiert. Außerdem hat sie auch noch eine Ausbildung in Systemischer Familientherapie gemacht, ab und zu nimmt sie auch Familien in Therapie. Sie interessiert sich aber vor allem für Systemische Einzeltherapie – da kommt sie sich mit ihrem psychoanalytischen Kollegen wieder nahe, denn mit solchen »Inneren Bildern«, also mit sehr genauen Vorstellungen, die man sich von einzelnen Familienmitgliedern macht, arbeite der ja wohl auch, wenn es dort auch anders genannt wird. Daß man als Verhaltenstherapeut nicht so »gebunden« ist wie bei den Psychoanalytikern, findet sie übrigens ganz gut. Sie weiß, daß ihr Kollege in seinem Kreis bestimmte Dinge, die er in der Therapie tut, nie zugeben würde. »Bei denen geht es zu wie in der Kirche«, findet Gudula. Bei aller Abwehr gegen diese Art von Wissenschaft ist es ihr aber auch klar, daß sie ihn wohl doch ein wenig beneidet. »Die wissen, wo sie hingehören!«

Diesem abgewogenen, ein wenig skeptischen und doch auch wiederum klaren Standpunkt gegenüber wirkt die Begeisterung der Gestalttherapeutin Elke etwas naiv. Es scheint, als hätte sie sich nie wirklich hineinbegeben in die ganz großen Schwierigkeiten der Psychopathologie. Die Schilderungen, die sie von sich und ihrem Beruf gibt, wirken eher so, wie man ein nettes Hobby beschreibt. Hat sie aber schon mit wirklich kranken Leuten zu tun gehabt? Was sie an ihrer Therapierichtung liebt, ist das »Lebendige daran, die Kreativität«, und »daß man sich selbst so authentisch einbringen kann«. Ihre Lehrer sind oft aus den USA gekommen, weshalb sie auch sehr gut die Sprache beherrscht und gerne englisch sprechende Patienten nimmt. Deshalb kann sie es auch verschmerzen, daß ihre Therapieschule vom Gesetz nicht anerkannt ist, obwohl sie das natürlich für eine ausgesprochene Gemeinheit hält.

Sie hat die Gestalttherapie eher zufällig kennengelernt; eine Freundin hat ihr von einem Wochenendseminar erzählt, und da ist sie mitgegangen. Was sie dort erlebt hat, erfüllt sie noch immer mit Bewegung. Damals hat sich »sozusagen mein ganzes Leben umgekrempelt«. Ob sie davon etwas mitteilen könne? Elke zögert, berichtet aber doch ein wenig.

Ach, weißt Du, ich war ja immer eher extravertiert und solch ein Wirbelwind und meist gut aufgelegt. Mich konnte nichts wirklich aufregen. Und da hat mir dieser Mann – ein Amerikaner übrigens – durch eine Reihe von Übungen und Überlegungen klargemacht, daß ich das alles als Maske brauche, um nicht depressiv zu werden. Ich habe immer geglaubt, daß ich nur mit dieser Sonnenschein-Nummer beliebt sein kann ... Na ja, das war der Beginn. Dann habe ich mich nach Ausbildungsmöglichkeiten umgesehen – das war damals in den Siebzigern –, und da gab es in meiner Umgebung nicht viel, also fuhr ich von Workshop zu Workshop, einige Zeit auch nach New York, um eine Art Lehrtherapie zu machen – und jetzt habe ich selbst so ein kleines Ausbildungsinstitut gegründet. Ob es weitergeht, weiß ich nicht; vermutlich nicht. Aber inzwischen mache ich sehr viel Supervision und Coaching, um meine finanzielle Existenz mache ich mir also keine Sorgen. Aber daß die vielleicht eine so geniale Therapie wie die Gestalt absägen, diese Gesetzesbrecher: das macht mich fertig!

Elke denkt, daß ihre größten Feinde die Psychoanalytiker sind. »Diese schweigenden Götzendiener, die zweimal in drei Stunden eine Deutung abgeben – und natürlich gönnen die den anderen ihre Erfolge nicht.« Elke hat zu Beginn mit ein paar Analytikern Kontakt gehabt, aber »so etwas Arrogantes ... Die haben ja alle die Weisheit mit Löffeln gefressen, die wissen alles und alles besser ... Mit denen kann man nicht verkehren! Wie die sich schon ausdrücken: ›Das habe ich libidinös besetzt‹, hat einer gesagt, als er von seiner Freude am Garten sprach«. In dieser Tonart geht es noch eine ganze Weile weiter – verständlich, wenn man sich mit einer Therapierichtung in solch begeisterter Weise identifiziert und dann per Gesetz ausgeschaltet wird. Elke ist sich sicher, daß da die Analytiker ihre Beziehungen haben spielen lassen.

Elke weiß, daß sie nicht mit allen Patienten gut umgehen kann. Sie hat Schwierigkeiten mit allzu lahmen Enten, die faul sind und sich bedienen lassen wollen. Solche schickt sie zu Kollegen. Man muß seine Grenzen kennen, dann gibt es nicht so schnell Burnout, meint sie.

Elke hat eine Intervisionsgruppe, mit der sie nun schon seit fünf Jahren zusammenarbeitet, es sind fünf Frauen, alle miteinander befreundet. Mit einer davon lebt sie schon seit vielen Jahren in einer Wohngemeinschaft. Elke hat einen fast erwachsenen Sohn, der beim Vater lebt und »ganz anders« ist als sie: Er verachtet die ganze Psychowelt, und Elke tut sich schwer mit ihm. Sie meint, daß der Vater ihn gegen sie aufhetzt. Ich gebe in einer vielleicht ungerechten Blitzdeutung (nur insgeheim) die Diagnose ab, daß Elke vielleicht – wie im Fall der bösen Psychoanalytiker – dazu neigt, Sündenböcke zu suchen?

Ich frage nach ihrer eigenen Einstellung zur oft beklagten Theorielosigkeit der Gestalttherapie. Elke kann mir da nicht zustimmen. Sie befaßt sich mit Lektüre des »New Age« und findet einige Ideen der Esoteriker gar nicht so dumm. Vor allem die Astrologie hat es ihr angetan, aber auch viele Schriften der Humanistischen Psychologen helfen ihr, das eigene Tun zu verstehen. Die Bücher von Perls findet sie nicht so toll. »Zuviel Reverenz vor der Psychoanalyse«, meint sie. Ihr eigenes Institut befaßt sich auch mit Meditation, mit Buddhismus, und natürlich gibt es auch viel Körperarbeit. Sie ist der Meinung, daß die Gestalttherapie eben sehr viel erlaubt, und das gerade das Gute an ihr ist. »Gestalttherapeuten lassen sich beeinflussen, weil sie lebendig sind«, meint sie.

Alexa, ebenfalls eine Gestalttherapeutin, allerdings einer anderen Richtung, ist da sehr viel kritischer. Sie vermißt ganz explizit eine in sich konsistente Theorie und hat das Gefühl, sie habe vielleicht nicht ganz die richtige Richtung gewählt. Sie hat im Zuge der Nachqualifikation jetzt ziemlich viel psychoanalytische Theorie gehört und versteht gar nicht mehr, weshalb sie früher diese Therapierichtung bekämpft hat. Jetzt hat sie die Approbation als Psychologische Psychotherapeutin bekommen, auch die Ermächtigung, mit den Krankenkassen abrechnen zu dürfen, und das freut sie. Allerdings findet sie nach wie vor die Gegenwartsbezogenheit der Gestalttherapie sowie die sehr viel direktivere Vorgehensweise gut. »Aber das ist mir ja als Tiefenpsychologin freigestellt.« Ihre Kritik gilt, anders als bei Elke, den vielen theoretischen Inkonsistenzen der Gestalttherapie. Sie hat erst bei der Nachqualifikation begriffen, wie reichhaltig und interessant die psychoanalytischen Theorien sind, aber mit einer gewissen Freude hat sie auch gesehen, daß die Psychoanalytiker sich in Richtung des »Hier und Jetzt« bewegen, so wie die Gestalter das eben immer schon gemacht haben. Übrigens hätte sie auch gar keine Bedenken, mit einem Patienten irgendeine Gestaltübung zu veranstalten, wenn das dazu führt, daß er sich im »Hier und Jetzt« seiner Strategien bewußt wird. Daß es nicht so furchtbar viel bringt, wenn man jemanden dauernd darauf hinweist, daß er die Therapeutin »wie seine Mutter« oder seinen »Vater« erlebt, weiß sie schon längst. Sie hat das Gefühl, daß hier die Psychoanalyse von den Erfahrungen der Gestaltler profitieren könnte. »Aber ich glaube, die sind viel zu sehr mit sich selbst beschäftigt, als daß sie sich um andere Therapeuten kümmern.« Alexa lächelt nur ein wenig trübe, als ich sie nach ihren Erfahrungen mit schwierigen Patienten frage. »Na ja, so optimistisch wie zu Beginn bin ich längst nicht mehr; ich denke, es gibt einfach auch genetisch bedingte Defekte, so eine Angstbereitschaft zum Beispiel, oder etwas Zwanghaftes … So sehr viel kann man dann auch nicht machen!«

Der Gesprächspsychotherapeut Werner fühlt sich in seiner Berufsrolle nicht mehr sehr wohl, das ist ihm selbst auch recht klar. Er ist froh um seine sichere Halbtagsstelle im Ministerium und kann sich ganz gut vorstellen, noch etwas anderes zu machen als Therapie. Er arbeitet sehr viel mit Juristen zusammen und hat gelernt, das klare juristische Denken zu schätzen. »Da komme ich mir mit meinen etwas verwaschenen Konzepten aus der Gesprächspsychotherapie immer vor wie ein stammelndes kleines Kind.« Irgend etwas hat sich für ihn in den letzten Jahren verändert. Die vorläufige Ablehnung der Gesprächspsychotherapie durch den wissenschaftlichen Beirat hat vielleicht dazu beigetragen, den Prozeß zu beschleunigen, aber er weiß ganz genau, daß er schon vorher mit sich und den Therapien nicht zufrieden war. Seine Tätigkeit im Ministerium hat ihn mit einer sehr problematischen Klientel bekannt gemacht, »da ist wirklich immer höchste Gefahrenstufe angesagt, meine eigenen Klienten sind im Vergleich dazu ziemlich gesund, und ich hab's oft satt, mich mit den Beziehungsproblemen der Streitpaare zu beschäftigen«. Er äfft seine Klienten nach: »Immer wenn ich mit meinem Mann reden will, setzt er sich an den Computer«; oder: »Meine Frau ist an Sex nicht mehr interessiert«, und dazu schneidet er ein eindeutig angewidertes Gesicht. Werner ist 48 Jahre alt und arbeitet seit seiner Studienzeit (Psychologie) als Gesprächspsychotherapeut. Die Nachqualifikation hat er »durchgezogen«, irgendwie hat es ihn nicht besonders interessiert, was die Psychoanalytiker da vorgetragen haben. Er ärgert sich, daß er nicht Jura studiert hat.

Ob er an seinen Qualitäten als Therapeut zweifelt? Werner glaube nicht, daß er schlechter ist als andere. »Alle sind nicht besonders gut, auch nicht die heilige Gilde der Psychoanalytiker.« Und er zitiert einige Zahlen aus der Forschung, aus denen hervorgeht, daß a) alle Schulen seit Beginn der Forschung etwa gleich gut oder schlecht sind, und b) daß man bei den weitgehend Gesunden bessere Erfolge erzielt als bei den wirklich psychisch kranken Menschen. Mit einem Wort: Resignation auf ganzer Linie.

Noch viel schlimmer sieht es bei Trude, einer Psychoanalytikerin der orthodoxen Schule, aus. »Ich glaub an gar nichts mehr«, sagt sie gleich zu Beginn des Interviews. Man wundert sich, daß sie noch weitermacht. Was hat zu diesen Zweifeln beigetragen? »Nichts Dramatisches«, sagt sie, natürlich habe sie ihre guten und schlechten Fälle. Das haben alle: Heiler, Gesundbeter, Astrologen ... Aber es sind vor allem ihre theoretischen Bedenken – erstaunlich bei einer Psychoanalytikerin, weil doch gerade diese Therapeuten an ihren Theorien meist sehr interessiert sind. Trude aber findet, daß seit Jahren in der Psychoanalyse »irgendwelche Mythen« transportiert werden. Beispiele? »Also, da ist diese ganze Chose mit den frühen Störungen. Offenbar kann keine Mutter mehr ihr Kind richtig erziehen. Fast alle sind, wenn man den Kollegen glauben will, ›früh gestört‹. Was heißt denn das? Wer kann denn da Vergleiche ziehen?« Und dann die sogenannten Behandlungsempfehlungen: solche Frühgestörten müsse man wie rohe Eier behandeln. In ihrer Ausbildungszeit mußte man ziemlich hart sein, egal mit wem. Da gab es offenbar diese Frühgestörten noch nicht. Gut, wenn einer wirklich sehr schwer krank war – also psychotisch oder mit schweren Symptomen behaftet, dann empfahl man auch damals die große Kur nicht. Aber jetzt? Was ist denn eigentlich noch analytisch an der Analyse? Oder die vielbesprochene projektive Identifizierung: früher ist man doch auch ohne die ausgekommen. Wehren die Menschen jetzt anders ab? Das sei doch alles aufgeschäumter Unsinn, geeignet, die Analyse kaputtzumachen. Und – hier wird Trude unsicher – vielleicht ist das ja auch ganz gut so. Wer sagt denn, daß es so etwas wie eine persönliche »Umstrukturierung« wirklich gibt? Und daß nur die große Analyse dies bewerkstelligen kann? Wenn sie sich ihre Analytikerkollegen ansieht, hat sie jedenfalls nicht das Gefühl einer großen Neustrukturierung von deren Persönlichkeit. »Da soll mir bitte einer ganz genau angeben, was das ist, diese Strukturveränderung«, räsoniert sie und fügt bissig hinzu: »Wenn ich an die verschiedenen Lehranalytiker in unserem Institut denke, fällt mir so etwas zumindest nicht auf. Die Ehrgeizigen sind noch ehrgeiziger geworden und die Bösartigen haben sich auch nicht gewandelt.« Auch Trude würde ungern ihren Beruf aufgeben, aber daß sie nicht – ihr zweiter Berufswunsch – Journalistin geworden ist, ärgert sie.

Alle diese Aussagen, die den Weg der Psychotherapeuten an den verschiedensten Stationen begleiten, sprechen sicher noch nicht für ein »Burnout«. Einiges allerdings könnte dazu beitragen, daß sich Zweifel und Unmut verdichten und nicht mehr durch die Freude an der Lebendigkeit des Berufes aufgefangen werden. Auch diejenigen, die sich sehr positiv äußern, sind übrigens – wie im nächsten Kapitel beschrieben – nicht immer davor gefeit, plötzlichen oder schleichenden Zweifeln ausgesetzt zu werden.

Das ist in anderen Berufen sicher ähnlich. Dort aber, wo man in einer besonders intimen Situation mit Menschen zusammenarbeitet, werden diese Zweifel und Unsicherheiten sehr viel problematischer bewertet. Es entstehen Zweifel an der eigenen Person, an wichtigen menschlichen Möglichkeiten – und diese werden wohl auch dazu beitragen, daß das Privatleben von Psychotherapeuten nicht unbedingt als ein besonders glückliches bezeichnet werden kann.

8

Wie ist das möglich – Burnout bei Psychotherapeuten?

Eine kleine Fallstudie soll vorweg aufzeigen, wie es zur Unlust kommen kann, den Beruf des Psychotherapeuten weiter auszuüben, für den man ursprünglich Feuer und Flamme war. Helgas Fall ist deshalb besonders prägnant, weil es ihr äußerer Umstände wegen möglich war, wirklich »auszusteigen« aus der Welt der »Psychos« – und das, obwohl (oder weil?) sie sich zuerst mit ihrer Berufswahl ganz identifiziert hatte. Bei anderen Therapeuten geht das Aussteigen nicht so ohne weiteres, und man findet sich »irgendwie« damit ab, daß man nicht mehr so viel Freude am Beruf hat, arrangiert sich wohl auch besser.

So haben sich in der Langzeitstudie über das Burnout-Phänomen bei Helferberufen von Cherniss (1995) nach zwölf Berufsjahren etwa die Hälfte der psychosozial Tätigen auf ein Feld begeben, das sie nicht mehr in solch unmittelbarer Weise mit den Patienten in Kontakt brachte. Aus dem Therapeuten wurde eventuell ein Managementberater, aus der Krankenschwester eine Krankenhausorganisatorin usw. Viele gaben an, daß sie emotional ausgelaugt seien, andere wiederum suchten mehr Geld und Prestige. Für europäische Länder habe ich keine vergleichbar intensive Studie gefunden, ich könnte mir aber gut vorstellen, daß es bei uns ähnlich zugeht. Der folgende Fall ist in einigen Details verändert, aber die große Linie ist »lebensecht«, weil Helga nichts dagegen hat, erkannt zu werden, wenn es denn dazu kommt.

Helga ist heute 52 Jahre alt und hat seit ihrem 35. Lebensjahr als Psychoanalytikerin gearbeitet. Sie hat Psychologie studiert und nachher noch die ganze lange Ausbildung gemacht. Das war keine leichte Sache für sie, denn ihr strenger Vater, der die hervorragende Schülerin als Juristin sehen wollte, hat jeden finanziellen Beitrag verweigert. Helga ist eine stolze Frau; sie wollte ihren Vater nicht verklagen, ein Stipendium war bei den Einkommensverhältnissen der Eltern ausgeschlossen, und so hat sie sich durchs Studium gejobbt. Daß dabei nichts erspart werden konnte, ist klar. Als sie die Ausbildung zur Psychoanalytikerin begann, hatte sie zwar eine Arbeitsstelle, aber kein bißchen übriges Geld. Also lebte sie jahrelang weiter wie eine Studentin: Matratze am Boden, Ziegelsteine zur Stütze der Bücherbretter und ein paar wenige Ikea-Möbel als komfortabelste Anschaffung. Daß es bei ihr trotzdem immer gemütlich war, liegt an ihrem besonderen Geschick, aus Nichts Etwas zu machen und dabei auch noch handwerklich etwas zustande zu bringen.

Helga galt als ganz besonders gute Psychotherapeutin. Sie las viel, sie besuchte Fortbildungskurse und war im Kollegenkreis sehr geachtet. Daß sie sehr viel arbeitete, lag auch an ihrem Lebensstandard, den sie nun endlich ein wenig erhöhen wollte. Aufgewachsen in einem streng calvinistisch-sektiererischen Elternhaus, war Arbeit für sie aber noch nie ein Problem gewesen. Sie arbeitete gern und wäre sich – getreu der calvinistischen Lehre – als ein recht überflüssiges Menschenkind vorgekommen, hätte sie ihre Arbeit lässig betrieben. Helga hatte einige erstaunliche Erfolge; auch schwere Zustandsbilder ihrer Patienten wurden gemildert, ihre Fallvorstellungen im Institut wurden sehr wohlwollend beachtet. Bald hielt sie Seminare ab.

Früher einmal war das Christentum für sie eine sehr wichtige Lebenshilfe gewesen. Daß sich Arbeit, Erfolg und eine Art von Auserwähltheit zusammenfanden, war für sie lange Zeit unhinterfragt. Es blieb nicht aus, daß sie als Psychoanalytikerin damit kollidierte. Zum Schrecken ihrer Eltern verwarf sie ihren Glauben und widmete sich von nun an ganz und gar der Verkündigung der Psychoanalyse. Sie war außerordentlich geschickt im Aufbrechen banaler Wahrheiten zugunsten der Psychoanalyse. Dies betraf vor allem ihre Sicht auf Menschen ihrer eigenen (früheren) Glaubensgemeinschaft. Diejenigen, die »Opfer« brachten, die »ein Martyrium zu erleiden« hatten, wurden auf ihre masochistischen Tendenzen hin untersucht, die kräftigen und rücksichtslosen Erfolgstypen auf ihren Familienhintergrund hin befragt. Die religiöse Ideologie ihrer Jugend war natürlich besonders interessant für ihren psychoanalytisch geschulten Verstand. Aber auch Lieder, Gedichte, Bilder: Helga war unermüdlich, sie zu analysieren und die Konstrukte der Psychoanalyse darauf anzuwenden. Es war, als hätte sie für sich eine Weltformel gefunden.

Niemanden wunderte es, daß man sie in verschiedene Institutsgremien berief. Sie war kritisch gegenüber allen Verwässerungen der Psychoanalyse, von manchen wurde sie als »starr« und dogmatisch bezeichnet, aber alle hatten Respekt vor ihr. In einer Balint-Gruppe vertraute mir ein Teilnehmer allerdings an, daß er – und nicht nur er – seine Fälle ein wenig »zurechtbog«, wenn er sie ihr vorstellte. »Man bekommt in ihrer Gegenwart ein schlechtes Gewissen«, meinte er und fügte sofort schuldbewußt hinzu, daß man eben auch ungemein viel lerne bei ihr. Allerdings sei ihr leicht mahnender und fast wie beleidigt klingender Ton, wenn sie einen bei einer »Abweichung« erwische, sehr gefürchtet. Einmal habe er bei einem Patienten eine Art »Leerer Stuhl«-Übung überlegt, weil er vorher gerade in einem Psychodrama-Workshop gewesen sei. Da sei sie ziemlich empört gewesen und habe ihn beschuldigt, die Psychoanalyse zu »verraten«. Man könne unmöglich das Unbewußte ans Tageslicht treten lassen, wenn man mit dem Patienten solch alberne Spielchen treibe. Das habe ihn damals irgendwie abgeschreckt, er habe sich an Hexenprozesse erinnert gefühlt.

Helga, die aufrechte und strenge, bekam natürlich auch die Aufforderung, sich als Lehranalytikerin zu bewerben. Merkwürdigerweise lehnte sie ab. Sie sei nicht ehrgeizig, wolle sich den Zugang zu Patienten nicht verbauen, indem sie dauernd Kandidaten analysiere. Das war schon zur Zeit ihrer ersten Krise, der sie damals – und das wußte niemand – noch mit einer Zweitanalyse begegnete. Eine ihrer »Star«-Patientinnen, eine Suchtpatientin mit ursprünglich schlechtester Prognose, die nach dreijähriger sehr intensiver Analyse geheilt entlassen worden war, hatte sich zwei Jahre später wieder bei ihr gemeldet: blaß, verwahrlost, nach Alkohol riechend und offensichtlich am Ende, wollte sie ihrer Einlieferung in die Klinik entgehen. Fast gleichzeitig gab es einen Selbstmordversuch eines Patienten, der dies schon mehrmals versucht hatte, im Laufe der langen Psychotherapie bei Helga aber zusehends an Lebensmut gewonnen hatte. Beide Mißerfolge gingen ihr ungemein nahe, und plötzlich erschien ihr die Psychoanalyse nicht mehr als das non plus ultra. Aber was war das schon? Neue Konzepte, die auch in ihrem Institut die Runde machten, gefielen ihr gar nicht. Sie bekam langsam den Ruf einer »Hardlinerin«. Vor ihr durfte man zum Beispiel nicht über moderne Säuglingsforschung sprechen, das sei »positivistischer Kram«.

In dieser Zeit starb ihr Vater und hinterließ ihr ein beträchtliches Vermögen. Sie ließ verlauten, daß sie nun ein wenig »kürzer treten« wolle, was ihr jeder nachfühlen konnte. Neue Patienten nahm sie nicht. Ins Institut ging sie auch nur mehr selten, Seminare sagte sie ab.

Sie hatte inzwischen geheiratet, einen bibliophilen Verleger von ausgesuchter und seltener Literatur. Seine Bücher waren in Kennerkreisen bekannt und beliebt, allerdings verdiente er damit wenig. Helga gab an, nunmehr ihm helfen zu wollen, seine Art der Geschäftsauffassung sei genau das, was sie selbst sich immer gewünscht habe: um der Sache willen etwas tun und nicht um des Verdienstes wegen. Jetzt, wo sie sich das leisten könne, wolle sie einspringen. Sie befaßte sich nun mit Literatur, mit Marktstrategien und so ganz neuen Dingen wie Umschlaggestaltung und PR. Wenn man sie traf und nach ihrem Beruf fragte, gab sie zuerst an, daß sie »nur noch wenig« mache. Irgendwann wurde klar, daß sie alle ihre Therapien hatte auslaufen lassen und niemanden neu dazugenommen hatte.

Warum sie das getan habe? Helga zögert mit der Antwort

noch immer. Weil sie sich allzusehr mit dem Leid anderer belastet habe; weil sie sich über die Bedeutung der Therapie für die Menschheit unschlüssig sei; weil die neue Aufgabe den ganzen Einsatz fordere; weil ..., weil ... ganz schlüssig war nichts davon. Mehr freie Zeit für Hobbys? Ja, auch das; aber irgendwie war offensichtlich »die Luft raus«. Helga, die sich noch immer sehr genau erforscht, ist sich nicht ganz klar darüber, ob auch Mißerfolge eine Rolle gespielt haben. Ja, sagt sie ehrlicherweise, sie habe wohl allzusehr an die Psychoanalyse geglaubt. An dem Wert von schönen und seltenen Büchern zweifle sie zwar auch, aber so tief gehe das wohl nicht. Aber wenn es um Menschenleben geht? Helga schließt nicht aus, daß sie irgendwann einmal wieder anfangen könnte. Wann? Das ist ganz ungewiß.

Hätte Helga nicht Geld geerbt, was wäre wohl passiert?

Die große Fragebogenuntersuchung von Willutzki et al. (1997) zum Burnout-Phänomen der Psychotherapeuten zeigt, daß die Berufszufriedenheit mit steigender Erfahrung größer wird und die Unzufriedenen unter den Therapeuten signifikant kürzere Therapie-Erfahrung haben als die Zufriedenen. Möglicherweise wäre ja die Freude am Beruf bei Helga wieder gekommen, hätte sie ihre Krise überwunden.

Allerdings sagt diese Untersuchung an 760 Therapeuten aus dem deutschsprachigen Raum wiederum etwas anderes aus als vorhergehende Untersuchungen, zum Beispiel die von Maslach und Jackson (1986) in den USA. Dort sind es die erfahreneren Therapeuten, die sich im Beruf häufig unwohl fühlen. Das bedeutet natürlich nicht, daß die Mehrzahl der Psychotherapeuten mit der ursprünglich meist enthusiastisch gewählten Profession Probleme hat. In der Untersuchung von Willutzki et al. bestätigen dreiviertel aller Therapeuten, daß sie mit ihrem Beruf »zufrieden« sind, in anderen Untersuchungen aber geht man allerdings von »schlechteren« Ergebnissen aus. Ob man 25% Unzufriedene als viel oder wenig bezeichnet, hängt natürlich mit der Sicht vom halbvollen oder halbleeren Glas Wasser zusammen ...

Das Burnout-Phänomen ist seit Freudenberger (1974) gut bekannt. Sowohl allgemein in den Forschungen zum Berufsleben als auch besonders im Bereich der helfenden Berufe hat es Aufmerksamkeit erregt. Freudenberger beschreibt es als ein berufsbedingtes Phänomen, bei dem auch gute und früher aufopferungsvolle Mitarbeiter im psychosozialen Bereich Symptome von Erschöpfung und Müdigkeit zeigen, zu reizbaren, mißtrauischen und halsstarrigen Mitarbeitern werden, bei denen sich Negativismus und Zynismus gegenüber den Klienten breitmachen. Anzeichen einer Depression können damit einhergehen. Es besteht nach Willutzki et al. (1997) aus einem äußerst komplexen Zusammenspiel von Bedingungen wie Privatleben des Therapeuten, beruflicher Kompetenz, Klientel, institutionellen Bedingungen, gesellschaftlichen Bedingungen und anderem. Die berufliche Zufriedenheit bzw. Unzufriedenheit setzt sich also aus sehr vielen Komponenten zusammen.

Nach Maslach (1982), ebenfalls einer prominenten Vertreterin des Burnout-Konzeptes, wird aufgrund vieler Fragebogenuntersuchungen und Interviews bei burnout-geschädigten Therapeuten faktorenanalytisch unterschieden zwischen emotionaler Erschöpfung, Dehumanisierung und reduzierter persönlicher Leistungsfähigkeit. (Unter »Dehumanisierung« versteht die Autorin die Tatsache, daß Menschen ähnlich wie Sachen, ohne Empathie betrachtet werden.) Während Dehumanisierung und Reduktion der Leistungsfähigkeit in der Untersuchung von Willutzki von den Therapeuten selbst relativ selten angegeben wurden, wird die emotionale Erschöpfung auch bei denjenigen Therapeuten, die sich allgemein als »zufrieden« bezeichneten, in der Hälfte aller Fälle konstatiert.

Innerhalb der helfenden Berufe sind also, mit einem Wort, auch die Psychotherapeuten von diesem Phänomen des Burnout ganz und gar nicht verschont geblieben.

Guy, einer der wichtigsten Vertreter der Forschungen über den Psychotherapeuten (er hat die bis zum Jahr 1986 existierenden Untersuchungen sehr sorgsam zusammengetragen), zeigt im Grunde noch mehr Schattenseiten des Berufes auf, als einzelne Fragebogenuntersuchungen es tun können. Dazu gehört vor allem die Schwierigkeit, sich als Privatmensch so zu verhalten, wie man es sich von seinen Patienten wünscht.

Natürlich ist nie auszumachen, ob sich zum Beruf des Psychotherapeuten eventuell besonders labile Naturen hingezogen fühlen oder ob es vielmehr der Beruf selbst ist, der für viel Ungemach verantwortlich ist. Die berichteten Zahlen über schwerere psychische Störungen (während Ausübung des Berufes) variieren: 73% schwere Angststörungen, 58% Depression (Looney et al., zit. in Guy, 1987); 90% (undifferenzierte) schwere psychische Störungen (Bermak, zit. ebd.); 82% schwere persönliche Probleme infolge Beziehungsschwierigkeiten, 57% Depressionen, 11% Süchtige und 2% Suizidversuche (Deutsch, zit. ebd.) werden von den genannten Autoren angegeben. Die jeweils untersuchte Gesamtmenge schwankt, ein sehr genaues Bild kann man sich nicht machen, allerdings läßt keiner der Autoren einen Zweifel darüber, daß die angegebenen Schwierigkeiten ihnen selbst Erstaunen bereitet haben. Man könnte noch längere Zeit weiterzitieren, ich denke, diese Zahlen genügen, um sich ein Bild davon zu machen, daß der Beruf des Psychotherapeuten nicht unbedingt der gesündeste ist oder nicht unbedingt die gesündesten Menschen anzieht.

Guy, der sehr viele Daten gesammelt hat, ist vorsichtig; er meint, daß es jedenfalls »nicht weniger« psychisch kranke Menschen seien als in der Gesamtbevölkerung. Bedenkt man, daß diese Bevölkerungsgruppe zum allergrößten Teil selbst jahrelang eine Therapie gemacht hat, dann muß man sich allerdings wirklich wundern. Sogar die Selbstmordneigung der Therapeuten scheint höher als die der Normalbevölkerung. Schätzungen sprechen von einer vier- bis fünfmal höheren Selbstmordrate, allerdings gibt es auch hier kontroverse Meinungen; Ungenauigkeiten in der Statistik und andere Fehlerquellen werden nicht selten für die Ergebnisse verantwortlich gemacht. Eine wohl auch vom zurückhaltenden Guy als relevant angesehene Studie zeigt allerdings, daß unter den weiblichen Psychologen die Selbstmordrate dreimal so hoch ist wie in der Normalbevölkerung. Kein Forscher bestreitet, daß die Zahl der Selbstmorde in den helfenden Berufen allgemein, also auch bei den Psychotherapeuten, erstaunlich hoch ist.

Warum das Erstaunen?

Es gilt in unserer modernen Berufswelt als ausgemacht, daß sehr viele Berufe entfremdend sind, daß sie – marxistischer Denkweise zufolge – eine Trennung zwischen Kopf- und Handarbeit verlangen, daß der Arbeiter über die Produktionsmittel, die er herstellt oder verwaltet, nicht verfügen kann, und sich daher ein Gefühl der Entfremdung einstellt. Aber auch in vielen Dienstleistungsberufen, so wird postuliert, ist das Gefühl, daß man hier nur ein Rädchen im Getriebe ist, dazu geeignet, Gefühle von Nutzlosigkeit und Langeweile hervorzurufen.

Es gibt freilich Berufe, denen man die Entfremdung entweder nicht gleich ansieht oder die wirklich dazu geeignet sind, den Berufsträger mit Gefühlen von Sinn und Bedeutung zu erfüllen. Ganz sicher gehören dazu – wie man meint – Berufe, mittels derer anderen Menschen geholfen wird, Leid, Schmerzen, Krankheit zu überwinden. Natürlich gehört auch der Psychotherapeut in diese Gruppe. Mehr als in anderen Berufen ist er dazu aufgerufen, sich als ganzer Mensch einzubringen, sich in einer wahrhaft bedeutungsvollen Beziehung auf andere einzulassen. All dies sollte eigentlich verhindern, daß ein Psychotherapeut sich von seinem Beruf gelangweilt oder überfordert fühlt. Er ist – anders als bei den wirklich entfremdenden Berufen – als ganzer Mensch gefordert und weiß um seine Bedeutung. Daher das Erstaunen, das viele Leute befällt, wenn sie von den Ergebnissen der Burnout-Forschung bei Psychotherapeuten etwas vernehmen.

Es gibt übrigens auch viele Psychotherapeuten, die darüber nicht so gerne sprechen oder es einfach nicht zur Kenntnis nehmen wollen, daß viele ihrer Kollegen in diesem Beruf nicht so glücklich sind, wie man es eigentlich sein müßte. Wo man doch mit wirklich viel Idealismus hineingegangen ist in diese Ausbildung! (Siehe dazu das Kapitel 4.)

Das Thema ist offensichtlich emotional stark besetzt. »Ich verstehe das gar nicht«, sagte mir ein alter, von seinem Beruf begeisterter Analytiker, »daß im analytischen Beruf so jemand tätig ist? Das ist schwer zu glauben ...« Ich nehme an, daß er der Meinung war, nur in den anderen Therapierichtungen gebe es so etwas.

Aber weder Zweifel noch Freuden sind schulengebunden. In jeder Schule kommen sie vor, in jeder Therapierichtung werden sie zwar anders ausgedrückt, aber auch wiederum ähnlich bekämpft.

Viele Psychotherapeuten haben sich zu Beginn ihrer Laufbahn von den Möglichkeiten der Psychotherapie etwas mehr versprochen. Die jeweiligen Supervisionen waren – wie fast alle berichten – auch nicht unbedingt geeignet, ihnen die vielen Arten des Scheiterns vor Augen zu führen. »Alles war, so schien es mir, mit entsprechenden Methoden in den Griff zu kriegen«, so berichtete ein Verhaltenstherapeut. Aber auch Einsichtstherapeuten sind oft allzu leichtgläubig in ihre Therapien hineingegangen.

In unseren Befragungen, die sich auch um Belastungen, eventuell um Burnout drehten, bekamen wir mehr indirekt als direkt mitgeteilt, welche Dinge es sind, die zur Belastung beigetragen haben. Es ist übrigens unwahrscheinlich, daß wir die wirklich schwer gestörten berufsunlustigen Therapeuten dazu gebracht hätten, uns Interviews zu geben. Alle unsere Gesprächspartner haben sich natürlich freiwillig bereit erklärt, uns Rede und Antwort zu stehen, das tut man wohl nur dann, wenn man sich in seiner (beruflichen) Haut einigermaßen wohlfühlt. Trotzdem wurde aus den Interviews klar, welche Probleme man mit diesem Beruf bekommen kann – vielleicht gerade, weil es sich nicht um die »schwersten« Fälle handelt.

Die schon öfters erwähnte Komplexität des Handlungsfeldes, das jeweils neue und unsichere Handlungsstrategien erforderlich macht, die unklare Feedback-Situation: all das verunsichert und belastet oft in erheblichem Maß.

Ein paar Beispiele mögen das verdeutlichen:

Almut, eine Kognitive Verhaltenstherapeutin, hatte an ihrer Universität schon sehr viel über Verhaltenstherapie erfahren, es gab sogar die Möglichkeit, Klienten zu behandeln. »Damals«, so räsoniert sie,

war alles so klar und einfach. Wir haben bei jeder Methode, die wir anwandten, genau erfahren, wie hoch die Erfolgsquoten sind und welche Faktoren ausschlaggebend sind für Erfolg und Mißerfolg. Tatsächlich hat in der Uni-Ambulanz auch wirklich vieles funktioniert. Ich habe dann noch eine Weiterbildung an einem privaten Institut angeschlossen, damit ich die Zulassung bekommen kann. Das ist jetzt alles schon zehn Jahre her. Anfangs, als ich noch unter Kontrolle arbeitete, ging es ja noch ähnlich zu wie an der Uni. Allerdings wurde im Laufe der Zeit schon klar, daß man in dieser eher »wissenschaftlichen« Form natürlich nicht arbeiten kann. Ich bekam vom Weiterbildungsinstitut auch schwierigere Patienten zugeteilt, öfters habe ich auch Privatpatienten bekommen, die selbst zahlten. Da war dann irgendwann meine »Patientenlandschaft« ganz anders als bisher. Zum einen gab es fast nie mehr diese »Monosymptome«, alle litten gleichzeitig an Depressionen und Ängsten und Beziehungsproblemen und was weiß ich noch. Ich hatte meistens Mühe, die Erfolge abzuschätzen. Oft schien es mir, daß die Patienten doch zufrieden sein konnten, aber die waren – auch wenn zum Beispiel ihre Ängste verringert waren – noch immer mißmutig. Ich übertreibe es vielleicht, weil ich enttäuscht bin, natürlich gab es auch schöne Erfolge. Aber irgendwie wurde im Laufe der Zeit mein Optimismus gebrochen. Ehrlich gesagt: ich fürchtete mich vor jedem neuen Patienten und schon bald vor jeder Stunde. Immer war ich irgendwie aufgeregt, ob es ihm wohl »besser« gegangen sei als in der letzten Woche. Das hat sich aber wieder gelegt. Trotzdem, ich mache jetzt nicht mehr nur Psychotherapie. Ich habe eine Coaching-Ausbildung absolviert und habe ganz gute Kontakte, so daß ich in dieses Metier eingestiegen bin. Therapie mache ich zwar auch noch, aber mehr so nebenbei. Wenn man Coaching macht, bekommt man irgendwie mehr gutes Feedback; Kurse zur Verbesserung der Kommunikationsfähigkeit in irgendwelchen Institutionen enden oft mit sehr viel Lob, meist bekommt man irgendein nettes Geschenk, und bezahlt wird es auch noch gut – besser als das, was die Kassen für eine Psychotherapie zahlen. Das alles hat natürlich mein Selbstbewußtsein gestärkt. Wenn ich jetzt Therapie mache, bin ich ganz locker. Klappt es – gut! Wenn nicht, dann schreibe ich das nicht auf mein Schuldkonto.

Die Belastungen, die aufgezählt werden, führen zwar nicht immer geradewegs zum Burnout, aber als warnende Vorzeichen kann man sie doch betrachten.

Die angegebenen Belastungen könnte man (grob) in folgenden Dimensionen sehen:

1 Die Grenzen

Dieser Belastungsfaktor bezieht sich auf die Tatsache, daß jeder Therapeut es schmerzlich lernen muß, in seinen Zielsetzungen bescheiden zu werden. Anfangs haben viele bei so gut wie jedem menschlichen Problem sofort nach der Therapie gerufen. Damit sollte die ganze Welt geheilt werden. Wenn man dann merkt, daß die Grenzen relativ eng gesteckt sind, wird man skeptisch.

»Man wird kein anderer Mensch durch die Therapie«, resümiert Frau Arendt (Rölcke, 1999). »Ich hab mir früher mehr versprochen, so etwas, was man so Strukturveränderung nennt, äh, im psychoanalytischen Sprachgebrauch«, sagt Frau Berg, ebenfalls eine Psychoanalytikerin. »Also, 'ne uralte Blockade wird man eigentlich aus meiner Sicht nicht mehr los« (Tomsic, 1999).

»Die Grenzen meiner therapeutischen Möglichkeiten sehe ich heute realistischer als früher«, sagt eine Psychoanalytikerin im Sample von Rölcke (1999). »Meine Vorstellung, Psychosen mit Psychotherapie heilen zu können, das ist eine Illusion, völlig unsinnig.«

Nun hat natürlich nur selten ein Analytiker behauptet, daß man auch Psychosen durch Therapie heilen könne – aber es gibt immer wieder Fallberichte, wo genau dies passiert. Die Vorstellung, man müsse dann eben »viel länger, viel tiefer ...« analysieren, kann sich durchaus festnisten. Laing, Rosen, Madame Sechehaye und ähnliche Autoren, aber auch Fallgeschichten sprechen eine andere Sprache: es geht eben *doch*!! – aber es bedarf eines Rieseneinsatzes und ungewöhnlicher Ideen, um dies zu bewirken. Sollte man aber all dies nicht doch realisieren können? Ein nagendes Gefühl bleibt bestehen, wenn man einen solchen unmöglichen Fall wieder einmal ohne jede Veränderung entlassen mußte.

Was man sich bei Psychosen noch verzeihen kann, ist dann bei sogenannten Borderlinern oder schweren narzißtischen Störungen schon schwerer zu ertragen. Allzu viel Literatur gibt es über die Behandlung schwerer Persönlichkeitsstörungen, als daß man darauf beharren könnte, diese seien nicht therapierbar. Die Diagnose wird, so meine ich übrigens, heutzutage allzu leicht vergeben; oft besagt sie nichts anderes, als daß es einem manche Patienten einfach »sehr schwer« machen. Die Gestalttherapeutin Frau B. scheint da allerdings kurzen Prozeß zu machen. Sie sucht sich diejenigen Leute aus, die ihr gefallen. »Ich habe mal zu einer gesagt: Hör mal, Mädel, komm wieder, wenn du wirklich arbeiten willst, und in der Zwischenzeit geh lieber von dem Geld schön essen oder irgendwas ... Das nimmt sie mir noch heute übel« (Goldmann, 1997). Da Frau B. dies freimütig erzählt, scheint sie sich das selbst nicht übelzunehmen. Ob das aber jeder so kann?

Es gibt Therapeuten, die es sich zusätzlich schwer machen, indem sie sich – Ehrgeiz? Masochismus? Eigentümliche Empathie? – immer wieder ganz besonders schwierige Patienten aussuchen und dann natürlich sehr hart an ihre Grenzen gemahnt werden. »Also, zum Beispiel Borderline-Störungen«, sagt der Bioenergetiker Herr Expert,

da entstehen ja eine Menge von Belastungen. Und das ist es, was ich bei einer Reihe von Kollegen wahrnehme: daß sie sich dadurch sehr erschöpft fühlen, weil sie sich sehr bemühen, eine bestimmte Haltung aufrechtzuerhalten, und wenig Raum haben für ihre Gegenübertragung, für ihre Frustrationserlebnisse, für Kränkung, für Verletzung ..., daß die eigenen Gefühle und Empfindungen so wenig eine Rolle spielen, daß man eine künstliche Haltung einnehmen muß. Also so etwas wie ein falsches Selbst dem Patienten gegenüber ... (Tomsic, 1999).

Herr Expert scheint sich damit gut arrangieren zu können, manche aber scheitern daran. Christian ist einer davon. Seine Patienten schienen uns, den Kollegen, ziemlich unverdaulich. Selbstmordabsichten, schwere, klinisch relevante Depressionen, bizarre Zustandsbilder, ja sogar ein von der Polizei nie gefundener Mörder waren darunter. Christian opferte sich wirklich auf für seine Patienten. Jede Verabredung mit ihm konnte platzen: schon wieder eine Selbstmorddrohung, eine Krisensitzung, ein Anfall schwerster Ängste mitten in der Nacht. Christians Handy konnte jederzeit läuten. Dabei war er ursprünglich dem Klinikbetrieb (er ist Arzt) entflohen, weil er eben ein wenig mehr Privatleben wollte. Nach einiger Zeit konnten wir Christians Erzählungen über diese schwierigsten und immer an der Grenze stehenden Menschen nichts mehr abgewinnen. »Schon wieder ein Psychotiker«, stöhnten wir. Wir distanzierten uns, keiner wollte mehr mit ihm in die Supervisionsgruppe gehen. Nach einigen Jahren hörten wir wieder von ihm. Er hatte den Beruf als Psychotherapeut aufgegeben und arbeitete in einer Behörde mit einem braven 7- oder 8-Stunden-Tag. Einer der Kollegen hat ihn unlängst getroffen und berichtet: Christian hatte offenbar einen schweren seelischen Zusammenbruch erlitten und war nur knapp einer Klinikeinweisung entkommen. Er übergab alle seine Patienten an Kollegen (die nicht begeistert waren) und rettete sich nach einem Erholungsurlaub in die besagte Behörde, wo er hauptsächlich am Schreibtisch arbeitet. Er ist damit ganz zufrieden. Wir alle waren übrigens immer der Meinung, Christian habe ein besonderes Geschick, verborgene Motive ausfindig zu machen, Abwehrmanöver zu analysieren und empathisch zu agieren. Vielleicht war es aber ein wenig zu viel des Guten?

2 Das normale »Ausgelaugtwerden«

Fortschreitende Auszehrung war etwas, was ebenfalls immer wieder beklagt wurde. Das hat nicht nur mit den Enttäuschungen an den »Grenzen« zu tun, sondern mit dem ganz normalen Arbeitsalltag der Kollegen, mit der »Fronarbeit«, wie eine von ihnen sagte. »Was ich immer wieder schwer finde, ist natürlich das Sich-Öffnen, auch für Schwierigeres, beispielsweise wenn Sie mich nach heute fragen, intensive schmerzliche Prozesse, Trauerprozesse … das merke ich, das ist immer schwer … manchmal auch fast ein bißchen zu schwer, gerade wenn es so hintereinander kommt«, sagt Frau Berg, eine Psychoanalytikerin (Tomsic, 1999). Und Frau Tomas, ebenfalls Psychoanalytikerin, erklärt, daß es schwer auszuhalten sei, wenn in der negativen Übertragung dann der eigene Ärger und die Wut zurückgehalten werden.

Also ein wütender Patient auf der Couch, der Sie nun heftig attackiert und beschimpft und Ihnen ständig vorwirft, Sie tun alles nicht, was er eigentlich sich wünscht … Das bewußt zu halten, das ist wirklich eine Anstrengung, weil Sie in einem ständigen Hin und Her sind zwischen Ihren eigenen Gefühlen, den Gefühlen des Patienten, der Betrachtung dieser Geschichten und wie das zusammenhängt … Natürlich fühlen Sie sich irgendwann völlig ausgesaugt, wenn Sie aller Freundlichkeit, die da kommt, entsprechend begegnen und versuchen, Wiedergutmachung zu betreiben ... das wird einen dann langsam aber sicher ausdörren (Rölcke, 1999).

Frau Tomas, eine eher strenge und ziemlich abstinent denkende Analytikerin, meint, daß sie die geforderte Abstinenz auch nicht immer durchgehalten habe, weshalb sie jetzt für eine Weile Therapiepause gemacht hat – »dieses dauernde Balancieren zwischen Nähe und Distanz ...«. Sie habe es aber akzeptiert, daß sie in diesem Beruf damit leben muß, die Patientengefühle und -probleme mitzutragen. »Ja, es staut sich wirklich auch im Körper, das spürt man«, sagt Frau Tomas (Rölcke 1999).

3 Die Vermischung von Beruf und Privatleben

Dieser Belastungsfaktor ist eng verwandt mit dem vorherigen, denn eines der Übel in der Psychotherapie ist sicher, daß man die beruflichen Probleme oft »nicht abschalten« kann, wenn man zu Hause ist. Natürlich kann das jedem berufstätigen Menschen in jedem Beruf so gehen; der Psychotherapeut ist aber in besonderer Weise betroffen, wenn ihm menschliches Leid sehr nahegeht, wenn er sich unfähig fühlt, einem Menschen zu helfen, und das Gefühl hat, es gäbe vielleicht doch noch andere Herangehensweisen, die er aber versäumt hat. Es scheint weniger der Ärger als vielmehr ein nagendes Schuldgefühl zu sein, was Therapeuten auch außerhalb der Stunden erleben. Bugental (1992) beschreibt in seinen »Notizen eines Psychotherapeuten« die inneren Monologe eines Therapeuten nach den Stunden und in der Freizeit. Hier wird in sehr subtiler Weise berichtet, welch schwierige Mischung an Hoffnung, Ängsten, schuldvollen Überlegungen über eventuell alternatives Vorgehen und natürlich auch Freude es bedeutet, wenn man sich in sehr intensiver Weise (Bugental ist Tiefenpsychologe der »Existential Therapy«-Richtung) mit den Klienten befaßt. Da es in dieser Richtung in ganz besonderer Weise darum geht, sich dem Patienten auch als ganze Person zur Verfügung zu stellen, kommt es dabei auch sehr schnell zum Verschwimmen der Grenzen. In Büchern von Yalom oder Bugental wie in vielen amerikanischen Filmen über Psychotherapeuten wird ganz speziell dieses Thema immer wieder dargestellt.

»Ein Teil der Patienten ist bei mir immer präsent gewesen«, sagt auch Frau Tomas. Sie hatte dann keine Distanz mehr zu den Patienten, die ständige Beschäftigung mit den Innenwelten stellte für sie eine sehr große Belastung dar, was sie daran merkte, daß sie zum Beispiel gar keine Lust mehr hatte, nach draußen oder mal mit Freunden ins Theater zu gehen. Es klickte immer wieder das »Raster« ein. Alles und jedes wurde psychoanalysiert (Rölcke, 1999).

4 Zeitliche Belastung

Viele Therapeuten klagten über die zu vielen Patienten, mit denen sie sich befassen mußten. Die finanzielle Lage der Psychotherapeuten allerdings läßt es für viele nicht zu, sich mit weniger Patienten zu belasten. Natürlich kann man auch froh sein, wenn man ein gesuchter Therapeut ist – trotzdem ist diese Art der Überlastung bedrohlich. Täglich sechs bis sieben Stunden Therapie, Workshops am Wochenende, Supervisionen – das nagt schon an den Kräften. Einer der Therapeuten gab an, jetzt gerade 13 Tage durchgearbeitet zu haben. Die finanzielle Notwendigkeit, so sagen manche selbst, ist es aber nicht unbedingt, die zu solchen Überlastungen führt. Man hat den Eindruck, daß es vielmehr ein nie versagender Wunsch nach Anerkennung ist, der dazu führt, vielleicht auch wirklich das von Jones (1913) beschriebene Allmachtsgefühl, daß man vielleicht der beste und einzige sei, der in diesem und jenem Fall helfen könne.

5 Die Schwierigkeiten mit der Theorie

Nicht jeder Therapeut hat in seinen Anfangsjahren die richtige Theorie, also die richtige »Schule« gewählt. Auch das kann im Laufe des Berufslebens zu Überdruß und großer Unsicherheit führen. Da ich selbst zu dieser Kategorie gehöre, allerdings noch zu guter Letzt das Ruder herumreißen konnte, weiß ich, wie man sich in diesem Fall fühlen kann. Ich selbst habe nach anfänglicher Euphorie über die Verhaltenstherapie immer stärker das Gefühl gehabt, nicht mehr recht zu wissen, wo ich eigentlich stehe. Die oftmals sehr schwierigen Patienten konnte ich mit Hilfe meines Theoriengerüsts nicht verstehen, die Leerformeln der Lerntheorie waren mir schon bald zu wenig. Ich irrte von Technik zu Technik und wußte nicht genau, was ich eigentlich tat. Daß vieles trotzdem »funktionierte«, war zwar ein Trost, aber der Beruf des Psychotherapeuten war mir nach einiger Zeit trotzdem verleidet. Das ändert sich erst, als ich in höherem Alter zur psychoanalytischen Ausbildung zugelassen wurde.

In dieser Situation bieten sich natürlich die immer wieder neuen Ausbildungen und Weiterbildungen an.

Petra, eine tiefenpsychologisch ausgebildete Ärztin, hat sich ihre Ausbildung in verschiedenen Kursen »zusammengestükkelt«. Sie war zunächst recht angetan von diesem für sie aufregend neuen Feld. Allerdings gab es von Anfang an auch wiederum viel Verwirrung. Sie besuchte bei einem dieser Kurse eine Vorlesung über Neurosenlehre, die sie ungemein beeindruckte. Es schien alles so logisch: alte Erfahrungen der Psychoanalytiker wurden verknüpft mit neuen Forschungsergebnissen aus der Säuglingsforschung und der Bindungsforschung, Fallvignetten paßten wunderbar dazu – mit einem Wort: Petra hatte »ihre« Therapierichtung gefunden und kam in ihrer Psychosomatik-Klinik nun sehr viel besser zurecht. Allerdings geriet sie ziemlich durcheinander, als bei einem folgenden Kurs ein recht bekannter Psychoanalytiker sowohl die Bindungstheorie als auch die Säuglingsforschung scharf kritisierte und den Forschern vorwarf, die Psychoanalyse zu verwässern, zu zerstören und was nicht sonst alles. Petra war also unversehens in die Theoriestreitigkeiten der Psychoanalytiker hineingeraten und erlebte nun, mit welch heftiger sektiererischer Inbrunst die jeweiligen Positionen verteidigt wurden. So etwas hatte sie in ihrem braven Medizinstudium nie erlebt und es gefiel ihr gar nicht. Woran sollte sie sich, um Gottes willen, halten? Gab es denn keine »objektiven« Kriterien für richtig oder falsch?

Petra hatte in der Klinik viel zu tun, zum Lesen kam sie gar nicht so oft, aber mit der Zeit eignete sie sich doch auch ein wenig von den diversen Positionen an. »Strenge« Analytiker mochte sie nicht besonders leiden. Aber wenn es mit dem Fortschritt einer eßgestörten Patientin oder eines Migränikers so gar nicht klappte, dann wurde sie auch wiederum unsicher. Ob nicht doch eine mehrjährige Analyse ...?

Bei einem Workshop geriet Petra an einen Gestalttherapeuten. Die lebendige Art dieses Mannes, seine Umkompliziertheit und Direktheit gefiel ihr. Nun begannen aber wiederum neue Zweifel: Seine Art, mit Theorien umzugehen, gefiel ihr ganz und gar nicht. Mal so, dann wieder so – nichts paßte zueinander –, was konnte man damit anfangen? Petra resümiert: »Diese ganze Psychotherapie steht auf sehr tönernen Füßen. Keiner kennt sich wirklich aus, nichts ist sicher. Vielleicht hätte ich doch bei der Allgemeinmedizin bleiben sollen. Da macht man schließlich auch oft so etwas wie Psychotherapie und daneben kann man ›handfest‹ arbeiten.«

Welche Möglichkeiten geben Therapeuten an, wenn sie dem Burnout entgehen wollen? Das übliche ist: mehr Freizeit, gute persönliche Beziehungen, Hobbys, die nichts mit dem Beruf zu tun haben, Austausch mit Kollegen und Supervision. Manche flüchten auch in immer wieder neue Ausbildungen oder (siehe Kapitel 13) in »andere Dimensionen«. Einige der Interviewten, die eine Integration verschiedener Therapierichtungen versuchen, haben mit dieser Methode offenbar Erfolg.

Die hohen Ansprüche, die man an den eigenen Beruf stellt, vielleicht auch an das eigene Menschsein, sind vermutlich ein wichtiger Grund für die starke Belastung. Gerade das aber wurde so gut wie nie genannt, weil es offensichtlich nicht bewußtseinsfähig ist.

Allmachtswünsche erfüllen sich nicht, wenn man sehr bald die Grenzen der Psychotherapie erspürt (und sich selbst die Schuld daran zuschreibt) oder sich häufig müde und ausgelaugt fühlt, und auch die Vorstellung, man sei ein besonders authentischer Mensch, wird dünn, wenn man oft Wut oder Langeweile unterdrücken muß.

Die Gesprächstherapeutin Frau E. drückt alle diese Ideale in sehr pointierter Form aus. Auf die Frage hin, was denn eigentlich ihr Ideal eines Therapeuten sei, antwortet sie: »Das ist eine Frage vom Menschsein überhaupt. Der ideale Therapeut und der ideale Mensch, das ist eins« (Goldmann, 1997). Mit dieser Einstellung, so ist zu mutmaßen, ist das Scheitern vorprogrammiert.

Denn natürlich sollte dieser Idealmensch und Idealtherapeut sich nicht genervt fühlen, Patienten, die ihm nicht passen, nicht ablehnen, über Patienten nicht schimpfen etc., etc. Aber wer kann das schon durchhalten?

Eher sieht es so aus, daß eine Einsicht in die reale Situation, also nicht allzu viel Idealisierung des Berufes, ein wenig weiter führt.

»Therapeuten sind Lügner oder verrückt«, meint ein Verhaltenstherapeut (Goldmann 1997), und fühlt sich in seiner Haut gar nicht so schlecht, nachdem er alle Flausen von sich gewiesen hat.

Auch Herr Expert (Tomsic, 1999), ein Bioenergetiker, 44 Jahre alt, hat offensichtlich keine Probleme mit dem Ausbrennen, obwohl auch er Belastungen nennt. Die Art, wie er seine Arbeit darstellt, auch wie er seine Einstellung zur Arbeit sieht, könnte damit zu tun haben. Natürlich gibt es auch bei ihm Probleme; sie liegen in der oft allzugroßen zeitlichen Belastung, die er sich aufbürdet. Und natürlich sind schwierige Klienten (er nennt sie, wie die meisten Therapeuten, »Borderline«-Klienten) auch eine Belastung. Aber es scheint, als ob bei ihm die Freuden des Berufes überwiegen, gerade weil er sehr unverblümt über diesen Beruf spricht. Herr Expert hat eine Sozialarbeiterausbildung hinter sich und kommt gut damit zurecht, daß er in seiner Therapeutenarbeit auch Elemente der Sozialarbeit hineinnehmen kann. Daß Engpässe in der Therapie auftreten, erlebt er »als eine scheißfrustrierende Situation«, obwohl er weiß, daß sie zum Geschäft dazugehören. »Ich hab viele Ziele, die sich nicht erfüllen«, sagt er freimütig.

Klienten beenden die Therapie, sind vielleicht auch ganz zufrieden, und du denkst, gemessen an dem, was eigentlich das Ziel ist, was man eigentlich erreichen müßte in der Therapie, ist es doch verdammt wenig, was dabei herausgekommen ist. Also, diese klassische Geschichte ist ja, daß der Klient zum Schluß sagt, das Symptom ... sei ja noch da, aber der Stellenwert des Symptoms habe sich verändert. Das ist ja immer so Schönrederei, man wird sicher sagen müssen, die Methode hat nicht funktioniert ... Und das passiert häufig, sicher sehr viel häufiger, als ich das selbst auch sehen will.

Und Herr Expert führt auch Beispiele an, die ziemlich deutlich zeigen, wie er das meint. Wenn er zum Beispiel von einem psychisch impotenten Mann spricht, der nach Beendigung einer Therapie in der Lage ist, angstfrei mit einer Frau zusammenzuleben, aber immer noch nicht fähig ist zu normalem Geschlechtsverkehr, dann würde er dies nicht als Erfolg ansehen wollen.

Herr Expert arbeitet in einer Einrichtung, in der mehrere Kollegen zusammen therapeutisch tätig sind. Die Sekretärin ist für alle gemeinsam angestellt. Er empfindet es als Entlastung, wenn er nach einer besonders anstrengenden Stunde zu ihr gehen kann und sich ausschimpft.

Sie meint schon manchmal, es würde ihr auf die Nerven gehen ..., daß alle Therapeuten immer über das gleiche Thema reden. Ich arbeite ja dort schon seit zehn Jahren, und sie meint, ich könnte ja nun mal aufhören, über die Therapie-Gruppe zu schimpfen ... Sie ist also für die psychosoziale Versorgung der Mitarbeiter da ... Es ist für mich eine Form, das affektive Gleichgewicht zu bekommen.

Herr Expert erzählt dies locker und lachend. Auch schätzt er es, »daß man blödeln und lachen kann ...«; dann sagt er etwas, was man selten von Therapeuten hört: »Nein, ich finde an diesem Beruf nichts Besonderes. Ich finde nicht, daß ich besondere Energien verliere – das ist nicht so ein gebender Beruf, wo man dann wieder irgendwoanders Energien auftanken muß.« Auch mit der professionellen Haltung hält er es »nicht so eng«, weil er als Sozialarbeiter eine andere Berufssozialisation hat, er macht Dinge »wo sich ein Psychoanalytiker die Haare raufen würde ...« (zum Beispiel Hilfe bei der Jobsuche). Man könne da selbst entscheiden, was professionell sei.

Man kann nicht behaupten, daß Herr Expert sich die Therapie »schönredet« – trotzdem ist er sehr zufrieden und möchte nichts anderes tun. Seiner Meinung nach entwickeln viele Therapeuten ein »falsches Selbst«, nehmen eine »künstliche« Haltung ein, »bemühen sich sehr, eine bestimmte Haltung aufrechtzuerhalten«. Er ermutige in der Supervision die Kollegen immer, »realer« zu sein. »Diese Ansprüche ..., daß man besonderen Respekt verdient, diese Phantasien, wie identitätsstiftend der Beruf sein soll, die erfüllen sich ja in diesem Beruf nicht ...« All dies führt offenbar dazu, daß er »überhaupt nicht das Gefühl hat, daß die Patienten so gierig sind, als wollten sie mich auffressen«. Ohne Probleme damit zu haben, gibt er an, wie angenehm es ihm sei, von den Patienten jedesmal das Geld auf die Hand zu bekommen. Er ist der Meinung, daß auf diese Weise jeder Patient auch gleich eine Art von Feedback gibt und die Patienten ein Gefühl dafür bekommen, daß sie für ihr Geld auch etwas tun müssen.

Herr Expert (deshalb auch dieses Pseudonym) gibt ohne falsche Bescheidenheit und Schönfärberei an, daß er sich als »Experte« betrachtet, und meint, dieses bewußte Expertentum gehöre auch zu seinem Selbstverständnis. Er spielt es gegen Therapeuten aus, die immer davon reden, sie könnten natürlich nicht wissen, was ihren Klienten am ehesten weiterhilft. »Ich finde das völlig absurd, einen Job zu haben, wo man so viel Geld verlangt und dann sagt, man wisse nicht, was für den anderen gut ist.«

Es sieht so aus, als hätte Herr Expert mit seinen klaren Vorstellungen über den Beruf den richtigen Mittelweg zwischen allzu hohen Ansprüchen und der resignierten Abwertung anderer Kollegen gefunden.

Nachdem ich sein Interview gelesen hatte, habe ich mich gefragt, ob ein Psychoanalytiker je solche Aussagen machen könnte. Ich glaube nicht! Schon die Erzählung von der »psychohygienischen Sekretärin« scheint mir für ein analytisches Institut unmöglich. Wie schnell würde man dann das Expertentum des Kollegen anzweifeln, seine Gegenübertragung analysieren und ähnliches. Diskretion, ein wenig Geheimnistuerei und Scheu scheinen mir dort eher angesagt. Ob diese Art des Umgangs mit den beruflichen Problemen aber dann wirklich »psychohygienisch günstig« ist?

Sicher gibt es kein allgemeingültiges Rezept für diese Unzufriedenheit und das nagende Gefühl, man hätte es doch nicht ganz geschafft, ein wirklich guter Therapeut zu werden, oder: das sei gar nicht zu schaffen.

Mein eigenes Credo sieht etwas anders aus als dasjenige, das viele angeben. Es heißt Theoriearbeit. Nach wie vor finde ich nämlich, daß die menschliche Seele, dieses schwierig zu entziffernde, sich immer wieder wandelnde Gebilde, etwas ungemein Faszinierendes ist und man am meisten davon erfährt, wenn man den therapeutischen Prozeß beachtet. Daß man sich verirren kann in seinen Kategorisierungen, erscheint mir dann nicht mehr so frustrierend, wenn man sich theoretisch für immer wieder neue Möglichkeiten der Interpretation offenhält. Dies verlangt eine offene Haltung, eine Toleranz für Vieldeutiges, und natürlich gründliche Theoriekenntnisse. Man muß »spielen« lernen mit Theorien, was eben Klarheit darüber voraussetzt, daß alle Psychologien nur Versuche sind, dieses zarte Gewebe des Seelischen zu erfassen; daß diese Versuche nie ganz ausreichen, immer nur »mehr« oder »weniger« gut sind. So entgeht man den steifen Orthodoxien! Einer allzu großen Beliebigkeit allerdings muß man ebensoweit ausweichen, um sich nicht im Gewirr theoretischer und praktischer Labyrinthe zu verlaufen.

9

Supervision, das Allheilmittel?

Ob es sich um Burnout-Prävention handelt, um Fragen des kollegialen Umgangs bei Problemen oder um berufliche Fortbildung: die Supervision (Beratung durch erfahrenere Kollegen) oder die Intervision (kollegiale Besprechung) erscheint immer wieder als ein ganz besonderes Medium der Beruhigung. In fast allen Interviews wird sie gepriesen.

Die Evaluation der Supervisionen allerdings steht noch aus. Eine große Langzeitstudie von Kleiber et al. (im Druck), die den Zusammenhang zwischen Supervision und Burnout bei der Betreuung von Aids-Kranken durch psychosoziale Helfer beweisen sollte, konnte allerdings aufzeigen, daß zwischen der Supervision und dem berichteten Überdruß am Beruf so gut wie kein Zusammenhang besteht. Egal ob eine Gruppe Supervision hatte oder nicht: der Ausfall über Burnout war derselbe. Auch dort aber war von allen die Supervision als ganz und gar wichtig herausgestellt worden. Wie das wohl bei Psychotherapeuten aussieht? Die Forschungslage ist dünn – ob und wie Supervision »wirkt«, darüber wissen wir so gut wie nichts.

Möller (2001) hat ihre aus Befragungen gewonnenen Ergebnisse systematisiert und auf den wichtigen Schameffekt hin dargestellt. Sie unterscheidet (und untermalt mit interessanten Zitaten) verschiedene Formen von Scham: Kompetenzscham, Scham über eine Diskrepanz zwischen Selbst und Selbstideal, Scham über das Sichtbarwerden von ungeahnten Selbstanteilen, Scham bei Verletzung der Intimitätsgrenzen und anderes mehr. Besonders wichtig dabei sind die durch Ausbildungsinstitute gebildeten Über-Ich-Anteile, die dauernd hineinragen und die zu – auch von ihren Interviewpartnern eingestandenen – Verschiebungen, Verzerrungen und sogar Unwahrheiten führen. »Damit mir die ja nicht einen unreflektierten, regressionsfördernden Interventionsstil vorwerfen kann, übernehme ich deren analytischen Blick und erzähle anders. Seitdem ich nicht mehr in Kontrolle bin, arbeite ich viel selbstbewußter«, erzählt eine Psychoanalytikerin im Projekt von Frau Möller.

Wir haben Interviews mit Kollegen geführt, die wir gut kennen, und haben sie gebeten, sehr ehrlich zu sein: Wir würden ihre Identitäten so verwischen, daß ganz bestimmt niemand sie erkennen werde.

Das Ganze scheint ein recht heikles Thema zu sein, und nicht ohne Grund sind gerade viele Lehranalytiker nicht in einer Supervisionsgruppe. Denn Supervision ist auch Überprüfung, hat zu tun mit den Möglichkeiten, weiterempfohlen zu werden, und ist mit vielerlei Problemen des Selbstwertgefühls behaftet. Alles, was ich darüber berichte, kann nicht nachgeprüft werden, ist in höchstem Maß subjektiv, und natürlich kann jedermann behaupten, daß dies für ihn ganz und gar nicht stimmt (das ist ähnlich wie mit dem sexuellen Mißbrauch!). Den Eindruck, daß die Supervision grundsätzlich ein Mittel der beruflichen Konsolidierung darstellt, konnte man nicht immer gewinnen. Dies gilt ganz besonders für die Psychoanalytiker, und auch nur diese haben wir so »hochnotpeinlich« befragt.

Christa, eine Psychoanalytikerin mit langjähriger Berufserfahrung, berichtet ganz ungeschminkt:

Anfangs habe ich die Kontrollanalysen ersehnt. Ich war so unsicher, ich habe mich im Wirrwarr dessen, was Patienten erzählt haben, überhaupt nicht ausgekannt, und jede Auskunft des Kontrollanalytikers war mir recht. Es war vielleicht ähnlich wie in der Analyse – irgendwie blauäugig, als hätten diese Kontrolleure wirklich so sehr viel mehr Einsicht als ich, obwohl sie doch die Patienten nie gesehen hatten. Nach einiger Zeit wurde klar, daß jeder so sein Steckenpferd reitet: Der eine hatte es mit der projektiven Identifikation, der andere mit der Situation des Säuglings und andere wiederum sahen überall Ödipales. Auch die Diagnosen schwankten. Am schönsten konnte ich es bei einem Kontrollanalytiker nachprüfen, der meinen Patienten immer wieder mit anderen verwechselte. Dauernd wies er mich darauf hin, daß ich meinen Patienten »verwöhne«, daß dies sowieso ein über-ich-schwacher Mensch sei, und ich solle ihm nicht das geben, was er wolle. Es stellte sich aber mehr als einmal heraus, daß er einen ganz anderen Patienten im Sinn gehabt hat. Das alles verwirrte mich und ließ mein Vertrauen schwinden.

Nachdem mir klar geworden war, daß die Länge meiner Ausbildung mit den Berichten dieser Kontrolleure zusammenhängen würde, fing ich an, meine Supervisionsstunden zu »frisieren«. Ich wollte als eine gute Ausbildungskandidatin dastehen und versuchte herauszufinden, wie man den Supervisor am meisten beeindruckt. Das ging ganz gut. Nach dem Ende meiner Ausbildungszeit hatte ich erst einmal genug von der Supervision. Ich traute niemandem mehr so recht. Aber als nach einiger Zeit Kollegen, die ich gerne mochte, mich fragten, sagte ich zu, ihrer Intervisionsgruppe beizutreten. Da war mir auch recht wohl, ich habe mich zwar ein wenig geniert, wenn ich meine »Fehler gebeichtet« habe, aber das taten die anderen auch. Ehrlich gesagt, daß die Kollegen nun in der berühmten »Außensicht« so viel mehr gesehen hätten als ich, konnte ich nicht entdecken. Wirklich hilfreich aber war, daß ich selbst gezwungen war, Dinge zu formulieren, die ich vorher nur so nebulös gedacht hatte.

Nach einigen Jahren aber lief das Ganze irgendwie nur mehr so schleppend. Ich wußte auch wiederum, was jeder einzelne Kollege an Besonderheiten sehen wollte, und man konnte sogar die jeweils gelesene Literatur in unseren Gesprächen finden. Ich habe mich oft entschuldigt, weil ich die Treffen nicht mehr so spannend fand. Dazu kam noch, daß einer der Kollegen auf den Lehranalytikerstatus hinarbeitete; er wurde immer strenger und lehrerhafter. Plötzlich hatte ich wieder das Gefühl, da sitzt mir aus alten Zeiten ein Kontrolleur im Nacken. Einige von uns beschlossen, eine Außensupervision zu suchen. Es gelang uns, einen bekannten Psychoanalytiker in einer anderen

Stadt zu finden. Wir waren in keiner Weise von ihm abhängig, ob er uns Patienten schicken würde oder nicht, war egal, er hatte einen bekannten Namen – kurz: nun konnte man wirklich alle Fehler eingestehen! Dieser Psychoanalytiker, der recht orthodox war, machte uns zuerst mal ziemlich runter. Wir waren in seinen Augen nichts Besseres als Gesprächspsychotherapeuten, wir hatten keine Ahnung vom »Deuten«, wir waren triebfeindlich und konnten nichts anderes als ein wenig klären und konfrontieren. Die ersten Sitzungen waren für mich entsetzlich. Ich schämte mich und es war mir klar, daß ich eigentlich ganz von vorne beginnen mußte. Dieser Analytiker, so dachte ich, hat nun wirklich die »richtige« Analyse intus. Er war wirklich sehr gescheit, beeindruckte mich ungemein mit seiner Wortgewalt und mit seinen langjährigen Erfahrungen. Wenn wir ihm Fälle brachten, die schwierig waren, dann seufzte er allerdings immer so, als wäre das alles viel zu schwer für uns ... Ich hatte wirklich – nach zehn Berufsjahren – das Gefühl, ich sei eine jämmerliche Anfängerin, die sich dauernd überfordert. Ja, wenn meine Patienten das Glück hätten, bei diesem wunderbaren Mann Analyse machen zu dürfen!! Längst entschwundene Komplexe tauchten wieder auf. Zwei meiner Kolleginnen reüssierten allerdings nach einigen Monaten in auffallender Weise. Mit einer der Frauen hatte ich ein gutes Verhältnis, und so fragte ich sie, ob sie in ihren Protokollen wirklich immer ehrlich sei oder ob sie vielleicht auch manches weglasse. »Nicht viel«, meinte sie ausweichend, aber von da an beobachtete ich genauer. Bald war ich nämlich am untersten Ende der Hierarchie. Da fiel es mir ein, daß ich ja einmal probieren könnte, es dem Supervisor »recht zu machen«. In der Therapiestunde, die ich vorstellen wollte, bemühte ich mich um »regelgerechtes« Vorgehen, aber das gelang nicht so ganz. Deshalb schrieb ich das nachfolgende Protokoll einfach ein wenig um. Und siehe da: Mein Supervisor war sehr zufrieden. Von da an machte ich es immer so, ich bin sicher, daß wir alle ihm etwas vorschwindelten. Und dafür haben wir viel Geld bezahlt!

Jetzt habe ich keine Supervision, aber ich möchte mich gerne mit anderen austauschen; ich will aber nicht mehr lügen müssen und irgendwie besser dastehen. Aber bei allen ist die Atmosphäre so beengt, jeder hat Angst, er mache falsche Analysen.

Ganz so schlimm schildert Martin seine Supervisionserfahrungen nicht; er gibt allerdings zu, daß auch er in den Kontrollen während der Ausbildung ein wenig »geschönt« habe. Jetzt ist er supervisionsmüde, er findet einfach, daß es ihm nicht so viel bringt, sich mit Kollegen zusammenzusetzen: »Meist tratschen wir zuerst ausgiebig über unser Ausbildungsinstitut; dann gibt es diese etwas müde gegenseitige Bevormundung, immer so im Tenor: ›Ich hätte das so und so gemacht‹, oder ›Warum hast Du denn nicht ...‹. Mir bringt das wenig, aber alle vier Wochen treffen wir uns trotzdem, und ich will mich nicht ausschließen.«

Marianne allerdings berichtet über ganz andere Erfahrungen. Seit zehn Jahren hat sie eine feste Gruppe und kann sich eine Arbeit ohne diese Kollegen nur schlecht vorstellen. Die meisten von ihnen sind im selben Institut »großgezogen worden«, wie sie sagt. Eine der Frauen allerdings kommt von einem Jungianischen Institut. »Die müssen wir ab und zu zurechtrücken!« Wie diese Frau sich fühlt, weiß sie nicht.

Schlimme Erfahrungen waren für mich in meinem eigenen Institut öffentliche Fallvorstellungen, die ich miterlebt habe (und ich würde daher um nichts in der Welt einen eigenen Fall vorstellen wollen!). Die jeweiligen Therapeuten, die sich dieses masochistische Vergnügen gegönnt hatten, saßen wirklich auf dem »heißen Stuhl«. Es brandete ihnen eine Welle von Besserwisserei entgegen, jeder hatte irgendeine probate neue Diagnose oder einen ähnlichen Fall, den er erfolgreich behandelt hatte. Die Kommentare in den Pausen waren oft vernichtend. Auch wenn man, wie ich, dem Ganzen kritisch gegenüberstand: man konnte sich später dann des Eindrucks nie mehr entziehen, daß diese Therapeuten eben wirklich nicht besonders gut seien. Übrigens hatten sich die vorstellenden

Therapeuten selbst dann immer sehr höflich bei der Gruppe bedankt, daß die Kritik »konstruktiv« gewesen sei. Auch das gehört offenbar zu den Spielregeln.

All dies bedeutet natürlich keine Stellungnahme *gegen* Supervision. Ich denke nach wie vor, daß sie eines der Kernstücke unserer Arbeit sein sollte.

Es wäre aber sinnvoll, sich immer wieder darüber klarzuwerden, auf wie viele unterschiedliche Arten Menschen in der Therapie verändert werden können, wie unsicher das Terrain ist, auf dem wir uns bewegen, und welche immens wichtige Wirkung die Persönlichkeit des Psychotherapeuten ausübt. Die Einforderung »regelgerechten« Verhaltens, theoriekonforme Ansichten und gar die Vorstellung, man hätte alles besser gemacht, sollten dann in den Hintergrund treten. Am wichtigsten allerdings erschiene es mir, wenn es zum guten Ton gehörte, Mißerfolge nicht nur zuzugeben, sondern vor allem auch, sie zu analysieren. In unserem Beruf ist so vieles anscheinend dem Zufall geschuldet, daß wir jeden einzelnen Fall immer wieder genau überdenken müssen, um vielleicht irgendwann eine gewisse Systematik zu entdecken. Psychotherapeuten, denen alles gelingt, sind mir immer verdächtig gewesen. Sie sind entweder ganz unkritisch oder sie lügen sich und den anderen den Buckel voll.

Supervision scheint mir eine ausgezeichnete Forschungsszene zu sein; man muß aber dann auch die Unvoreingenommenheit eines Forschers besitzen, um neu Auftauchendes nicht sofort in alte Muster zu gießen, sondern nach jeweils neuen Erklärungen zu suchen – auch dann, wenn sie längst Gedachtem widersprechen.

Folgende Szene, die ich erlebt habe, dürfte es dann zum Beispiel *nicht* geben:

Therapeutin: »Ich habe jetzt ein viel besseres Gefühl bei der Patientin, sie spricht viel offener mit mir. Das ist, seit ich ihr dabei zugehört habe, wie sie ein Gedicht aufgesagt hat …«
Supervisor: »Und was haben Sie gesagt, als sie fertig war?«

Therapeutin: »Ich habe nur gesagt, daß es mir gefällt und daß sie sehr schön rezitieren kann.«
Supervisor: »Sie haben nicht danach gefragt, welche Bedeutung das jetzt für die Patientin hat?«
Therapeutin: »Nein.«
Supervisor: »Damit waren Sie also einfach die bessere Mutter, ich glaube aber nicht, daß dies der Patientin wirklich helfen wird!«
(Therapeutin bekommt ein schlechtes Gewissen.)

Mein Bedürfnis wäre es, eine solche Szene nicht gleich »regelgerecht« zu analysieren, sondern sehr viel unvoreingenommener zu fragen, ob nicht wirklich »Heilkraft« darin stecken könnte und warum dies so ist. Gleiches gilt für alle möglichen anderen Regelverletzungen wie: eine Ausstellung besuchen, die ein Patient organisiert hat, oder auf einer Party, wo man sich zufällig trifft, miteinander sprechen etc.

Seit einiger Zeit ist der Beruf der Supervisorin als eine reglementierte Weiterbildung von beruflichen Fachverbänden organisiert und anerkannt. Da diese Weiterbildung von Ausbildungsstätten aber nicht gefordert wird, kann nach wie vor jeder irgendwie einschlägig Erfahrene Supervision machen. Für viele Ausbildungsinstitute scheint dies eine eher schlechte Voraussetzung zu sein. Ihre Supervisoren (Kontrollanalytiker) haben sich in Supervisionsdidaktik selten weitergebildet und machen daher alle möglichen Fehler. Sie dozieren oder sie verlassen sich allein auf die Gruppe, sie nutzen das Gruppenpotential nicht systematisch und lassen nicht eine Vielfalt von Alternativen phantasieren. Dies alles führt einerseits zu den oben angegebenen Schamerlebnissen, andrerseits zu dem Gefühl, der Supervisor wisse es auch nicht besser.

Auch für Intervisionsgruppen wäre es dienlich, verstünden sie etwas von Supervisionsdidaktik.

Eine mir bekannte Intervisionsgruppe, an der verschiedene tiefenpsychologisch orientierte Therapeuten teilnahmen, organisierte sich so, daß jeweils ein Teilnehmer die Gruppe leitete. Da einige der Therapeuten eine Supervisionsausbildung gemacht hatten, dienten sie zuerst als Modell, später wurden die in der Supervision üblichen didaktischen Mittel (Rollenspiel, Dopplung etc.) von allen beherrscht und immer wieder angewandt. Diese Gruppe funktionierte über viele Jahre hindurch sehr gut, niemand berichtete über Langeweile oder Lügen. Auf diese Weise kann Supervision wirklich ein Hilfsmittel werden. Aber es gelingt eben nicht von selbst!

In Intervisionen dominiert zwar nicht unbedingt die Besserwisserei, dafür aber – ebenso schädlich – die Attitüde der Vorsicht, des »bloß niemanden verletzen«. Ein Beispiel aus meinen eigenen Anfängerzeiten kommt mir dabei ins Gedächtnis.

Vom Psychiater war mir eine Frau in den mittleren Jahren überwiesen worden. Ihre Depression war durch kein Medikament zu beeinflussen. Schon der Anblick dieser recht hübschen Person war erbarmungswürdig: Blaß, ungeschminkt, mit struppig herabhängenden Haaren, irgendwie zusammengewürfelten Kleidern, schleppte sie sich (meist vom geduldigen Ehemann hergebracht, da sie wegen der Medikamente nicht Auto fahren konnte), brav und geduldig, aber ohne Hoffnung, in die Therapiestunde. Sie war Angestellte in einem Radiosender, zur Zeit krankheitshalber beurlaubt. Ihrer eigenen Version nach hatte ihre Depression begonnen, seit ihr Chef, ein sehr begabter Journalist, angefangen hatte, sie schlecht zu behandeln. Sie war als Sekretärin eingestellt worden, avancierte aber bald zu sehr viel interessanteren Tätigkeiten, wurde vom Chef gelobt und genoß ihre privilegierte Stellung. Von heute auf morgen aber ließ er sie fallen, nichts war mehr recht, sie durfte plötzlich nur noch einfache Sekretariatsarbeit leisten und wurde dauernd angeraunzt.

Natürlich gab es für diese Problematik viele Deutungsebenen, und vorsichtig versuchte ich alle: Betrogene Liebe? Sie beschrieb den Chef als alt, häßlich, dick und wenig erotisch. Allzu großer Ehrgeiz? Sie zuckte die Achseln. Der »Sender« als symbiotisch geliebtes Objekt, Muttterersatz? Abwertung des biederen Ehemannes durch die schillernde Figur des Chefs?

Wir kamen nicht weiter. Ich war mitfühlend, fand die Erzählungen über seine Sadismen recht eindrücklich, wir überlegten, warum sie sich von der erlebten Kränkung so schlecht erholen konnte – ihr Zustand blieb unverändert deprimiert.

Nach einem Wochenende erschien sie wieder: frisch frisiert, geschminkt, in helle Farben gekleidet – eine neue Frau. Was war passiert?

Sie hatte mit einem früheren Kollegen ein langes Telefonat gehabt, in dem er ihr beschrieb, wie gemein der Chef sich auch zu ihm verhalten hatte; es sei bekannt, daß dieser »irgendwie verrückt« sei und ein anderer Sender ihn wegen schlechter Personalführung entlassen habe – trotz seiner glänzenden journalistischen Fähigkeiten. Sie sei da kein Einzelfall, er wisse, daß man schon überrascht gewesen sei, daß sie sich »so lange« habe »halten« können.

Das hatte genügt, um in Sekundenschnelle ihre Depression verschwinden zu lassen.

Ich war, wenngleich froh für die Patientin, doch auch verunsichert, in meiner Therapeutenehre gekränkt. So einfach war also diese schwere Depression zu lichten gewesen? Was hätte ich tun können, was hatte ich versäumt? War das eine Heilung?

In der Intervision brachte ich meine Probleme und Zweifel an. Die tröstende Antwort: Ohne meine vorhergehende Arbeit hätte die Auskunft des Kollegen sicher nicht so »wirken« können. Ich nahm diese Beschwichtigung zuerst erleichtert zur Kenntnis, aber natürlich verstand ich dadurch nicht mehr, und ich glaube bis heute nicht, daß ich dadurch etwas gelernt habe. Ich glaube auch nicht, daß die Erklärung stimmt. Eine etwas weniger freundliche Überlegung zu meinen Unterlassungen – oder eben zu ganz anderen Vorstellungen von Gesundheit, Krankheit und Heilung – hätte vermutlich bessere Einsichten erbracht.

Was also ist zu halten von den fortwährend wiederholten Reden über die Wichtigkeit der Supervision?

Ich denke, daß es um sie ähnlich steht wie um viele andere gesammelte schöne Worte über Psychotherapie: Sie ist zu einem Schlagwort verkommen, das nur mehr ahnen läßt, welche Möglichkeiten wirklich darin verborgen sein könnten.

10

Das Privatleben der Psychotherapeuten

Vor vielen Jahren ließ ich zwei Diplomandinnen eine Arbeit über das Privatleben von Psychoanalytikern, so wie diese es in Interviews erfragten, anfertigen. Ich habe die Namen dieser zwei Frauen vergessen und kann daher die Arbeit nicht so leicht ausfindig machen. Ich könnte es natürlich tun, wenn ich alte Akten und Karteikästen durchforstete – aber ich weiß genau, warum ich es nicht tue. Es lohnt nämlich die Mühe nicht: Ich erinnere mich gähnender Langeweile, als ich diese Interviews las. Selten noch habe ich solch glattgebürstete und schönfrisierte Existenzen dargestellt gefunden wie in diesen Beschreibungen von einem Leben in wohlgeordneten Bahnen. Offenbar gab es nur glückliche Partnerschaften. Verständnis herrschte in allen Familien. Die Kinder waren gut geraten, Schwierigkeiten wurden sofort besprochen und wieder ausgebügelt. Alles wie im Lore-Roman.

Nun lernt man ja im Laufe seines Lebens einige Psychotherapeuten auch näher, privat kennen. Offenbar sind das irgendwelche »anderen«. Bei ihnen geht es ebenso drunter und drüber wie bei allen Menschen: problematische Kinder, zerbrechende Partnerschaften, Streit mit den Eltern ... Und mit dem »konstruktiven« Besprechen und offenen Aushandeln aller Schwierigkeiten ist es meist auch nicht weit her.

Hilft denen eigentlich ihre allgemeine Kenntnis der Schwierigkeiten menschlicher Beziehungen gar nicht? fragt man sich dann. Vermutlich nicht; dazu müßten sie ja wohl ihre eigenen Motive besser kennen! Haben sie diese denn in ihren eigenen Therapien nicht besser kennengelernt? So kann man natürlich immer weiterfragen, das Fazit bleibt: Das Privatleben von Psychotherapeuten ist nicht besser organisiert als das der Normalbevölkerung.

Im sowohl gescheiten als auch witzigen Buch von Nina Coltart, einer Psychoanalytikerin (Coltart, 1993), wird präzise beschrieben, wie die überlange Ausbildungszeit, die speziell von älteren Psychoanalytikern immer wieder beschworene Hingabe an die Psychoanalyse und die Idealisierung der Therapie insgesamt dazu beitragen, daß es in den Familien von Psychotherapeuten ziemlich viel Schwierigkeiten gibt. »Pseudo-idealistic rubbish« nennt Coltart solches idealisierende Gerede. Auch die immer wieder aufflackernde Hoffnung, daß alles ins Lot käme, wenn nur die Partner (oder die Kinder) auch Therapie machen würden, erweist sich ihrer respektlosen Einschätzung nach als eine »Entfremdung vom wirklichen Leben«. Idealisierung und Infantilisierung, so meint sie, gehen immer Hand in Hand. Der Ausbildungskandidat in Psychotherapie sei mit keinem anderen Auszubildenden zu vergleichen. Sein Privatleben leide fast immer darunter.

Es scheint tatsächlich, als ob ein vertieftes Wissen um menschliche Konflikte und die dazugehörigen Abwehrformen die eigene private Situation nicht unbedingt verbessert, im Gegenteil.

Die Verfeinerung des Kategoriensystems zur Beurteilung der eigenen Befindlichkeit – ein Wesensmerkmal des »psychologischen Zeitalters« – ist für viele Menschen zwar tatsächlich hilfreich, wenn sie ihre Lebensqualität verbessern wollen. Wo man ein Mehr an Sprache hat, um sich seiner selbst zu vergewissern, wird der selbstreflexive Prozeß differenzierter, die verschiedenen Handlungsmöglichkeiten können schärfer wahrgenommen werden. Es scheint aber vor allem bei Therapeuten einen Kulminationspunkt zu geben, wo aus »Wohltat Plage« wird und diese Verfeinerung nur allzu leicht dazu benutzt wird, um die eigene Lebenssituation – mehr oder weniger festgefahren – so zu beschreiben, daß vor allem die anderen sich verändern müssen oder daß auch die Familie zwangsweise in einen Prozeß der Reflexion eingebunden wird, den diese ganz und gar nicht anstrebt. All dies wird von Familienangehörigen oft als allzu anstrengend erlebt, und die innerfamiliären Beziehungen verschlechtern sich.

Daß auch ohne die Zuhilfenahme von psychologischen Kategorien Lebensläufe sich konstruktiv verändern, wird von Therapeuten immer wieder vergessen. Es sind eher Gemeindepsychologen/-psychiater, Sozialarbeiter und ähnliche Berufe, die hier den realistischeren Einblick haben in die Ressourcen des »nicht-psychologischen« Menschen.

Helens Lebensweg zum Beispiel ist nicht untypisch für eine Psychotherapeutin. Als junge Ärztin im Praktikum lernte sie Hartmut, einen Assistenzarzt, kennen und lieben, und bald darauf waren sie verheiratet. Es war »Liebe auf den ersten Blick« gewesen, und bei der großen Hochzeit ein Jahr später zweifelte niemand der Hochzeitsgäste, daß hier die Sterne ganz besonders freundlich über dem jungen Glück leuchten würden. Das schien auch der Fall. Hartmut, ein sehr tüchtiger junger Arzt, konnte Helen auch beruflich eine ganze Menge beibringen, und sie fühlte sich sicher in der Gegenwart eines solch guten Lehrers.

Helen vollendete aber ihre Ausbildung in der Psychiatrie und nicht in der Inneren Medizin, so daß sich (das fanden beide gut!) ihre medizinischen Wege ein wenig trennten und gleichzeitig befruchten konnten.

Sie war fasziniert von den schillernden Fällen, den vielen Möglichkeiten der Therapie und ihrem offensichtlichen Geschick, auch mit sehr bizarrem Verhalten einigermaßen zurechtzukommen. Supervisionen, Fallkonferenzen, Vorträge in der Klinik: eine neue Welt eröffnete sich ihr. Bald einmal fragte der Chefarzt, ein Jungianer, ob sie nicht Lust hätte, die Ausbildung zur Psychoanalytikerin zu machen. Hartmut war übrigens ebenfalls interessiert an Helens Weg. Zwar war er als »nur-naturwissenschaftlicher« Schulmediziner (Innere Medizin) nicht immer ganz überzeugt von den gewandten Deutungen, mit denen seine Frau ihre oft psychosomatisch erkrankten Patienten bedachte, aber die beiden konnten sich doch noch immer sehr gut unterhalten, wenn es um Fachliches ging.

Helen begann mit der psychoanalytischen Ausbildung, und zu Hartmuts Erleichterung wählte sie eine sehr alte und erfahrene Lehranalytikerin. Er hatte schon so viel von den Verliebtheiten der Lehranalysanden gehört, daß ihm ein jüngerer männlicher »Nebenbuhler« ganz und gar nicht recht gewesen wäre. Natürlich wurde das Portemonnaie der jungen Leute durch diese Analyse recht schmal. Hartmut, der nun Oberarzt war, seufzte zwar manchmal darüber, aber als emanzipierter Mann wußte er, wie wichtig ein voller Beruf für eine Frau ist, und so gab es halt weniger Besuche in teuren Restaurants oder feinen Boutiquen. Übrigens hätte Helen sowieso dafür jetzt keine Zeit mehr gehabt. Drei- oder viermal in der Woche Lehranalyse, abendliche Veranstaltungen im Institut, Wochenendkurse und Kongresse: offenbar ließ sie nichts aus. Anfangs hatte Helen ihm noch eine ganze Menge aus ihrer Lehranalyse erzählt, aber nach und nach fielen ihm die schwärmerisch vorgebrachten Aussprüche der Analytikerin auf die Nerven. Was war so Besonderes dran, wenn diese Frau Helen ermuntert hatte, sich doch von ihrer dominierenden Mutter zu lösen? Dasselbe hatte er ihr schon oft gesagt. War aber diese alte Schrulle (wie Hartmut sie jetzt bei sich selbst schon nannte) nicht auch gegen seine, Hartmuts angebliche Dominanz? Manches, was Helen von sich gab, ging in diese Richtung. Was mischte die sich ein in ihre Beziehung? Er war nun oft ärgerlich, wenn Helen wieder einmal einen Abend weg war, wenn jede Verabredung mit ihr schwierig war, weil Analysesitzung stattfand. Helen erzählte jetzt nichts mehr darüber und das aus gutem Grund. Sie hatte nämlich entdeckt, daß Hartmut wirklich das Erbe ihrer Mutter angetreten hatte: Alles, was sie ihm unbesehen geglaubt hatte (eben wie ihrer Mutter), wurde dadurch fragwürdig. Nein, sie würde ihm nicht mehr ihre Liebe hinterhertragen, wie sie das früher getan hatte. Helen versuchte, Hartmut zu einer eigenen Analyse zu überreden, aber da geriet sie an den Falschen: Hartmut war nun schon allzu böse auf diese ganze geschlossene Gesellschaft, die sich, wie er meinte, immer im Kreis drehte. Als

Helen im gemeinsamen Wohnzimmer ein selbstgemaltes Mandala aufhängen wollte, riß er das Ganze – »so ein Kitsch kommt mir nicht ins Haus« – wütend von der Wand, und es gab den bisher größten Krach in ihrer Ehe. Nichts funktionierte wie bisher. Helen war sehr selbstsicher geworden, was ihre analytischen Freunde übrigens bewunderten und bestärkten. Sie hatte keinerlei Vertrauen mehr in Hartmuts medizinische Kenntnisse, weil er jede Beteiligung der Psyche ablehnte, je hartnäckiger Helen dieses Denken verteidigte. Er spottete nur mehr über die »Psychos«, die keine Ahnung von Medizin hatten und alles auf ihre Mutter- oder Vaterkomplexe zurückführten. Helen aber hatte bessere »Führer« gefunden.

Gemeinsame Ferien in Kreta brachten eine vorübergehende Besserung ihrer Beziehung, aber bald gab es einen Kollegen aus dem Institut, der von Helen immer öfter zitiert wurde. Dieser Lothar war offenbar ungemein gebildet, kannte C. G. Jung und Freud bestens, versuchte eine Integration zwischen beiden Richtungen herzustellen und galt im Institut als Star und künftiger Lehranalytiker. Hartmut wurde mißtrauisch, obwohl es damals noch keinen Grund dazu gab, weil auch Lothar in einer festen Beziehung lebte.

Helens Versuche, ihre Ehe zu retten, waren ausgesprochen kontraproduktiv: Sie wollte Hartmut »Einsichten« vermitteln, sie benahm sich, als wäre sie seine Analytikerin, und brachte Hartmut damit in eine Art von verzweifelter Abwehr. Wenn Helen nur anfing: »Hartmut, siehst Du denn nicht ...«, sah er rot. Er wollte nicht »sehen«, daß er wegen seines früh verstorbenen Vaters diese oder jene Position eingenommen hatte, was eine neurotische Verstrickung mit Helen zur Folge gehabt hatte, und Helen war verzweifelt, weil sie doch sowieso bereit war, auch ihre eigenen Fehler einzugestehen, nur: sie wollte es auf ihre Weise tun und konnte nicht einsehen, wie jemand so stur sein konnte wie Hartmut und sich jeder besseren Einsicht verweigerte.

Als Helen mit ihrer Ausbildung fertig war, war es auch mit ihrer Ehe zu Ende. Hartmut grollte den Psychoanalytikern, die ihm seine Frau geraubt hatten, noch viele Jahre und wollte von diesen »verdrehten und schwachköpfigen Ignoranten«, den Psychos, nichts wissen. Helen hatte das Gefühl, ihrer Ausbildung die Ehe als Opfergabe dargebracht zu haben, und fand das Opfer nicht unbillig. Die zunehmende Hartnäckigkeit, mit der Hartmut alle ihre Überlegungen und hart erarbeiteten Gedanken lächerlich gemacht hatte, seine (wie sie fand, auch aus medizinischer Sicht verbohrte und gefährliche) Art, sich mit Krankheiten zu befassen – das alles war einfach nicht mehr zu verkraften gewesen, Helen hatte sich in ihrer Ehe mehr und mehr einsam gefühlt.

Die Freundschaft mit Lothar wurde zu einer neuen Partnerschaft, die beiden mieteten gemeinsam eine Praxis und hatten nun eine Basis gefunden. Helen fühlte sich sehr wohl. Lothar, der Psychologie und Soziologie studiert hatte und sich auch – getreu seinem Jungschen Denken – mit Religionswissenschaften und Mythologie beschäftigte, gab ihrem eher kasuistisch medizinischen Denken den rechten Hintergrund. Es gab viele Gespräche, Helen lernte viel. Sie hatten nun einen interessanten Freundeskreis, meist Psychoanalytiker; Lothar war, wie immer, der Star dieses Kreises. Lothar wurde tatsächlich Lehranalytiker und in alle möglichen Gremien gewählt.

Als Helen schwanger wurde, geriet sie beruflich ein wenig ins Hintertreffen. Eigentlich hatten sie beide sich das anders überlegt gehabt …

Es gab die üblichen Schwierigkeiten, wie junge Eltern sie eben haben. Auf die früheren Deutungsspiele ließ Helen sich nun nicht mehr ein, da hätte sie sowieso keine Chancen gehabt.

Helen war nun sehr beschäftigt, kam selten zum Lesen, ließ Vorträge und Kongresse sausen. Lothar war oft weg, er arbeitete viel zu viel, und Helen dachte bei sich, daß er vermutlich sehr viel zu kompensieren habe. Schließlich war er das letzte Kind sehr alter Eltern, hatte nur mehr wenig Fürsorge erfahren und sich nur über Leistung das Wohlwollen des alten Vaters erringen können. Das, so meinte Helen, sei eine gute

Vorbereitung für die Karriere eines Workaholic. Helen fühlte sich alleine gelassen und tat das, was sie in ihrer Praxis bei Patienten oft schon verurteilt hatte: Sie machte die kleine Tochter zu ihrer Gefährtin und bald zu ihrer Vertrauten. Daß man Papa, sofern er nicht ins Praxiszimmer verschwunden war, nur am Schreibtisch sitzend sehen konnte, war nun selbstverständlich, und Mutter und Tochter mokierten sich darüber nur allzu oft. Auch Helen arbeitete in der Praxis, aber doch längst nicht so viel und immer noch bereit, sich ihrer Tochter zu widmen. Lothar wurde eine Nebensache, obwohl sie sich das nie eingestanden hätte. Ihre Gedanken kreisten um die Tochter, um ihr schönes Flötenspiel, um die beste Klassenarbeit in Deutsch, später um die Sorgen und Nöte einer Halbwüchsigen. Noch immer fand sie die Arbeit als Psychoanalytikerin interessant, aber es wurde doch Routine, und nicht jeder neue Patient brachte nun auch neue Erkenntnisse ein.

Lothars Schweigsamkeit wurde auffallend, Helen ärgerte sich. Sie versuchte es mit Vorschlägen zur Freizeitgestaltung, aber Lothar war nur selten dazu bereit. Immer hatte er noch schnell einen Artikel zu redigieren (er war nun Herausgeber einer psychoanalytischen Zeitschrift), einen Vortrag vorzubereiten oder an der Organisation eines Workshops mitzuwirken.

Als Helen eines Abends vom Elternabend heimkam, fand sie in der Küche einen Zettel vor: »Bin im Krankenhaus, fühle mich schlecht. Keine Sorge, rufe morgen an.« Natürlich machte sie sich ganz entsetzliche Sorgen, war völlig außer sich. Lothar hatte vergessen, den Namen des Krankenhauses anzugeben. Die Tochter Gesine hatte bei einer Freundin geschlafen, sie konnte also auch nichts wissen. Helen telefonierte die halbe Nacht, bis sie das Krankenhaus fand, in dem Lothar gerade eine Notoperation hinter sich gebracht hatte. »Magendurchbruch«, sagte der behandelnde Arzt. »Er muß sich schon lange ganz elend gefühlt haben – Sie sind doch Ärztin, haben Sie nichts gemerkt? Außerdem hat er furchtbar viele

Schmerztabletten geschluckt – haben Sie ihm die verschrieben?«

Helen war verwirrt. Hatte sie wirklich nichts bemerkt?

Zur Angst um sein Leben – und es hing wirklich am seidenen Faden – gesellte sich Reue. Nun sollte alles anders werden: mehr Freizeit, mehr Gemeinsamkeiten, sie würde ihre Ehe nicht mehr einfach so laufen lassen. Sie würde ganz alleine mit ihm verreisen, die Tochter konnte gut einmal 14 Tage bei der Cousine bleiben ... Helen kämpfte mit sich, mit Reue und Wut auf Lothar, der sich nur sehr langsam erholte.

Leider kam sie nicht mehr dazu, alle diese guten Vorsätze auszuführen. Lothar hatte im Krankenhaus eine Ärztin kennengelernt. Helens verzweifelte Versuche, mit Lothar darüber »vernünftig« zu reden, ihm klarzumachen, daß er nur jetzt, in seinem regressiven Zustand, eine Mutterübertragung auf diese Frau hatte – all dies nützte nichts. »Du hast ja Gesine«, sagte er, »mehr willst Du ja doch nicht«. Und dabei blieb es.

Helens Verzweiflung rührte ihn wenig; daß Gesine von da an ihrem Vater nur mehr mit äußerster Zurückhaltung begegnete, kränkte ihn zwar – aber die neue Frau verließ er deshalb nicht. Helen lebt nun alleine, ist bitterböse auf Lothar und versucht wiederum mehr Anschluß an ihre früheren Freunde und Kollegen zu bekommen.

Ist dies eine ungewöhnliche Geschichte? Ich fürchte: nein.

Daß das Privatleben von Psychotherapeuten nicht unbedingt ideal ist, zeigen die hohen Scheidungsziffern der Therapeuten, die in den USA 40% betragen, was die Normalpopulation eindeutig übersteigt. Oft ist es die erste Ehe, die in der geschilderten Art kaputt geht, aber auch Zweit- und Drittehen sind nicht ungefährdet (Guy, 1987; Henry, 1973; Schofield, 1964; Norcross und Prochaska, 1983). Nach meinen Erfahrungen mit den Interviews wundere ich mich übrigens nicht, daß trotz dieser hohen Scheidungszahlen die Therapeuten selbst zu 75% angeben, daß ihre Ehepartner von ihrem Beruf profitieren. Selbsttäuschungen machen auch vor therapeutisch geschulten Menschen nicht halt. Ehetherapie suchen übrigens nur wenige, nämlich 15% auf. Sind es die Therapeuten selbst, die sich schämen, oder haben die nicht-therapeutischen Partner die Nase voll vom ewigen Herumdeuteln und Interpretieren?

Helens Selbstgewißheit, nun endlich die »richtigen« Einsichten ins menschliche Leben zu haben, ihre wie selbstverständliche Anmaßung, sich ihrer Deutungskunst auch dort bedienen zu dürfen, wo der Partner dies nicht wie ein Patient »gestattet«, ist sicher nicht nur für Anfänger typisch. Es braucht viel Lebenserfahrung und vermutlich auch Erfahrung im Scheitern, um sich als Therapeut klar darüber zu werden, daß Partner, Kinder, Freunde nicht zur Rechenschaft gezogen werden können für das, was sie an unbewußten Motiven treibt. »Eigentlich willst Du immer noch dasselbe Chaos produzieren wie daheim, damit Du Beachtung bekommst«: das ist eine Einsicht, die sogar dann, wenn sie stimmt, nur im Setting einer Therapie sinnvoll verwendet werden kann. Jeder Therapeut weiß, wie wichtig es ist, Deutungen nur dann zu geben, wenn der Boden vorbereitet ist – andernfalls erntet man nichts als verstärkte Abwehr. Der therapeutische Rahmen ist einer, in dem – in dosiertem Maß – dem Psychotherapeuten vom Patienten Möglichkeiten der Expertendominanz gestattet werden. In der Partnerschaft ist solches Tun nur mehr ein Machtspiel ohne jede Erlaubnis von seiten des anderen. Es wird von den Partnern denn auch sofort als ein solches empfunden und vehement abgelehnt. Dennoch scheinen diese Spiele in Therapeutenhaushalten immer wieder stattzufinden. Im bekannten amerikanischen Therapeutenroman von Judith Rossner (*August*) gibt es eine köstliche Szene: Die beiden miteinander verheirateten Therapeuten streiten was das Zeug hält. Die Ehefrau hält dem Mann in gekonnter Manier vor, was er »unbewußt« alles an Destruktivem unternommen hat, worauf dieser gelangweilt meint: »Wie oft soll ich Dir noch sagen: das Unbewußte ist *nur* für die Patienten da!«

Ein anderes Problem ist das der oft geringen Aufmerksamkeit, die Therapeuten für ihre privaten Beziehungen haben. Vollgefüllt mit dem inneren Erleben der Patienten und mit ihren eigenen Gefühlen auf die Patientenberichte, möchten sie daheim nichts als abschalten. Daß auch ihre Familie ein gewisses Maß an Anteilnahme für ihre Erlebnisse braucht, kann ihnen leicht entgehen. Sie sind oft ungeduldig oder abwesend, wenn es darum geht, sich mit den Problemen innerhalb der Familie zu befassen. Bugental (1992), der ziemlich offen über das Ineinander von Beruf und Privatleben schreibt, klagt sich dessen selbst an: Um wieviel schwieriger es doch sei, dieselbe Art an Authentizität und Offenheit, die er für Patienten bereithält, auch zu Hause zu realisieren. Am Ende des von ihm beschriebenen Jahres steht auch bei ihm eine Trennung von der langjährigen Ehefrau an und er erspart sich keinerlei Selbstvorwurf.

Cray und Cray (1977) berichten vom Kind eines Psychotherapeuten, das – nach seinem späteren Berufswunsch befragt, sagt: »Ich möchte ein Patient werden«. Das erschien ihm als die einzige Möglichkeit, die Aufmerksamkeit des Vaters zu erringen.

Es sei ein »mixed blessing«, mit einem Psychotherapeuten verheiratet zu sein, schreibt Guy resümierend. Während Therapeuten selbst sehr häufig der Meinung sind (71%), daß ihr Beruf ihnen auch im Familienleben zugute kommt, sehen dies die Partner und Kinder offenbar anders. Mehr noch als die Männer beklagen sich die Frauen.

20% der Psychotherapeuten sind (zumindest in den USA – Zahlen für unser Land habe ich nicht gefunden) mit Psychotherapeuten verheiratet. Das scheint aber keine Lösung des Problems. Auch diese Ehen haben keine Haltbarkeitsgarantie. Dieser ungemein hohe Prozentsatz zeigt aber an, in welch engem Kreis Psychotherapeuten verkehren, vielleicht auch, für wie wichtig sie den Austausch über ihren Beruf halten. Dies ist denn auch – wenn es gutgeht – die positive Seite der Endogamie.

Die Kinder von Psychotherapeuten sind oft nicht in der

glücklichen Lage, allseits empathische Eltern zu haben, zumindest nicht in der Weise, wie man sich das vielleicht vorstellen mag. Es gibt darüber immer nur Einzelberichte, sie sind aber recht interessant. Kohut zum Beispiel, der oft in die Lage kam, die erwachsenen Kinder von Therapeuten zu analysieren, berichtet, daß seiner Erfahrung nach die Eltern durch dauernde Interpretationen, Verständnis und Einsichten in das, was die Kinder »wirklich« sind oder brauchen, gerade die Konsolidierung des Selbst verhindern. Solche Kinder können sich oft nicht gegen aufgepfropfte Analysen durch die Eltern wehren und reagieren mit extremer Verunsicherung. Oft schirmen sie sich gegen die Eltern innerlich stark ab und entwickeln kein Gefühl dafür, daß man in der Familie Intimität genießen könnte. Sie müssen sozusagen immer wachsam sein, damit man ihnen ihr Eigenleben nicht dauernd wegnimmt.

Ein mit mir befreundeter Psychoanalytiker meinte einmal, daß wir Therapeuten es gar nicht nötig hätten, in den Tagebüchern unserer Kinder herumzustöbern. »Unsere Empathie kriecht durch alle Türritzen, und das tut den Kindern nicht gut.«

Auch über die Beziehungen zur Ursprungsfamilie, zu Verwandten und zu Freunden gibt es wenig empirisches Material. Immer wieder wird aber darauf hingewiesen, daß zwar der Beruf eine Menge an Chancen zur Verbesserung und zur Vertiefung von Beziehungen biete, daß aber leider sehr oft gerade das Gegenteil von dem eintrete, was man sich erwünscht.

Problematisch erscheint die oftmals eintretende Entfremdung von den Eltern (das ist etwas, was Psychotherapeuten häufig mit ihren Patienten teilen!). Modernem Psychotherapeuten-Glauben zufolge sind doch sie es meist, die verantwortlich sind für Kummer und Störungen der Kinder im Erwachsenenalter. Die »Opfer«-Vorstellung, die leider allzu viele Therapien durchzieht, läßt die Beziehung zu den Eltern oft erkalten. Ausgesprochene oder unausgesprochene Vorwürfe können das Miteinander durchziehen. Natürlich sollte man glauben, daß die tiefere Einsicht in den Opferstatus auch der Eltern hier gewisse Grausamkeiten verhindert. Leider scheint dies längst nicht immer der Fall. Es ist wohl schwer, sich auch innerlich vom Status des Kindes zu trennen, das heißt: immer noch sind es die Eltern, denen man das Wohl und Wehe anvertraut – nicht im realen Sinn, aber in Gedanken. Und man tut, als ob sie real für alles verantwortlich sind, als ob man eben eine ganz andere Entwicklung hätte nehmen können, wären sie nur nicht so unempathisch, so lieblos, allzu fürsorglich oder ungerecht in der Verteilung ihrer Liebe gewesen.

Sowohl Milieutheorien als auch solche, in denen das Erlebnis über das Ereignis dominiert, können solche Denkschemata in jeder Richtung ausbauen. (Orale Versorgungshaltung? Natürlich, hier wurde das Kind allzusehr verwöhnt! Ach, ganz im Gegenteil? Das Kind wurde ins Heim gegeben? Natürlich: hier wurde die Autonomie nicht gefördert … etc., etc.) Andere Denkmuster – allen voran die Vererbungstheorien – interpunktieren hier ganz anders. Aber Psychotherapeuten sind natürlich in hohem Maß auf eine psychologische (und damit sozialisatorische) Denkweise angewiesen, weil sie daraus auch ihren Optimismus in bezug auf die Veränderbarkeit des Menschen ziehen müssen.

Die Überlegungen von Theoretikern zum Therapeutenberuf (Guggenbühl-Craig, Henry, Guy, Guy et al.) gipfeln fast immer in einer Art Appell an die Therapeuten, sie mögen doch ihr Privatleben ordnen. Immer wird postuliert, daß das Private – wobei es in moderneren Büchern zumindest nicht mehr unbedingt die monogame Ehe mit 2–3 Kindern und Einfamilienhaus sein muß – die Quelle für das berufliche Können ist, daß ein geordnetes Privatleben mit tiefen menschlichen Beziehungen (nicht nur Freunde im professionellen Bereich!) wichtig ist, damit man sich auch der anstrengenden Patientenarbeit entsprechend widmen könne. Dies wurde übrigens auch von denjenigen Psychotherapeuten, die wir in unserem Projekt über Burnout-Prävention befragten, immer wieder geäußert.

Folgt man den Überlegungen des Psychoanalytikers v. Rad (1996), dann schränken Psychotherapeuten aber ihre sozialen Aktivitäten sehr stark ein, sind wenig spontan und haben das Gefühl, für alle diese Einschränkungen müßten sie durch Patienten entschädigt werden. Ähnliche Befürchtungen hat auch Bauriedl (1998). Der Vorwurf, Therapeuten führten ein »Sekundärleben« auf Kosten ihrer Patienten, wird mittlerweile laut, aber natürlich fühlt sich kein Therapeut persönlich angesprochen, wenn man ihn mit diesem Bild (das auch mit der öffentlichen Meinung korreliert) konfrontiert.

Natürlich wissen oder ahnen Therapeuten, daß sie ihrem eigenen Idealbild nicht entsprechen. Viele von ihnen (einer Umfrage zufolge 40%; Farber, 1983) haben eine Art Theorie, daß Empathie und Fürsorge nur in limitierter Quantität existieren und daß sie daheim daher nicht mehr soviel »übrig« hätten. Es scheint, daß diese hausgemachte Theorie leichter zu ertragen ist als eine andere: daß nämlich Therapeuten sich einfach spalten können in die berufliche »Als-ob«-Persönlichkeit mit all den gewünschten Eigenschaften und eine private, die von den beruflichen Erkenntnissen einfach wenig realisieren kann und gewünschte Eigenschaften nicht in höherem Maß hat als andere Menschen auch. Fragt man (Orlinsky et al., 1996) Therapeuten, wie sie sich selbst sehen, dann überwiegen allerdings die positiven Eigenschaften. Sie betrachten sich als akzeptierend, engagiert, tolerant und warmherzig. Offensichtlich sind ihre Partner, vielleicht auch ihre Kinder, nicht unbedingt dieser Ansicht.

An den Aussagen über die Burnout-Prävention – mehr als in direkten Befragungen über die wünschbaren Qualitäten des Psychotherapeuten – wird noch einmal in aller Deutlichkeit klar, daß dieser Beruf mit großen Ansprüchen an die Menschlichkeit des Therapeuten belastet ist; er soll hohe Ideale erfüllen, und dies eben nicht nur im Beruf. Hier wird die Nachfolge auf den Beruf des Pfarrers besonders deutlich. Muß man sich an solchen Idealen messen, dann bleiben dauernde Zweifel nicht aus. Kein Wunder, wenn die Therapeuten einander oft mißtrauen, unzugänglich sind und auch in der Öffentlichkeit nicht gerade besonders beliebt sind oder zumindest etwas mißtrauisch beäugt werden.

Immer schon haben Psychotherapeuten den schmalen Grat zwischen Nähe und Distanz (siehe Kapitel 5) nur mit Mühe überquert, in und außerhalb der Therapie. In dem Maße, in dem immer klarer wurde, wie wichtig die Person des Psychotherapeuten ist – und wie geringfügig demgegenüber die Technikvariablen –, wurde es auch immer schwieriger, sich mit der eigenen Person auseinanderzusetzen. Wie naiv doch »damals« die ersten Psychoanalytiker waren: Anaïs Nin, abwechselnd Patientin und Geliebte von Rank; Freud, der Ferenczi auf Spaziergängen analysierte und Patienten in seinen Ferienort bestellte … Daß alle diese höchst privaten Kontakte den Therapien schaden konnten, wurde höchstens ansatzweise geahnt, eben im Falle sexueller Aktivitäten. Ansonsten scheint man sich »ganz normal« gegeben zu haben. Allerdings kann man Berichten und Lebensbeschreibungen auch der damaligen Zeit entnehmen, daß man vor allem Insider-Kontakte hatte. Ob man einander dann wohl auch psychoanalytisch interpretierte? Vermutlich ja!

Es gibt Beispiele, wo das familiäre Leben von therapeutischem Denken in sehr positiver Weise durchzogen ist. Familie Meyer gehört dazu. Drei Geschwister (eine Therapeutin, zwei Lehrer) und die Partnerin des Bruders (Therapeutin) hatten kritische Zeiten zu durchleben. Die sehr alte und gebrechliche Mutter sowie eine ebenso alte Tante im Rollstuhl waren zu versorgen. Beide Damen wollten auf keinen Fall in ein Heim, und die jüngere Generation wollte das eigentlich auch nicht. Man hatte es den Alten auch versprochen, damals, als sie noch rüstig gewesen waren. Daß beide gleichzeitig so hilfsbedürftig werden konnten, hatte man nicht bedacht. Anfangs gab es tatsächlich Chaos. Die Logistik (wer führt wen wann zum Arzt, wer ist da, wenn die Pflegehilfe kommt, wer darf wann Ferien machen … und so weiter) schien undurchdringlich, die beiden alten Frauen waren auch nicht unbedingt einfach zu versorgen: Sie waren recht klagsam und unzufrieden, es gab Streit und sogar Geschrei. Die Nerven waren gespannt, keiner konnte mehr planen, es gab nur mehr Klagen und Beschuldigungen. Alle vier Personen der jüngeren Generation in dieser Familie hatten längere Therapien gemacht, zwei waren therapeutisch tätig. Eines Abends, als das Chaos jede Vernunft zu verschlingen drohte, setzte man sich bei einer Flasche Prosecco zusammen und überlegte. Die beiden Therapeutinnen versuchten, eine Art Genogramm zu erstellen und herauszufinden, wo jedes Familienmitglied seine Schwachstellen hatte und was man jeweils bedenken mußte, um diese Schwachstellen zu berücksichtigen. Das entspannte die Situation. Jeder bekam in diesem psychologisch durchdachten System einen Platz zugewiesen – und siehe da: Es funktionierte. Von da an wurde alle paar Tage eine Familiensitzung einberufen, wo man die jeweiligen Probleme besprechen konnte, scherzhaft nannten es die Familienmitglieder sogar ihre »Supervisionssitzung«. Die beiden alten Frauen profitierten davon: Sie wurden weder »gedeutet« noch harsch behandelt; man hatte sich damit abgefunden, daß sie manche Macken sicher nicht mehr ändern würden. Von manchen Eigenheiten allerdings ließ man sich auch nicht einschüchtern. Wen wundert es, wenn die Familie nach diesen schwierigen Zeiten sehr viel enger zusammengewachsen war?

»Mensch und Beruf, das ist eins«, sagt ein Psychodramatiker voll Enthusiasmus in einem der Interviews (Goldmann, 1997). Wie seine Familie diesen Ausspruch wohl interpretiert?

11

Feste feiern mit Psychotherapeuten …

Kongresse, auf denen man mehr oder weniger »unter sich« ist, zeigen recht gut an, wie eigentlich die Verkehrsformen unter Therapeuten aussehen. Es ist mir gelungen, drei dieser Kongresse beschreiben zu lassen. Einen davon habe ich selbst besucht, die anderen Beschreibungen decken sich weitgehend mit dem, was auch ich selbst öfters erlebt habe. Alle Kongresse können unter zwei Aspekten beschrieben werden: unter dem Aspekt des fachlichen Austauschs und dem des »geselligen Abends«. Dies sind zwei Seiten der gleichen Medaille, sie müssen daher zusammen gesehen und aufeinander bezogen werden. Alle drei Kongresse wurden von Frauen beschrieben. Sie alle waren im mittleren Alter – eine Altersstufe, die selbstverständlich bei allen diesen Kongressen dominiert.

Was sagte meine Gesprächspartnerin (nennen wir sie Annette) also etwa über ihre Erlebnisse auf dem psychoanalytischen Kongreß?

Sie betonte zuerst, daß sie schon öfter auf solchen Kongressen war, so daß ihre Erlebnisse bei jenem bestimmten Kongreß keine Ausnahme darstellten. »Ich fahre jedesmal mit Zögern auf solche Kongresse«, meinte sie. »Einerseits will ich wissen, was jetzt gerade diskutiert wird, andererseits habe ich auch Angst – und die ist natürlich größer, wenn ich dort keine Freunde aus meinem Institut vorfinde.« Warum sie Angst habe?, fragte ich erstaunt – Annette gilt als klug, therapeutisch erfahren, schreibt auch ab und zu kleine Artikel in Fachzeitschriften und hat sowieso im »richtigen« Leben gemeinsam mit ihrem Mann (der nicht Psychoanalytiker ist) eine Reihe guter Freunde. Könnte sie sich nicht auf ihren Lorbeeren ausruhen, sich gesättigt zurücklehnen und es genießen, daß man sie in Fachkreisen kennt? Nein, das könne sie ganz und gar nicht. Niemand würde sie zum Beispiel auf dem Kongreß je auf irgendeine ihrer Veröffentlichungen ansprechen, sie habe daher dauernd das Gefühl, man halte ihre Artikel für schlecht oder überflüssig oder – das Schlimmste! – für »nicht genügend psychoanalytisch«. Was das sei?, frage ich sie. Darauf, so meint sie, sei es schwierig zu antworten. Eigentlich wisse man das nicht so ganz, aber es schwebe immer irgendwie darüber. Aus diesem Grund hat sie sich auch noch nie für einen Vortrag angemeldet, sie müsse da erst noch »reinwachsen«. (In anderen Berufen würde meine Gesprächspartnerin altershalber übrigens schon »schwer zu vermitteln« sein!)

Nun, sie habe aber für den Kongreß, den sie mir beschreiben wolle, schon vorgesorgt, daß sie sich nicht allzu unwohl fühle: Ihre Freundin sei mit von der Partie gewesen. Diese ist keine Analytikerin, sondern »nur« Tiefenpsychologin, seit neuestem eine mit »Zulassung«. Das aber sei auch wiederum ein Problem. Sie selbst hat keine Mühe, ihre Freundin als begabte Therapeutin anzuerkennen. Sie weiß aber, mit welchem Mißtrauen man in analytischen Kreisen solchen Newcomers begegnet. Und da habe sie sich schon Gedanken gemacht, ob man sie nicht auch mit dieser Frau, die ja sicher nicht »richtig analytisch« arbeitet, in einen Topf werfe? Sie schämt sich dieser Gedanken, aber die seien ja nun einmal dagewesen. Und außerdem: im Moment gäbe es ja überall Empörung und Diskussion über diese neuen Zulassungen oder Ermächtigungen, und da fürchte sie natürlich auch, daß man ihre Freundin beleidigen könnte; natürlich nicht absichtlich, aber eben so beiläufig und ohne bösen Willen. Ob das passiert sei?, frage ich neugierig, weil ich selbst mir durch meine Leitung eines Ausbildungsinstituts für Tiefenpsychologische Therapeuten schon reichlich Unmut zugezogen habe. Na ja, meint sie da, freundlich war die Aufnahme nicht gerade. Annette gerät dabei etwas in Rage: Ein Mann aus ihrem Institut, den sie ganz gut kennt, hat so nebenher geäußert (im Beisein ihrer Freundin), daß man jetzt mit einem ganz neuen »Laienproblem« zu kämpfen habe. Zu Freuds Zeiten waren die »Laien« einfach die Nicht-Ärzte, aber jetzt könne man den

Begriff wohl mit sehr viel mehr Recht gebrauchen. »Wie finden Sie das?«, fragt sie, und da sie sich meine Antwort wohl ausrechnen kann, fährt sie ziemlich ungeniert fort:

»Und dabei ist dieser Mann, ein ziemlicher Kotzbrocken, so ungefähr das ›Un-Analytischste‹, was man sich nur denken kann. Man weiß erstens, daß er sehr merkwürdige Kontakte zu einigen seiner Patientinnen pflegt, und zweitens hat man von ihm auch fachlich immer nur wichtigtuerischen Unsinn gehört. Er ist aber groß im Organisieren, verpflichtet dauernd irgendwelche Gruppen zur Untergruppenbildung, sammelt Geld für alle möglichen Dinge ein und macht sich auch sonst nützlich und wichtig im Institut.« Nun, sie wolle sich da nicht weiter aufregen, ihre Freundin hat das auch gelassen hingenommen, weil sie nicht mit sehr viel Freundlichkeit gerechnet hat. Immer, wenn sie gefragt wurde, woher sie komme, welche Ausbildung sie gemacht habe, habe man ansonsten sehr »typisch« geschwiegen, sich nie weiter erkundigt, aber wenigstens nichts direkt Unhöfliches geäußert. Nur einer, ein Lehranalytiker, habe freundlich-herablassend gesagt: »Na, da können Sie ja jetzt bei uns noch viel lernen!« Das habe ihre Freundin geärgert. Die hat nämlich einige wissenschaftliche Lorbeeren aufzuweisen, auch wenn sie nicht »richtige« Analytikerin ist. Und in der psychoanalytischen Theorie kenne sie sich besser aus als viele Analytiker.

Aber wie war denn nun der Kongreß?, frage ich. »Gut«, meint sie, »das ist es ja, was mich immer wieder versöhnt mit diesen Großveranstaltungen. Es gibt eben doch sehr interessante Leute in der Psychoanalyse, das ganze Theoriegebäude ist einfach so vielschichtig und interessant. Die Psychoanalyse wäre ohne die Analytiker wirklich ideal«, lacht sie. Ob sie mit dieser Meinung allein stehe oder ob es Kollegen gebe, die diese teilen?

Annette schmunzelt. »Ich glaube, das ist so wie mit den deutschen Touristen im Ausland. Man möchte am liebsten dorthin gehen, wo es keine Touristen gibt, vor allem keine deutschen. Aber irgendwie findet man sich dann doch in

Restaurants, wo es Bier, Schnitzel und Sauerbraten gibt.« Jedenfalls sei es schon auffallend, daß viele Psychoanalytiker auch im Privatleben mit Psychoanalytikern zusammen seien. Ganz könne sie sich selbst da auch nicht ausnehmen. Sie habe unlängst zusammengezählt, und da sei auch ein »Überhang« an Analytiker-Freunden herausgekommen. Allerdings – und da schränkt sie wieder ein: »Es gibt zwar wirklich gute und brillante Denker unter ihnen, aber auch sehr viele bornierte«. Und sie erzählt:

Bei einem der Vorträge sollten wir uns zu »Murmelgruppen« zusammensetzen, also einfach schnell mit den Nachbarn über ein bestimmtes Problem sprechen. Ich habe neben einem Mann gesessen, den ich nicht kannte, der aber aus meiner Stadt kommt. Es ging dabei um Kontextbedingungen bestimmter psychoanalytischer Konzepte. Ich erwähnte den Namen von Richard Sennett: nie davon gehört. Ich erwähnte – vorsichtig – Anthony Giddens: nie davon gehört. »Sind das Analytiker?«, fragte er nur. Was soll man da schon sagen! Eigentlich lag es mir auf der Zunge: Aber von Freud haben Sie schon mal gehört? Übrigens sind diese beiden bedeutenden Zeitgenossen gerade erst in unserer Stadt zu Vorträgen gewesen. Wenn man sich auch nur irgendwie um Kultur bemüht, hat man zumindest die Namen gelesen. Ich nehme an, daß dieser Kollege Thomas Gottschalk und Verona Feldbusch besser kennt.

»Haben Sie sich zu Wort gemeldet?«, möchte ich wissen. »Um Himmels willen – nein!«, sagt meine Gesprächspartnerin und fügt wieder hinzu, daß sie da erst »mehr Erfahrung« sammeln müsse. Da sie immerhin seit 10 Jahren zugelassene Analytikerin ist und mit den Ausbildungsjahren sicher bald 17 oder 18 Jahre im Kreis dieser erlauchten Personen zugebracht hat, verwundert diese Antwort.

»Über allen Wipfeln schwebt das analytische Über-Ich«, sagt sie noch und meint, daß sie sich zwar selbst verachte für ihre Feigheit, aber nicht dagegen ankönne.

Das alles sei für sie recht belastend. Von früheren Kongressen her erinnert sie sich an ziemlich unangenehme Situationen, wo sie in den Pausen alleine herumstand und sich nicht getraute, Leute anzusprechen. Dies sei nun anders, vor allem habe sie eben ihre Freundin mitgehabt. Mit den »Obertieren« getraue sie sich sowieso nicht zu sprechen, die seien auch immer belagert, aber das sei wohl überall so. Ob hier, bei den Kennern der Massenpsychologie, der narzißtischen Führerpersönlichkeit, nicht ein wenig andere Verkehrsformen zu erwarten seien? Annette zuckt nur die Achseln.

Wie war denn nun der »gesellige Abend« – auch so steif und beklemmend? Annette lacht. »In gewisser Weise schon, aber sozusagen mit einem anderen Programm.« Sie meint, daß es schwer sei, dies wirklich adäquat zu beschreiben.

Sie wissen ja, daß man als Analytiker genußfähig sein muß, auch sollte man natürlich einen gehörigen Schuß Erotik mitbringen, denn sonst ist man nicht richtig durchanalysiert. Wir alle haben natürlich keine Vorurteile und kennen – zumindest beim Reden – keine Tabus. Es ist für uns selbstverständlich, auch im geselligen Kreis von analen Sexualpraktiken oder von vaginalem Orgasmus zu reden und Funktionen der Klitoris zu erörtern, vor allem natürlich, wenn wir uns über unsere Patienten austauschen. Daß wir selbst keine sexuellen Probleme haben, versteht sich. Also müssen wir uns unsere Genußfähigkeit und unsere erotischen Interessen auch auf den Festen darbieten.

»Die Frauen sind aber doch eher bieder?«, sage ich, in Erinnerung ähnlicher Feste. Ja, genau, stimmt Annette zu, aber auf den Festen, da habe jede irgendeinen locker um die Schultern geschlungenen ziemlich bunten Schal bei sich oder ein glitzerndes Jäckchen oder etwas Ähnliches.

Das paßt irgendwie nicht so ganz. Die jüngeren unter ihnen tragen auch oft plötzlich ganz kurze Minis, das wirkt dann auch ein wenig deplaziert, weil man sie so gar nicht kennt. Außerdem sind ja auf den Kongressen auch meist Lehranalysanden dabei, die sehen dann auch ihre Analytiker in einer anderen Rolle und finden das seltsam. Da beginnt es dann schon, daß man aufpassen muß, sich bei den eigenen Lehranalytikern nicht irgendwie komisch zu benehmen. Auch wenn man schon jahrelang nicht mehr in Analyse ist: er oder sie ist etwas Besonderes. Die Lehranalytiker natürlich wissen sich auch beobachtet und müssen nun ihre Genußfähigkeit und auch ihre erotische Seite herauskehren, ohne daß sie allzuviel Anstoß erregen. Sonst muß man ja in der Übertragung später alles mögliche wieder einsammeln. Das ergibt eine komische Mischung an steifer Fröhlichkeit, irgendwie gestanzt. Analytische Ehepaare haben es dabei leichter als andere. Die dürfen, nein, die *müssen* natürlich zeigen, daß sie ein reifes ödipales Paar sind. Ich habe da eines der Paare vor Augen: Sie haben so eng getanzt, als wären sie gerade frisch verliebt. Nicht nur, daß sie schon seit mindestens 25 Jahren zusammen sind, nein: es ist ein offenes Geheimnis, daß er dauernd irgendwelche Geliebte hat. Aber für Kongreßzwecke sind sie Turteltäubchen, irgendwie lächerlich. Und natürlich gibt es auch die ungesetzlichen Analytikerpaare, die daheim einen Partner oder eine Partnerin haben, sich aber bei solchen Gelegenheiten sehr gut amüsieren. Die dürfen nun wiederum nicht so offen miteinander flirten, obwohl jedem klar ist, daß sie zusammengehören. Alle diese Vorsichtsmaßnahmen führen eben zu einer verkrampft fröhlichen Atmosphäre. Übrigens muß man auch dauernd bestätigen, wie gut man sich amüsiert und auch, wie toll man das Essen findet. Man ist schließlich auch im Oralen genußorientiert. Das wird in der launigen Eingangsrede des jeweiligen Vorsitzenden auch meistens extra betont. Man müsse sich jetzt regressiv den primären Bedürfnissen hingeben, dürfe nun das sekundäre Tun des Tages abstreifen etc. Da muß man also wirklich gut aufpassen, daß man nicht etwa noch zu diskutieren anfängt, weil man einen Vortrag besonders interessant gefunden hat. Das hieße dann natürlich, daß man noch immer gefangen ist in der Abwehr der primären Bedürfnisse. Das Ganze ist künstlich und gewollt. Ich habe mich noch nie gut unterhalten an diesen Abenden. Aber ich glaube schon, daß die »Oberschicht« sich gut unterhält, weil man nämlich dort sehr gut auf ihre narzißtischen Bedürfnisse Rücksicht nimmt. Ganz klar, daß der »Vorstandstisch« und der »Referententisch« eifersüchtig bewacht werden. Einmal habe ich das Schild nicht gesehen und bin unversehens dort gelandet. Es war ungemein beschämend, weil alle so seltsam geguckt haben und dann hat einer, der es wissen mußte, gefragt: »Wo haben Sie referiert?« Da bin ich geduckt weggeschlichen und habe mich entschuldigt. Und da war keiner so großmütig, zu sagen: »Ach was, bleiben Sie doch ...«.

Diesmal habe ich mich mit meiner Freundin in eine ruhigere Ecke gesetzt, das gute Buffet genossen und dann beim Tanzen ein wenig zugesehen. Da natürlich immer sehr viel mehr Frauen als Männer dabei sind, und diese übrigens meistens auch etwas älter, sieht man dann – wie früher in der Tanzstunde – haufenweise ältere Damen herumsitzen und krampfhaft lächeln. Denn natürlich muß man – eben wie früher – warten, bis man »aufgefordert« wird. Das tut natürlich nur selten einer der ebenfalls älteren Herren, weil es ja auch noch jüngere Kolleginnen gibt. Nie aber würde es ein wenig unkonventioneller zugehen, also daß zum Beispiel Frauen mit Frauen tanzen oder alleine ... das wäre dann sicher sofort ein Anklang an Homosexualität oder Onanie ... Daß ich so denke, ist schon typisch für uns ... und ich bin sicher, daß nicht nur ich so denke. Also: wie soll da wirkliche Festesfreude aufkommen?

Ein ganz anderes Fest wird mir von der Gestalttherapeutin Doris beschrieben. Ihre Kongresse sind, wie sie schildert, sehr lebenslustig und sozial ergiebig. Das theoretische Programm schien ihr nicht so sehr wichtig, obwohl es Workshops gibt, von denen sie sehr viel profitiert hat. Vorträge aber sind oft langweilig, Gestalttherapeuten sind, wie sie selbst sagt, keine »Hirnmenschen«.

Sie hat ziemlich viele der Vorträge geschwänzt, weil die Stadt, in der ihr letztbesuchter Kongreß stattfand, allzu interessant ist. »Da habe ich mir vormittags meist freigenommen.« Am Nachmittag war dann meist ein Workshop, diesmal hat sie einen über »Gefühle in der Gestalttherapie« mitgemacht. Der war, wie sie berichtet, sehr bewegend, es waren nur 15 Leute zugelassen und man hat mehr Selbsterfahrung als Theorie gemacht. »Ich fühle mich wohl in diesen Gruppen, man muß keine Angst haben, daß man etwas Dummes sagt.« Bei den großen Vorträgen diskutiere sie nie mit, dazu fühle sie sich zu wenig wortgewandt. In Workshops aber hat sie ein gutes Gefühl für sich und die Gruppe. Sie hat früher einen Teil der Ausbildung in Themenzentrierter Interaktion mitgemacht, und daher hat sie auch ein gutes »Feeling« für Gruppen und kann öfters helfen, wenn die Gruppe auseinanderzubrechen droht. Bei diesem »Gefühlsworkshop« war es auch wirklich oft prekär, eben weil so viele Gefühle aufgetaucht sind, daß man über dem Einzelnen die Gruppe fast vergessen hätte. Übrigens sei der Leiter ihr ehemaliger Lehrtherapeut gewesen, da sei sie besonders gerne hingegangen; einerseits sei es schon komisch, ihm so sehr viel »privater« zu begegnen, er sei in der Gruppe eben doch auch anders: sehr persönlich, habe auch eigene Erfahrungen preisgegeben, das sei ihr recht nahe gegangen. Er habe zum Beispiel erzählt, wie weh es ihm lange Zeit getan habe, keine eigenen Kinder zu haben; die Besorgnis um die drogenabhängige Tochter von Freunden, die er und seine Frau zeitweise sogar in ihr Haus aufgenommen hatten, sei ihm aber eine große Hilfe gewesen. Seither habe er das Gefühl, so etwas wie eine Adoptivtochter zu haben. »Er war so menschlich«, sagt sie und sieht dabei ganz beglückt aus. »Daß ich ihm helfen konnte, die Gruppe zu leiten, war dann auch schön, da waren wir gleich auf gleich. Er hat sich nachher auch bei mir bedankt!« Man spürt natürlich noch immer eine gewisse Idealisierung, die Doris ihrem Therapeuten entgegenbringt, es scheint aber doch nicht ganz so verkrampft zu sein wie bei den Psychoanalytikern.

Das Fest ist für Doris ganz ohne unangenehme Erinnerungen. Sie freut sich immer darauf, oft sucht man dann auch diejenigen Leute auf, mit denen man gerade vorher eine Gruppe gemacht hat. »Das sollte man vielleicht nicht tun, schließlich ist ein Fest auch dazu da, daß man andere Leute kennenlernt, aber dieser ganze Gefühlsüberschwang, den man mit den anderen gerade erlebt hat, verführt natürlich dazu, daß man sich nur mehr dort geborgen fühlt – zumindest für kurze Zeit.« Doris hat also mit einigen aus »ihrer« Gruppe zusammengesessen, eine Zeitlang war auch ihr Lehrtherapeut dabei, der ist aber ein ziemlich hohes Tier und muß daher immer den Tisch wechseln, damit die anderen Teilnehmer sich nicht beleidigt fühlen.

Es scheint, daß Doris – da sie sich wohlgefühlt hat – dem Ablauf des Festes viel weniger Aufmerksamkeit geschenkt hat als die Psychoanalytikerin Annette. Sie war einfach ziemlich lange dabei, hat auch getanzt, alleine und mit anderen. Auch dort sind sehr viel mehr Frauen als Männer, aber das macht nichts, weil selbstverständlich jeder dann tanzt, wenn er mag, und mit dem Partner, der gerade anwesend ist. Doris meint, daß bei diesen Festen übrigens auch ziemlich viele Paare sich finden – ob kurz- oder langfristig, sei dahingestellt. »Na ja, diesmal war's Winter, da waren viele schmusende Paare einfach irgendwann verschwunden; aber bei Sommertreffen, da sind dann in den diversen Gärten oder Grünanlagen einfach hinter jedem Busch irgendwelche Bewegungen zu registrieren.«

Ob sie das nicht irgendwie abgeschmackt finde?, frage ich ein wenig irritiert. Aber Doris findet meine Frage komisch. »Nein, jeder kann doch machen, was er will ...« Und wenn man zum Beispiel den eigenen Lehrtherapeuten ...? Na ja, sagt Doris, der ist eben auch ein Mensch. Und wenn sie ihren eigenen ...? Doris zögert. »Vielleicht wäre ich eifersüchtig, das schon!«, sagt sie, aber ihr Lehrtherapeut sei irgendwie anders, vielleicht führe er ja wirklich eine gute Ehe? Sie habe manchmal seine Frau gesehen, die sei Lehrerin, sie finde die sehr sympathisch. Mehr gibt es dazu nicht zu sagen, scheint es. Natürlich kann ich persönlich das alles nicht so gut finden wie

Doris. Es stützt einige der Vorurteile, die ich den Gestalttherapeuten gegenüber immer gehabt habe: sie seien distanzlos, und – nach Perls' Ausspruch – jeder denke nur an sich. Hier scheint mir die Genußfähigkeit und Triebfreundlichkeit auf eine andere Weise als bei den Psychoanalytikern mißverstanden. Ich weiß nicht, welche Art mich mehr irritiert. Auch die Lässigkeit gegenüber Theorien, die man den Gestaltlern nachsagt, ist bei Doris spürbar, aber das mag ein Einzelfall sein. Daß man darüber so offen spricht, zeigt aber doch wohl auf, daß hier andere Werte gelten als bei den Psychoanalytikern.

Wer, wie bekannt, sich über Triebfreundlichkeit gar keine Gedanken macht (zumindest theoretisch nicht!), sind die Verhaltenstherapeuten. Vielleicht sind darum meine eigenen Erfahrungen mit den Verhaltenstherapeuten und ihren Kongressen wiederum ganz andere. Da ich selbst jahrelang Kongresse für und mit Verhaltenstherapeuten organisiert habe, auch selbst Verhaltenstherapeutin war, kenne ich viele gerade der nunmehr schon sehr viel älteren Kollegen recht gut. In den letzten Jahren allerdings ist der Kontakt meist abgerissen, da ich mich für die Psychoanalyse entschieden habe. Ich bin also wirklich eine ungetreue und abtrünnige Person und war jahrelang nicht bei Kongressen. Als man mich fragte, ob ich nicht wiederum einen Vortrag halten wolle, war ich verblüfft. Ich? Eine Dissidentin? (Inzwischen war ich ja psychoanalytisch sozialisiert und hatte oft genug ähnliche Ängste ausgestanden wie Annette.) Ich ging hin, wurde strahlend begrüßt, Küsse, Umarmungen der nunmehr »älteren Generation«, freundliche Zusprüche der jüngeren. Im nächsten Jahr lud man mich wiederum sehr freundlich ein. Der Vorsitzende begann seinen Brief mit den bemerkenswerten Worten: »Damit es klar ist: Du bist noch immer eine der Unsrigen …«, und dann folgte die Einladung zu einem »Jubiläumstreffen«, bei dem einige der Pioniere erzählen sollten, wie sie sich wissenschaftlich und therapeutisch seit den Gründerjahren entwickelt hatten. Daß ich inzwischen Psychoanalytikerin geworden war, schien nicht zu stören. Man konzedierte mir einen interessanten Lebenslauf; einige fanden natürlich, daß mein Weg ein »Irrweg« sei, Psychoanalyse sei nichts als »interessante Unterhaltung, ohne wissenschaftlichen Wert«, aber das wurde mit Humor und Gelassenheit kommentiert. Die jungen Therapeuten im Saal, die uns lauschten, gaben keinerlei Unmutszeichen zu erkennen. Mein Vortrag über »Lebenssinn in komplexen Gesellschaften« wurde mit Applaus bedacht, meine Herangehensweise über die Soziologie und Sozialphilosophie entsprach vielen Interessen der Teilnehmer. Ich erinnerte mich, mit welchen Skrupeln ich einige Jahre zuvor einen Vortrag bei den Psychoanalytikern gehalten hatte …

Der Abend mit hervorragendem Essen im kleinen Kreis verlief im selben Stil: freundlich, unkompliziert. Ich hatte das Gefühl, daß viele meine Entscheidung verstanden, sogar respektierten. Den großen geselligen Abend allerdings habe ich verpaßt; meinen Erinnerungen nach verlaufen diese Feste nach keinem besonderen Muster – eben wie solche Abende verlaufen, an irgendetwas »Aufgesetztes« kann ich mich zumindest nicht erinnern.

Natürlich verfiel ich ins Grübeln: Fühlten sich die alten Kämpen der Verhaltenstherapie denn nicht gekränkt durch meine Abtrünnigkeit? Es war nirgends ein Hauch von Ausschluß und persönlicher Abwertung zu spüren. Warum ist eine solche Umgangsweise mit »Dissidenten« im psychoanalytischen Lager kaum denkbar?

Diese Haltung der Verhaltenstherapeuten hat zwei Aspekte: Einerseits ist die Toleranz ungleich größer, das stimmt. Andererseits aber ist natürlich auch die persönliche Verbundenheit mit der Theorie und Praxis der Verhaltenstherapie sehr viel geringer. Auch andere frühere Kollegen hatten sich von der alten technisierten Verhaltenstherapie wegentwickelt: Sogar leicht esoterische Richtungen konnte man finden. Das Spektrum dessen, was man sich erlauben konnte, war auch deshalb so weit, weil die Verbundenheit mit der Richtung der Verhaltenstherapie sehr viel weniger persönlich und innig war. Da das Thema der Lehrtherapeuten keine Rolle spielt (die meisten hatten keine Therapie gemacht oder allenfalls eine der Einsichtstherapien), konnte man auch nichts von den Verkrampfungen spüren, die zwischen einem Lehrtherapeuten und seinem Adepten meist aufkommen, auch wenn die Lehrtherapie schon längst zu Ende ist.

Mit einem Wort: es handelt sich nicht wie bei der Psychoanalyse um ein mit religiösen Gefühlen belastetes System und zeitigt daher auch nicht die sogar von Kernberg, dem Präsidenten der Internationalen Psychoanalytischen Vereinigung, beklagte Form des »religiösen Seminars«, in dem man mit seinen Glaubensmeinungen auch gleichzeitig als Person beurteilt wird – ist man auch eine »richtige Psychoanalytikerin«?, vielleicht sogar: ein »ordentlicher Mensch«? Diese religiöse Haltung ist sicher für ein wissenschaftliches System schwer zu verkraften, als Haltung gegenüber einer Therapieform, von der man schließlich seine Patienten überzeugen muß, kann man es wohl nicht nur verurteilen. Die Toleranz der Verhaltenstherapeuten hat wohl auch mit einer gewissen Gleichgültigkeit gegenüber der eigenen Richtung zu tun. Dies fördert die Wissenschaft und vermindert wohl auch eine gewisse fanatische Begeisterung, aus der heraus sehr wohl interessante und neue Konstruktionen entstehen können. Und diese kann man der Psychoanalyse bestimmt nicht absprechen. Wenn man als einen der Wirkfaktoren in der Therapie die Überzeugung des Therapeuten von seiner Richtung ansieht, ist die Psychoanalyse damit wohl im Vorteil.

12

Macht und Machtmißbrauch

Es ist unbestreitbar, daß die Analytiker in ihrer eigenen Persönlichkeit nicht durchwegs das Maß von psychischer Normalität erreicht haben, zu dem sie ihre Patienten erziehen wollen. (Freud, 1937, »Die endliche und unendliche Analyse«)

Diese Passage von Sigmund Freud wird in der Diskussion um Machtmißbrauch in und außerhalb der Psychotherapie immer wieder einmal zitiert. Sie scheint, wenn man den neueren Veröffentlichungen Glauben schenken kann (Schmidt-Lellek, 1995; Fischer-Becker und Fischer, 1996; Hafke, 1996), in keiner Therapieschule von ihrer Relevanz eingebüßt zu haben.

In der Psychotherapie wird eine ganz besonders schwierige interaktive Konstellation vom Therapeuten verlangt. Einerseits ist er an eine Rolle gebunden, die ihm – von Theorie geleitet – bestimmte technische Handhabungen vorschreibt oder zumindest anrät. Schon diese Rolle ist allerdings nicht sehr klar zu bestimmen, da gerade die Technikseite in den meisten therapeutischen Schulen nicht eindeutig definiert wird. Andrerseits aber – und dies weicht eben die Technik wiederum auf – soll der Therapeut sich in fast allen Schulen auf einer höchst persönlichen Ebene um eine egalitäre und diskursive Beziehungsgestaltung bemühen. Anders als beim Arzt, bei dem die Technik und Wissensseite bei weitem die Beziehungsgestaltung überwiegen und auch gegen eine ungünstige Beziehungssituation Heilerfolge zu erzielen sind, wird beim Psychotherapeuten die Technik (und Wissensseite) dauernd überschattet von einer gewissermaßen changierenden Qualität der Sicherheit. Immer wieder erlebt der Therapeut, daß alles Wissen »nichts nützt«, daß die Empfehlungen der Kollegen und Lehrer »in diesem speziellen Fall« nicht greifen und daß oft gerade »trotz« einem Überschreiten der geltenden Wahrheiten Erfolge zu erzielen sind. Dazu erlebt er (und dies wird auch immer wieder gesagt!), daß offenbar die persönlichen Beziehungsqualitäten, das ganz besondere Flair jeder Therapie, weitaus wichtiger sind als alles angelernte Wissen. Wenn man dann noch mit Lambert (1994) annimmt, daß nur 15% des Therapieerfolges der spezifischen Technik geschuldet sind, während der weitaus größte Teil in den Unwägbarkeiten der Beziehung zu suchen ist, dann kann man sich vorstellen, in welchem dauernd fließenden und innerlich als unsicher erlebten Berufsgeschehen Therapeuten sich befinden. Dies muß – so viel wissen wir – sehr oft durch Abwehrstrategien nicht unbedingt konstruktiver Art verschleiert werden. Eine leider häufig gebrauchte Abwehr ist die Demonstration von Macht auch dort, wo der Therapeut sie sich sozusagen illegitim erschleicht.

Daß ein Machtgefälle zwischen Therapeut und Patient vorhanden ist, bedarf keiner besonderen Begründung mehr. Es wurde schon oft analysiert und festgestellt. Die regressive Situation des Patienten, das Festhalten daran, daß der Therapeut es »besser wissen muß«, die ungleiche Verteilung der persönlichen Informationen: das alles schafft ein Machtgefälle, das ein guter Therapeut nutzen kann und nutzen muß. Nur: gerade dieses Machtgefälle scheint auch zum Mißbrauch zu verführen.

Die Berichte über verschiedene Formen des Machtmißbrauchs von Therapeuten sind in den letzten Jahren angestiegen. Seit etwa einem Jahrzehnt gibt es – sowohl als Forschungsthema als auch in Einzelberichten – vor allem Literatur über den sexuellen Mißbrauch in der Therapie (Anonyma, 1988; Hemminger und Becker, 1985; Becker-Fischer und Fischer, 1996). So erschütternd die Zahlen auch sind (20% aller Therapeuten, meist Männer, in allen Therapieschulen, sind davon betroffen; in Deutschland, so schätzen Becker-Fischer und Fischer, macht das jährlich etwa 600 Fälle): Sexueller Mißbrauch ist nicht das einzige, vielleicht nicht einmal immer das schlimmste Machtmittel, das Therapeuten einsetzen, wenn sie sich ihre Patienten »gefügig« machen wollen. Was kann dahinterstecken? Gibt es in dieser Berufsgruppe besonders viele machthungrige Personen? Solche, die Freude daran haben, sich auf Kosten ihrer Patienten zu profilieren? Vermutlich trifft dies nur in sehr wenigen Fällen zu. Es hängt wohl eher mit dem Beruf selbst und den täglichen Erfahrungen zusammen, die solchen Machtmißbrauch erleichtern und wohl auch als Abwehr gegen allzu demütigende Erlebnisse in der Therapie als notwendig erscheinen lassen. »Die Kehrseite der Macht ist die Angst vor Machtverlust, vor Ohnmacht«, schreibt Kaiser (1996), ein Psychoanalytiker, der seine Ohnmacht in der Therapie sehr lebendig beschrieben hat. »Das verlangt nach dauernden Beweisen von Stärke und eigener Lebendigkeit.«

Einzelfallschilderungen über den Mißbrauch von Macht werden immer wieder publiziert. C. Erdheim (1985) sowie Hemminger und Becker (1985) haben schon Mitte der achtziger Jahre mit ihren Büchern Sensationserfolge erzielt. Andere folgten nach (Boysen, 1988; Treichel, 1998).

Natürlich gab es bei den Therapeuten viel Empörung über Patienten, die ersichtliche Fehler ihrer Therapeuten in oft äußerst kritischer Weise dargestellt haben. Gerade bei den oben genannten Büchern, wo nicht nur eine, sondern jeweils mehrere Therapien geschildert wurden, erhob sich unter vielen Psychotherapeuten ein Sturm der Entrüstung. Claudia Erdheim beschrieb in einem Artikel im Jahre 1989 dann die mündlichen Reaktionen der Psychoanalytiker auf ihr Buch in nachfühlbarer Weise. Natürlich wurde ihr – wie allen Therapiekritikern – in besonderer Weise ihre persönliche Neurose vorgeworfen. Rache, Neid (auf die Mutter, die Psychoanalytikerin gewesen war), schwere Psychopathologie etc. waren die übrigens auch für andere Patientenberichte über mißglückte Therapien typischen Interpretationen der Fachkollegen. Natürlich wußte jeder Psychotherapeut, daß es eben einige schlechte oder schlecht ausgebildete Therapeuten geben könne. Nur: sie selbst, ihre Kollegen, die jetzige Generation, die eigene Therapierichtung gehörten natürlich nie dazu.

Psychoanalytiker haben meist noch ein besonderes Argument für ihre Kritiker bereit: Man dürfe die Psychoanalyse erst dann kritisieren, wenn man a) sich selbst einer unterzogen und b) selbst als Analytiker gearbeitet hat. Auf dieser Basis wurde auch Claudia Erdheims Psychoanalyse-Kritik beurteilt.

Dörte v. Drigalskis Buch *Blumen auf Granit* wurde, soweit mir bekannt, nur vom Psychotherapeuten Tilman Moser als ein erschütternder Bericht gelesen und nicht als eine neurotische Anklage. Über mißlungene Lehranalysen gibt es aus erklärlichen Gründen wenig Aussagen: Die Berichte von Dörte v. Drigalski, Helmut Kaiser und Speier werden von Cremerius (1993) in diesem Zusammenhang genannt. Auch Kernberg hat bekanntlich eine längere Analyse über die Ursachen der von ihm konstatierten geringen Kreativität von Psychoanalytikern geliefert. Er sieht unter anderem auch die Lehranalyse mit ihrer Verschmelzung von Schüler-Lehrer-Verhältnis und Therapie als Ursache dafür an und scheut sich nicht, auch hier von Mißbrauch zu sprechen.

Nun ist es tatsächlich schwierig, sich in den geschilderten Fällen ein Urteil zu bilden. Wie bei Ehestreitigkeiten hat die Geschichte immer zwei Seiten, und mit Recht sind viele Menschen – hineingezogen in eine Beziehungskrise – unsicher, wie sie sich verhalten sollen. Problematisch allerdings wird es in Beziehungen, wo die Machtverhältnisse sehr ungleich verteilt sind; dies gilt ganz besonders dort, wo die Macht nicht im grob übergriffigen, sondern im feinstofflich-psychologischen Sinn auf seiten eines Partners ganz besonders schwer wiegt. Sehr leicht ist man dann geneigt, dem »Opfer« alle Sympathien zu schenken und mitleidig darauf einzugehen, was es erleiden mußte. Andrerseits ist auch das Opfer in den meisten Fällen nicht nur passives Objekt, und leicht dreht sich dann der Spieß herum: das Opfer ist schuld. Aus diesem Grund sind natürlich Psychotherapeuten schlecht beraten, wenn sie den Klagen und Abwertungen über den »vorhergehenden« Therapeuten zustimmen. Immer ist dort Vorsicht geboten, wo alles Vorherige abgewertet und das Heil beim gerade Anwesenden gesucht wird. Trotzdem: es gibt natürlich ganz unzweifelhaft eine Menge an Machtmißbrauch in unserem Metier, auch außerhalb des sexuellen Geschehens; detaillierte Berichte wie die von v. Drigalski oder von Kaiser zeigen in solch nachvollziehbarer Weise auf, wie mit ihren Problemen mißbräuchlich umgegangen wurde, daß man am Wahrheitswert nicht zweifeln kann.

Nochmals verdoppeln sich die Schwierigkeiten dort, wo der »Mächtige« mit seinem ganzen Selbstwertgefühl in die Aufrechterhaltung der Asymmetrie verstrickt ist. Macht abzugeben bedeutet in der Psychotherapie für den Psychotherapeuten, sich als Therapeut für unfähig zu erklären, ja, sehr oft auch, sich als Mensch nicht bewährt zu haben (siehe Kapitel 5). Wie so oft braucht der Mächtige den Unterlegenen, so daß man die »Herr-und-Knecht-Problematik« mit besonderem Recht auf die Berufssituation des Psychotherapeuten anwenden kann.

Daß Therapeuten – hervorgerufen durch die Asymmetrie der Beziehung und die regressiven Bedürfnisse der Patienten – psychologisch mächtiger sind als diese, wird von niemandem bestritten. Es ist die Ressource ihrer Hilfsmöglichkeiten. Ohne diese Übereignung der Patienten an ihre Helfer gibt es wohl wenig Heilungschancen. Alle noch so rationalen Vorschläge zur Emanzipation der Patienten (sich über Ausbildung informieren, Evaluationen auf wissenschaftlicher Basis etc.) bleiben unwirksam, wenn man sich die reale Situation der meisten Patienten vor Augen führt. Manchmal schon vom Eintreten in den Praxisraum an besteht eine Abhängigkeit vom Therapeuten, die sich nur schwer auflösen läßt und ganz sicher nicht durch rationale Argumente verschwindet. Die Regression setzt bei vielen fast sofort ein: Ist man doch einfach beglückt darüber, daß überhaupt einer zuhört, sich Gedanken macht, Hilfe verspricht. Dieser Prozeß ist übrigens nicht nur auf den Psychotherapeuten beschränkt, er funktioniert in geringerem Maß schon bei jedem Zahnarzt.

Exkurs über das Buch von Yalom, »Die rote Couch«

Dieses Buch, in Therapeutenkreisen bekannt und viel gelesen, ist ein Roman, allerdings ist er nahe an der Realität des Therapierens angesiedelt und trifft offensichtlich viele (wunde?) Punkte, die den meisten Therapeuten nicht ganz fremd sein mögen. In diesem Buch finden wir besonders eindringlich das verzwickte Muster von Macht, Machtmißbrauch und Machtumkehrung geschildert.

Was betont dieser Roman vor allem?

1. Die Schwierigkeit des Therapeuten, sich aus dem Therapiezimmer herauszubewegen und »die Realität« zu sehen. Das impliziert im Buch dann, daß Therapeuten einfach belogen werden können, ohne daß sie, die großen Spezialisten der menschlichen Seele und der authentischen Beziehung, Gauner und Betrüger erkennen können. Es wird gezeigt, daß ihr Fokus sehr beschränkt, immer nur auf die sehr einseitige Betrachtung einer therapeutischen Beziehung hin angelegt ist. Welche Bedeutung der Patient im Leben hat, wie seine Mitmenschen auf ihn reagieren etc. wird nur schattenhaft gesehen, sofern das Einzeltherapie-Setting dominiert.
2. Die dauernde Festlegung darauf, daß man es »besser« weiß, nährt den Narzißmus. Es zeigt, wie schwer es den Therapeuten fällt, sich damit abzufinden, daß auch Patienten ihren eigenen Weg, auch gegen den Willen ihres Therapeuten, gehen und dabei – allen Therapeutenweisheiten zum Trotz – glücklich werden können.
3. Drei Klippen, die der Abstinenz entgegenstehen, werden thematisiert: die Sexualität, das Machtstreben und die Habgier. Beide Therapeuten werden dadurch in Versuchung geführt. Der eine scheitert an seiner Geldgier sowie an seinem Machtstreben, der andere ist nahe dran, seine sexuelle Bedürftigkeit durch eine Patientin zu befriedigen.
4. Das Buch stellt eine Abrechnung mit den orthodoxen analytischen Instituten dar: je strenger und selbstgerechter,

desto anfälliger für die Verführungen. Es schildert die gemeinen und heuchlerischen Strategien, die Analytiker verwenden, wenn sie Macht wollen. Die Psychoanalyse dient dann nur noch dazu, eigene Positionen zu verfestigen; der Wahrheitsanspruch ist demgegenüber völlig gleichgültig.

5. Der Kälte eines Vorgehens, in dem nur mehr Übertragung und Gegenübertragung eine Rolle spielen, wird eine andere Form des Therapierens gegenübergestellt, nämlich das Arbeiten in der Beziehung. Für manche Patienten, so Yalom, ist dies die einzige Möglichkeit. Aufbauend auf den psychoanalytischen Konstrukten wird damit eine Therapie bevorzugt, die es in dieser Form in Deutschland gar nicht gibt und die sich »Existential Therapy« nennt. Mit dieser Arbeit an der Beziehung aber ändert sich die ganze Atmosphäre und die Selbstgerechtigkeit des Therapeuten wird eventuell gemildert.
6. Mit Beziehungsarbeit meint er nicht dasselbe wie mit Selbstenthüllung; das wird sehr klar am Beispiel der Patientin Carol aufgezeigt; Yalom kennt die sehr engen Grenzen, die der Selbstenthüllung gesetzt sind.
7. Alles in allem wird einer nicht-orthodoxen Haltung das Wort gesprochen. Es wird aber nicht so getan, als ob dies den Therapeuten aus allen Fallen des Berufes befreien könnte. Die Euphorie mancher Tage im Beruf weicht immer ganz schnell der Einsicht, daß man nur sehr begrenzte Mittel hat.

Was sagt das Ganze über Psychotherapie und Psychotherapeuten aus?

Daß wie im Christentum Realität und Ideal sehr oft auseinanderklaffen; daß Menschen sich über ganz andere Kanäle Ressourcen verschaffen können als über vermehrte Selbstreflexion: Ein köstliches Beispiel ist der Spieler, dem sein Therapeut beibringt, wie man sich beim Pokern verhalten muß, um zu gewinnen – er tut dies übrigens, weil er vom

Patienten erpreßt wird –, und siehe da: Von da an wird das Leben des Patienten wieder zufrieden, er gewinnt, er bleibt ein süchtiger Spieler, aber ein glücklicher und erfolgreicher …

Das ganze Buch könnte man lesen als eine Insider-Story, die die Tücken des Berufs ziemlich gnadenlos aufzeigt, ein wenig übertreibend, aber in den Grundstrukturen recht treffend. Tatsächlich sind in diesem Buch viele Gefahren und Fallen dargestellt, die auch in »seriösen« Untersuchungen und in zufälligen Erfahrungsberichten von Patienten eine Rolle spielen.

In einer unserer Diplomarbeiten wurden ehemalige Patienten gesucht, die über ihre Erfahrungen mit der »Macht« ihrer Therapeuten etwas sagen wollten. Wir erwarteten bösartig-bissige Berichte. Diese wurden uns nicht geliefert. Trotzdem waren wir alle entsetzt, als wir die – sehr moderaten und eher unauffälligen – Interviews lasen. Wieder einmal wurde uns klar, wie wichtig es für Psychotherapeuten ist, sich ständig unter der Kontrolle von Kollegen zu befinden, sich auszutauschen und, so gut es geht, die notwendige Ehrlichkeit dabei walten zu lassen.

Zwei Berichte aus Lehrtherapien (also durchgeführt von älteren und erfahrenen Therapeuten) mögen dies zuerst illustrieren.

Eine Körpertherapeutin (Ute, tiefenpsychologisch orientiert) berichtet über ihre Ausbildung, die im übrigen zuerst als »normale« Therapie begonnen hatte und später erst zur Lehrtherapie wurde. Ich weiß nicht, welches Institut dabei betroffen ist, der Bericht weicht aber nicht so sehr ab von solchen, wo Richtlinientherapeuten ausgebildet werden (am aufschlußreichsten ist hier wiederum Kaiser, 1996). Sie berichtet von »unheimlich vielen Verletzungen« in ihrer Therapie mit einem Mann. Er habe sie oft vor der Gruppe (vieles an Ausbildung geschah dort in einem Gruppensetting) angeschrien. Sie konnte dann gar nichts mehr sagen. Wenn sie es am nächsten Tag im Einzelsetting ansprach, erklärte er oft, all dies sei ein Zeichen seiner Liebe. Die Beziehung zu diesem Therapeuten scheint recht uneindeutig gewesen zu sein: »wie ein Freund – aber auch sehr machtvoll«. Wenn er im Urlaub war, schrieb er an Ute jeweils eine Postkarte, an die anderen Ausbildungsteilnehmer aber nicht, wodurch viele Eifersüchteleien entstanden. Ute erzählt: »Irgendwann fing es an in Richtung Psychoanalyse zu gehen ... Wenn ich widersprochen habe, das war dann halt Widerstand, war mein Fehler ..., es wurde alles so umgemodelt, daß letztendlich ich die Blöde bin ... Er hat sich ziemlich kritikimmun gemacht.« Ute berichtet, daß sie recht schnell herausbekam, was ihr Therapeut gerne bearbeitete: Wenn nämlich durch Körperübungen ihre »Gefühle rauskamen, da war er immer sehr froh«. Ute gibt zu, daß sie dann auch öfters geschauspielert habe, um ihn zufriedenzustellen. Äußerte sie aber auch einmal Ärger über ihn, dann war er beileibe nicht glücklich, sondern deutete alles um. »Wenn ich ihm erzählte von der Stunde vorher, was ich nicht so toll fand oder was mir übel aufgestoßen ist, daß er das dann immer so gegen mich gerichtet hat und nie zugeben konnte, daß er auch mal einen Fehler gemacht hat.« Daraufhin befragt, ob sie sich an bestimmte Szenen erinnern könne, erzählt sie:

Zum Beispiel dieses Deuten von Mißbrauch und so. Da ging's mir total schlecht danach, weil, selbst wenn es so gewesen wäre, ich war einfach nicht bereit für so 'ne Deutung ... und da hat er dann nichts zu gesagt. Ich hab ihm später gesagt, daß ich das blöd fand und unpassend, und er meinte, wenn ich mir da eine Woche lang Gedanken gemacht hätte, hätte das ja anscheinend 'nen Punkt getroffen. Oder er behauptete, daß ich eine Vaterproblematik mit ihm habe, weil ich immer so wütend auf ihn sei. Das war sofort immer als Deutung da, nichts konnte seinem eigenen Verhalten zugesprochen werden.

Ute wurde mehrere Male von ihrem Therapeuten daraufhin angesprochen, daß sie später als Kollegen miteinander arbeiten sollten. Sie hat das sowohl als ehrenvoll als auch belastend empfunden. Der Therapeut habe »unheimlich schnell gezeigt, wenn ihm etwas zu nahe ging oder ihn verletzt hat, und da war ich sehr sensibel immer, wenn er so 'nen bestimmten Gesichtsausdruck hatte, wo ich dachte, oh Gott, jetzt hab ich was falsch gemacht«. Aber: »Vielleicht stimmt das auch alles nicht ... vielleicht ist er ja ein ganz anderer Mensch??« In diesem Schwebezustand verläßt Ute ihren Therapeuten, der sofort sehr gekränkt ist und ihr vorhersagt, daß sie durch einen solchen Therapieabbruch im späteren Leben viel Kummer haben werde. (Es klingt fast wie ein Fluch!) Ute hat daher große Schwierigkeiten, sich ein klares Bild von ihrer mehrjährigen Therapie zu machen. »Manchmal denk ich, oh Gott, was für ein Schwachsinn, warum hab ich das jahrelang gemacht und so viel Geld dafür ausgegeben ... Andrerseits aber denke ich, ich habe auch viel gelernt in dieser Zeit ...« (Zilker und Tulodziecki, 1997).

Eine andere, Kollegin (eine Ärztin), nunmehr Mitte Fünfzig, die eine Ausbildung in Psychoanalyse gemacht hatte, berichtet mir von ihren Erfahrungen mit ihrem Lehrtherapeuten. Über Jahre habe sie sehr gut mit ihm zusammengearbeitet.

Ich habe meine Analyse als sehr hilfreich empfunden – »Machtmißbrauch« könnte ich meinem Therapeuten nie vorwerfen – bis auf ganz zuletzt. Ich weiß aber nicht, ob man da von »Macht« sprechen kann, obwohl ... natürlich ist er immer im Vorteil gewesen, weil er ja so viel mehr von mir gewußt hat, ich habe dann das Gefühl lange nicht loswerden können, daß er mich hängen läßt, und zwar ziemlich sadistisch.

Sie berichtet, daß sie im Laufe ihrer Therapie – »und das habe ich als sehr erfolgreich empfunden« – angefangen habe, auch kleinere Fach-Artikel im Bereich der Psychoanalyse zu schreiben. Ihr Analytiker hat das zwar nicht verboten, aber er hat doch öfters darauf hingewiesen, daß er dazu zwiespältig stehe, weil sie damit vieles abwehre, was in der Analyse nicht bearbeitet sei. Irgendwie habe sie dies aber nicht so ganz akzeptieren können. Nach Beendigung ihrer Lehranalyse habe sie wenig Kontakt zu ihrem Analytiker gehabt, aber nach einigen Jahren sei sie wieder zu ihm gegangen, weil sich nochmals bestimmte Dinge in ihrem Leben so konstelliert hätten, daß sie gerne seine Ansicht dazu gewußt hätte. Auch dieser Abschnitt der Therapie aber sei ihr wichtig erschienen.

Nach dem sehr freundlichen Abschied habe ich dann noch eine Nachrechnung bekommen, er habe sich geirrt – ich weiß allerdings sehr genau, daß wir uns einig waren über den Preis, aber wie soll ich das beweisen? Mir war es übrigens nicht so wichtig, ein wenig gewundert habe ich mich aber schon. Ich habe ihm dann, zusammen mit dem Scheck, noch einen sehr freundlichen Brief geschrieben und mich nochmals bedankt und gesagt, daß mir manchmal die Stunden doch auch fehlen. Daraufhin erhielt ich von ihm eine Nachricht auf Anrufbeantworter, er würde sich freuen, mich wieder einmal zu treffen. In der Zwischenzeit hatte ich etwas veröffentlicht, was ihm, wie ich wußte, nicht gefallen würde, weil ich einer seiner Thesen widersprochen habe. Als Ärztin bin ich eben immer ein wenig mehr dem biologischen Denken zugeneigt. Er verstand das als einen Angriff auf die Psychoanalyse. Darüber hatten wir schon einige Male gesprochen. Als ich ihn dann zurückrief, hatte er plötzlich »keine Zeit«, und »verschieben wir es doch«. Ich schickte ihm meinen Artikel mit ein paar erklärenden Worten, irgendwie witzig gemeint, daß es doch ein großer Erfolg sei, wenn die eigenen Schüler einem widersprechen könnten. Das ist aber wohl nicht ganz angekommen. Andere haben mir erzählt, daß er sehr wütend auf mich sei. Ich habe mir dann ein Herz gefaßt und ihn angerufen, ob das stimme. Nein, sagte er, gar nicht, das sei eben meine Meinung, so unsinnig sie sei … und Zeit hätte er in den nächsten Wochen sowieso keine … Ein sehr unbefriedigendes Gespräch also. Ich hatte den Eindruck: der will mit mir nichts mehr zu tun haben und will sich auf keinen Fall mit mir auseinandersetzen. Dummerweise habe ich ihm dann noch einmal einen bittenden Brief geschrieben – keine Antwort.

Warum sie das so ausführlich erzähle? »Weil ich ziemlich lange daran geknabbert habe.« Ein Therapeut sei ja eben doch so etwas wie eine zweite Elterninstanz, ganz könne man das – bei allem Wissen darum – nicht abschalten. Sie habe anfangs immer auf einen Brief oder Anruf gewartet, irgendwann sei ihr klar geworden, daß er nichts mehr von ihr wissen wollte. »Und dabei hat er irgendwann im Laufe der Analyse gesagt, wir beide könnten ganz gut zusammen im Osten ein neues Institut aufbauen.« Das macht mich hellhörig: »Solche Versprechungen hat er gemacht? Wie hast Du das gefunden?« Meine Gesprächspartnerin sagt: »Ich war geschmeichelt, aber habe es ganz überzogen gefunden.« Dann erzählt sie noch, daß sie bei einer Kollegin Rat gesucht habe, weil sie mit ihrer Enttäuschung irgendwie nicht recht fertig geworden ist. »Dabei ist mir klargeworden, daß er mich eigentlich schon zu Beginn gewissermaßen ›gewarnt‹ hat, ich das aber gar nicht so verstanden habe.« Was sie damit meine?, frage ich, und sie berichtet:

Ganz zu Beginn haben wir über meinen Beruf gesprochen – daß ich schon ziemlich früh am aufsteigenden Ast bin und solche Dinge. Ich sollte damals gerade Chefärztin werden: diese Position hat er wohl nie erreicht. Und da hat er gesagt: »Das dumme Karussell des Berufserfolges sagt mir gar nichts.« Das war irgendwie so überflüssig, ich habe mich damals gewundert, aber mittlerweile vermute ich, daß das mit seinem verhinderten Ehrgeiz zu tun hat. Ich habe schließlich bei ihm gelernt, solche Erinnerungen und Gefühle ernst zu nehmen. Und da ich mir das alles ja offenbar gemerkt habe, wird es wohl nichts Zufälliges sein. Es könnte natürlich auch nur mit mir zu tun haben, aber ich bezweifle das. Meine Kollegin, der ich das alles erzählt habe, wie enttäuscht ich bin und so, die hat mich auf den Boden geholt und auf die Füße gestellt: Warum ich meine, daß er sich über meine beruflichen Erfolge freuen solle? Ob ich wirklich noch immer eine Elterninstanz in ihm sehe? Er sei, wie viele Menschen, nicht besser und nicht schlechter – wahrscheinlich sei er immer schon ein wenig neidisch auf mich gewesen; wenn er davon in der Therapie nichts gezeigt habe, dann sei ihm das hoch anzurechnen, ich möge damit zufrieden sein. Das hat mich wirklich beruhigt. Ja: schließlich ist er ein fremder Mensch, genauso narzißtisch wie viele andere. Im Beruf kann er damit gut umgehen, sonst hätte ich mehr davon zu spüren bekommen. Das ist tröstlich.

Was ist also gemeint, wenn man von Macht und Machtmißbrauch spricht? Folgende Dimensionen habe ich gefunden:
1. Sexueller/erotischer Machtmißbrauch
2. Mißbrauch der eigenen Therapiemittel bei Schwierigkeiten
3. Mißbrauch mittels Drohung
4. Machtmißbrauch durch unklare Beziehungsdefinition
5. Macht ohne Mißbrauch

Sexueller/erotischer Machtmißbrauch

Dieser Mißbrauch ist seit einiger Zeit zum Entsetzen vieler Psychotherapeuten öffentlich bekanntgeworden und hat für Aufregung, neue Ethikkommissionen und ähnliche Einrichtungen gesorgt. Die Dramatisierung ist dabei ein wenig aus dem Ruder gelaufen: Deshalb wohl hat dann Schmidbauer – um einen Ausgleich zu schaffen – ein Buch geschrieben (*Wenn Helfer Fehler machen*, 1999), das die Dinge zurechtrücken sollte. Darin werden sehr unterschiedliche Formen des »Mißbrauchs« beschrieben, nämlich auch solche, wo die beiden Beteiligten sich wirklich zu lieben begannen und dann auch zusammengeblieben sind, oder wo die Patientinnen keinerlei seelischen Schaden vermeldet, sondern das Erlebnis mit ihrem Analytiker wie jede andere Liebesgeschichte betrachtet haben. Die Geschichte der Psychoanalyse ist übrigens voll von solchen Beispielen (Krutzenbichler und Essers, 1991), auch in bezug auf berühmte Psychoanalytiker der ersten und zweiten Generation.

Tanjas Geschichte (Zilker und Tulodziecki, 1997) gehört aber sicher nicht in diese Kategorie, und obwohl Tanja, eine junge Frau mit psychosomatischen Beschwerden, sich nicht über eine erzwungene sexuelle Annäherung beschwert, ist ihr Bericht doch bestürzend.

In einer der ersten Stunden gestand sie dem Therapeuten, einem ebenfalls noch jungen Mann, daß sie vor lauter Angst dauernd feuchte Hände habe. Daß ihr Therapeut deshalb ihre Hand in die seinige nahm, um ihr zu zeigen, daß er sich davor nicht ekle, empfand sie zuerst als ganz angenehm.

Es hat mir die Panik genommen, daß das eben alles jetzt ganz fürchterlich ist, daß ich also so eklig bin …, aber irgendwann hat sich das dann immer weiter ausgedehnt sozusagen, seine Interessenbekundungen … irgendwie so, kleine Gesten zuerst nur – daß er mir beim Weggehen in den Mantel geholfen hat und immer so die Hand auf die Schulter gelegt hat …

Sie berichtet, daß der Therapeut oftmals vor ihrer Stunde von der Imbißbude noch eine Kleinigkeit zum Essen holte und sie dann dazu einlud – »also, im Grunde genommen war's schon meine Therapiezeit« –, auch Tee gekocht hat, und es »immer heimeliger« wurde. Sie war damit zuerst ganz zufrieden: »Das hatte eben auch etwas Beruhigendes, das hat der Atmosphäre auch die Sterilität genommen«. Tanja durfte dann auch schon mal in seinem Computer herumblättern, sich seine Computerspiele ansehen, und dabei wurde sie von ihm auch immer wieder angefaßt, schließlich sogar umarmt. Das alles hat sich öfters wiederholt. Tanja hat all dies natürlich am Anfang nicht ganz so schlimm gefunden. Als die Umarmungen zu heftig wurden, hat sie sich daraus befreit, worauf ihr Therapeut sagte: »Das ist genau Ihr Problem, das müssen Sie lernen, das zuzulassen.« Von da an spürte Tanja, daß irgend etwas ganz und gar nicht stimmte. Sie bekam Zweifel an seiner fachlichen Souveränität, obwohl sie natürlich auch ein wenig in ihn verliebt war. Da an der Wand Bilder von Frau und Kindern hingen, ließ sie aber wohl keine Hoffnungen zu. Nach und nach brachte sie ihn dazu, auch von sich etwas zu erzählen, von da an machte es ihr Spaß, ihn herauszulocken. Daß es sich jetzt kaum mehr um Therapie handeln konnte, war ihr aber klar. Irgendwie fühlte sie sich auch peinlich berührt, wenn er ihr zum Beispiel von seinen persönlichen Erfahrungen an einem Intensivwochenende erzählte.

Immer wieder aber war sie sich nicht ganz klar darüber, ob sie nicht auch mit ihren »Eroberungstaktiken« ihren Therapeuten dazu gebracht hat, sich so absonderlich zu benehmen. Wochenlang hat sich Tanja nicht getraut, mit ihrem Therapeuten über die Situation zu sprechen. Erst eine Konsultation bei einer befreundeten Psychologin hat ihr einige Klarheit gebracht. Bevor ihr allerdings ganz klar war, daß es hier nicht um ihre Person ging, sondern um die Eitelkeit des Therapeuten, mußte es noch zu folgender Szene kommen:

Ich war irgendwie provokativ aufgelegt, also ich wußte, daß das jetzt eine Provokation ist … und habe ich ihm erzählt, was für eine schöne Nacht ich vorher hatte, das war vorher noch nie thematisiert worden. Und dann hat er auch tatsächlich so reagiert, wie ich es schon vermutet hatte, nämlich offensichtlich eifersüchtig, und hat mir gleich erzählt, wie er's mit seiner Frau treibt … irgendwie manchmal eben auch auf dem Küchentisch und so. Und davon war ich dann sooo angewidert …

Als sie mit ihm über diese Beziehungsprobleme sprechen wollte, ging er nicht darauf ein. Sie hatte aber noch immer so große Angst, ihn vor den Kopf zu stoßen, daß sie schließlich ohne Vorwarnung in die Stunde eine Rose mitbrachte und auf seine Frage hin erklärte, dies sei nun die letzte Stunde. Er war darüber tief gekränkt, schrieb noch in dieser Stunde einen Abschlußbericht (mit dem beliebten Diktum, daß die Patientin allzu passiv sei, sich mehr Führung wünsche und daher für eine Gesprächspsychotherapie nicht geeignet sei) und setzte all dem noch die Krone auf, indem er noch in dieser letzten

Stunde ein Telefonat mit einem Therapieanwärter führte, dem er sagte, er könne gleich den Termin Tanjas übernehmen. Daß sie so schnell »ausgewechselt« wurde, kränkt Tanja heute noch.

Tanja hat einige Zeit später nochmals eine Therapie gemacht, mit der sie sehr zufrieden ist. Sie kann daher jetzt auch die damals entstandenen Kränkungen und Unsicherheiten gut benennen und interpretieren. Daß sie sich häufig »wie ein doofes Schaf« benommen hat, sagt sie nun ein wenig lachend und so, als sei sie nun doch schon ein erhebliches Stück weiter. Noch immer aber berichtet sie von negativen Träumen, die sie in bezug auf diesen Therapeuten hat. Auch bei guter »Nachbearbeitung« reicht ein solches Erlebnis offenbar sehr tief (Zilker und Tulodziecki, 1997).

Bei Becker-Fischer und Fischer (1996) finden sich Schilderungen wie diese in großer Zahl. Die Rechtfertigungsversuche von Therapeuten sind recht unterschiedlich: Schuldzuweisung an die Patientin, Authentizität der Gefühle, therapeutisches Erfordernis und andere Dinge. Die Autoren berichten über »Täterprofile«, die von amerikanischen Forschern erstellt wurden; dazu gehören unter anderem »schwer Neurotische, sozial Isolierte, Borderline-Persönlichkeiten, narzißtische Charaktere«. Diese fänden sich auch unter den gut ausgebildeten Therapeuten, oft seien, wie die Autoren berichten, sogar besonders eifrige Berufspolitiker und sonstige »herausragende« Persönlichkeiten darunter. Das Muster dieser Mißbrauchsgeschichte ist nicht selten dem Muster inzestuöser Beziehungen nachgebildet, wobei die Patientin sich dem Therapeuten in naiv-kindlicher Form zuwendet, was – vom Therapeuten mißverstanden – dann zum sexuellen Verhalten führt. Da die Patientinnen erwachsen sind, mißverstehen sie selbst ihre Wünsche oft und werden von erwachsener sexueller Erregung überrollt, was den Therapeuten wiederum dazu führt, diesen Wunsch als genuin anzunehmen und sich seiner sozusagen zu »bedienen«.

Daß die von uns befragten Therapeuten (immerhin insgesamt 50–60 Männer und Frauen) alle völlig schuldlos sind, ist eher unwahrscheinlich, aber natürlich ließ nie einer etwas davon verlauten, alle haben – wenn die Rede darauf kam, voll Verachtung über solche Therapeuten gesprochen.

Mißbrauch der eigenen Therapiemittel

Theoriebestandteile, die Möglichkeit, eine Metaperspektive einzunehmen, sinnvoll klingende Deutungen: all diese an sich hilfreichen Mittel des Therapeuten zur Klärung schwieriger Situationen des Patienten können sich auch in destruktiv und bösartig verabreichtes Gift verkehren.

Die Möglichkeiten dieses ganz speziellen und noch viel weniger durchschaubaren Mißbrauchs sind unendlich vielfältig. Es gibt beinahe keine Äußerung eines Patienten, die – wenn für den Therapeuten kränkend oder unannehmbar – nicht zu Lasten des Patienten gedeutet werden könnte. »Ich habe eine andere Richtung der Therapie ganz gut gefunden, weil ich vorher in dieser Richtung eine Ausbildung gemacht habe – das war dann natürlich nur mein ödipaler Kampf«, erinnert sich Jens, ein zu Zeiten seiner Lehranalyse schon recht erfahrener Therapeut der Gestalttherapie. Er hat dann die Konsequenzen gezogen und sich einen anderen Lehranalytiker gesucht, der gleich ihm vorher eine andere Therapieform gelernt hatte. »Da war dann meine frühere Ausbildung plötzlich eine wichtige Erfahrung, die mich reicher gemacht hat«, resümiert er ein wenig ironisch. Für Jens sind die meisten Therapeuten ziemlich leicht durchschaubar. »Denk an die narzißtischsten Patienten, die Du hast – die bleiben dann noch immer zurück hinter dem Narzißmus der Therapeuten.« Ob er sich selbst davon ausnimmt? Jens zögert.

Daß Therapeuten in einer Situation sind, die gerade die vielen Narzißten, die wir in diesem Beruf finden, in besonderer Weise in Versuchung führen, hat Schmidt-Lellek ausdifferenziert. Die hohe Idealisierung, die ihm meist – zumindest zu Beginn der Therapie – zuteil wird, die oft niedrige Erfolgsresonanz, auch die oftmalige Geringschätzung des Berufes bei gleichzeitiger Furcht vor dem »Durchschautwerden«: all dies trägt, so Schmidt-Lellek, dazu bei, daß Therapeuten sich an den Patienten narzißtisch bereichern, und dies eben oft zum Nachteil letzterer.

Wie Kriz (in Schmidt-Lellek, 1995) in seinem interessanten Artikel über die »Macht der Sprache« dargelegt hat, beruht jede Psychotherapie in hohem Maß auf der Möglichkeit, durch Sprache Sinnattraktoren zu verändern. Das heißt: durch Umdeutungen, neue Interaktionspunktierungen, neue Bedeutungssetzungen und andere Faktoren werden Alltagsmuster der Interaktion und der Zuschreibungen durchbrochen. Der Therapeut als ein wichtiger »Machthaber« ist in besonderer Weise vom Patienten legitimiert, solche sprachlich vermittelten Änderungen vorzunehmen. Ob aber dieses Schaffen neuer Sinnattraktoren jeweils im Sinne des Patienten und zu seinem Wohl passiert oder ob es im Machtkampf geschieht, ist wiederum recht unklar. Die Stereotypie, mit denen Psycho-Formeln von manchen Therapeuten gebraucht werden, sorgen jedenfalls bei vielen Patienten für Verwirrung. Sie können sich – wenn sie nicht sozusagen mit allen Wassern der Psychowelt gewaschen sind – nur schlecht wehren gegen vieles, was man ihnen aufpfropft.

Also, ich erkläre ihr, ich bin irgendwie suizidal, und dann kommt irgendwie gleich der Hinweis »Ja, und dann muß ja auch eine mörderische Wut sein« ... und ich hab versucht klarzumachen, daß dieses Gefühl – ich weiß, was mörderische Wut ist –, daß das aber einfach nicht da ist, sondern daß es um was anderes geht, und das war dann für die Therapeutin eben nicht akzeptabel.

So berichtet Frauke von ihrer Analyse bei einer Jungianerin. Wenn Frauke aber ihre negativen Gefühle gegenüber der

Analytikerin zeigte, dann kam stereotyp das Bild der »negativen Mutter«, die sie in sich trage. Frauke sagt, daß sie sich »vorkam wie so ein Pingpong-Ball, den man einfach so hin und her schubsen kann, wie man's gerne hätte ...«. Natürlich betonte auch diese Therapeutin immer wieder, daß es sich bei einer Therapie um eine »gemeinsame Arbeit« handle, was Frauke jedoch lediglich zu der Erkenntnis brachte, das sei »irgendwie so eine Idealvorstellung, die vielleicht mal annäherungsweise erreicht wird, aber im großen und ganzen nicht« (Zilker und Tulodziecki, 1997).

Die ungemein große Macht des Therapeuten rührt bekanntlich aus der schnell eintretenden Infantilisierung des Patienten auf ein mehr oder weniger vertrauensvolles Kind hin, das die Definitionsmacht für wichtige Dinge den Eltern überlassen muß. In der therapeutischen Situation wird sehr viel Kompetenz an den Therapeuten abgegeben – eine Voraussetzung für die ganz spezielle Bedeutung der therapeutischen Beziehung. Schon die Betonung der »Gemeinsamkeit« des Geschehens in der Psychotherapie aber gibt zu Mißverständnissen Anlaß. Natürlich ist die »Mitarbeit« des Patienten nötig, damit sich überhaupt eine therapeutische Allianz bilden kann. Daß dies aber nicht eine Mitarbeit im Sinne der Gleichberechtigung sein kann, wird dabei verschwiegen, bzw. durch die Betonung der »Gemeinsamkeit« verwischt. Der Patient kann sozusagen nur in »untergeordneter« Position »mitarbeiten«, und dort, wo von der »Macht« des Patienten die Rede ist, handelt es sich um defensive Macht: Er kann die Mitarbeit verweigern, aussteigen, sich nichts mehr einfallen lassen oder sein Befinden verschlechtern – all dies geht aber, wie bekannt, auch und vor allem zu Lasten des Patienten. Natürlich kann er streiken, aber wie im Falle einer sehr schwachen Gewerkschaft zu Beginn des industriellen Zeitalters läßt dieser Streik den Kapitalisten sicher weniger hungern als den einfachen Arbeiter.

Tina, deren Therapeut sie dauernd bedrängt, sich doch an einen sexuellen Mißbrauch erinnern zu wollen, sagt dazu abschließend: »Er ist derjenige, der es immer besser weiß, der ja viel mehr Erfahrung hat, und er ist sozusagen der Fachmann, er muß es ja eigentlich wissen. Und man selber ist in der abhängigen Position … in gewissem Sinn auch ausgeliefert …; vielleicht ist es irgendwie wirklich so, daß er eben … daß da irgendwie mein Problem liegt …« (Zilker und Tulodziecki, 1997). Tina allerdings ließ sich letztlich nicht beirren und brach ihre Therapie ab.

Wie ohnmächtig allerdings muß sich ein Therapeut fühlen, wenn er das Machtmittel der Veruntreuung von therapeutischen Hilfsmitteln einsetzt? Man kann nicht umhin, dies – übrigens ein sicher viel häufigeres Vergehen als das sexuelle! – als ein Anzeichen sehr großer beruflicher Verzweiflung ansehen. Der Infantilität des Patienten wird dann nichts anderes gegenübergestellt als die kindliche Besserwisserei des kleinen Jungen, der im Streitfall nichts anderes zu sagen weiß als »ich sag's meinem großen Bruder«, wobei der große Bruder durch die eigene Therapeutenschule und ihre mißbrauchten Konstrukte verkörpert wird. Daß Interpretationsfolien zuerst einmal nur im Kopf des Therapeuten Platz haben dürfen und seine Strategien bestimmen, ist natürlich jedem Therapeuten bekannt. Wenn eine Patientin Ärger über die Therapeutin ausdrückt, *kann* das natürlich mit einem negativen Mutterbild zu tun haben (muß aber nicht). Als Deutung der Patientin an den Kopf geknallt, ist sie nichts als eine Waffe im Kampf um die Definitionsmacht.

Die falsche Analogie zwischen medizinisch erzielter Heilung und der Heilung psychischer Störungen – durch die Kassen in besonderer Weise konturiert – verschärft den Erfolgsdruck des Psychotherapeuten und läßt ihn in besonders krasser Weise den Sündenbock für Erfolglosigkeit im Patienten suchen. Und hier bieten sich die theoretischen Konstrukte aller Psychotherapien an. In dauernder Ungewißheit, ob eine Störung wirklich »heilbar« ist, worauf sie beruht und welchen Zwecken sie dient, läßt sich jeder Mißerfolg so herumdrehen, daß der Psychotherapeut möglichst wenig dabei mitzutragen hat. Schuldzuweisungen bekommen dann ganz rasch den Charakter von moralischen Defiziten. Der Patient »wollte« nicht gesund werden, er hatte einen bedeutenden Krankheitsgewinn oder war so verfangen in seine Elternproblematik, daß er immer noch »oral versorgt« werden wollte. Auf jeden Fall gibt es viele solcher Denkmöglichkeiten, die den Psychotherapeuten entlasten, und sie werden reichlich eingesetzt und leider oft genug dem Patienten dann noch böswillig und in Racheabsicht verabreicht. Auch die Supervision ist beileibe nicht frei davon. Hört man Psychotherapeuten (besonders in der Intervision) über Mißerfolge ihrer Therapien reden, dann bleibt oft nicht viel anderes übrig als eine Verschwörung der Therapeuten in der Schuldzuweisung und nicht eine wirkliche Bearbeitung der eigenen Fehler.

Die Definitionsmacht einseitig zugunsten des Therapeuten zu benutzen und dann noch zu behaupten, man leiste eine »Gemeinschaftsarbeit«: wen würde das nicht an schlimme Double-bind-Situationen erinnern?

Mißbrauch mittels Drohung

Ist man als Therapeut in Bedrängnis – der Erfolg bleibt aus, ein Patient nörgelt an der Therapie herum, möchte etwas ganz anderes, geht auf Angebote nicht ein – dann kommt beim Therapeuten immer wieder einmal der Wunsch auf, diesem oder jenem Patienten zu drohen. Man kann mit dem Abbruch der Therapie drohen, man kann bei therapeutischem Ungehorsam mit Sanktionen drohen. Am wirksamsten ist immer wieder die Prophezeiung, daß der Patient durch Ungehorsam einen ganz schlimmen Rückfall erleben und sich sein ganzes Leben dadurch schlecht anlassen werde.

Nun mag es in vielen Fällen ganz legitim erscheinen, wenn man als Therapeut mit einem Patienten über eine Beendigung der Therapie spricht oder über einen Wechsel, weil das Klima zwischen den beiden absolut nicht stimmig werden kann. Dies ist aber wohl so vorzubereiten, daß die Patientin nicht das Gefühl bekommen sollte, sie würde nun »abgeschoben«, weil sie allzu unartig war. Diese aus vielen Erziehungsmilieus bekannte Drohung – »ich steck Dich ins Heim« – wirkt für Patienten recht unheimlich und weckt viele alte Ängste. Die im jeweilig speziellen Fall nötige Strategie müßte immer heißen, daß auch die Therapeutin eigene Unfähigkeit zugibt und thematisiert. »Wenn Sie jetzt aufhören, wird es Ihnen später schlechtgehen«, sagte Utes Therapeut – eindeutig ein Machtmißbrauch, der dazu noch eigene Allmachtswünsche (nämlich in die Zukunft sehen zu können) nur allzu deutlich verrät (Zilker und Tulodziecki, 1997).

Ich erinnere mich selbst voll Scham an eine unhaltbare Therapiesituation mit einer außerordentlich schwierigen Patientin, die in mir nach jahrelangen (fruchtlosen) Bemühungen den immer stärker werdenden Wunsch weckte, nun endlich Schluß zu machen. Wie bei manchen hysterisch-masochistischen Menschen nicht ungewöhnlich, wollte die Patientin selbst dies auf keinen Fall. Ich weiß noch gut, mit welchen unlauteren Mitteln ich dieser Patientin zuerst mit dem Abbruch der Therapie drohte – »wenn Sie jetzt nicht ...« – und sie später in ihn hineinschmeichelte, indem ich ihr eigentlich gegen meine Überzeugung vorgaukelte, daß eine Gestalttherapie für sie wesentlich besser sein könnte. Ich habe jahrelang an dieser Unredlichkeit gelitten und weiß noch sehr gut, mit welch »guten« und »rationalen« Argumenten ich auf die Patientin einredete – wohl spürend, daß ich mir hier selbst etwas vormachte.

Androhungen von Therapeutenseite haben meist das ganz besondere Flair, das Drohungen für kleine Kinder durch die Eltern haben. Ausgestattet mit Phantasien darüber, daß die Eltern »alles besser wissen« – was in manchen Fällen ja auch stimmt – und daher recht haben, wird auch der Therapeut voll Sorge beobachtet: Hat er für mich eine gute Prognose? Kann er mir helfen? – Oder bin ich wiederum ein unerziehbares Kind, das am besten »ins Heim« gehört?

Im Buch von Christel Hafke (1996) findet sich eine recht ausführliche Fallgeschichte, in der neben sehr unklaren Grenzziehungen zwischen Patientin und Therapeut die Drohungen mit Verlassen und Wegschicken einen wichtigen Platz einnehmen. »Ich war eigentlich immer bemüht, ihn zu weiterer Bereitschaft zu bewegen, mit mir zu arbeiten, also ihn möglichst bei Laune zu halten, damit kein Bruch entsteht ..., da genügte ein falsches Wort meinerseits oder eine Frage, die er als Anklammern verstand, er wurde dann völlig abweisend oder verließ den Raum ... oder beendete die Stunde.«

Unklare Beziehungsdefinition

Ungeachtet der vielen idealisierenden Beschreibungen der therapeutischen Beziehung (siehe Kapitel 5) scheint es doch recht schwierig, diese wunderbare Beziehung zu realisieren und so zu gestalten, daß sie für den Patienten eindeutig ist. Natürlich kann man bei Mißverständnissen mittels der in Punkt 2 abgehandelten Methoden des Deutungsmißbrauchs vieles davon bemänteln. Der Patient hat infolge Übertragungsverzerrung einfach etwas mißverstanden. Das gibt es natürlich relativ oft – aber wo liegen die Kriterien? Stimmt der Patient einer Aussage des Therapeuten vorbehaltlos zu, dann sind sehr viele Therapeuten zufrieden und fragen sehr viel seltener nach der inhärenten Übertragungssituation. Natürlich wissen die meisten, daß auch Gefügigkeit hinterfragt werden sollte; ist sie allzu auffällig, dann wird dies meist auch getan. Aber wiederum: wo sind die Kriterien?

Bei Fraukes Therapeutin, einer Jungianerin, fällt eine große Unsicherheit in der Beziehungsdefinition auf. Frauke berichtet, sie sei sich vorgekommen »wie eine kleine Göre«, und wenn ihre Zitate auch nur annäherungsweise stimmen, hat die Therapeutin dabei recht eindrucksvoll mitgewirkt. »Wieso geht's Ihnen denn jetzt im Moment so schlecht? Meinen anderen Patienten geht es im Laufe der Zeit besser, wieso

Ihnen nicht?«, zitiert Frauke die Therapeutin. »Ich sollte ihr gefälligst bestätigen, daß sie eine gute Therapeutin ist.« Auf der anderen Seite berichtet Frauke von den vielen Beteuerungen der Therapeutin, daß sie hier »gemeinsame Arbeit« leisteten. Nachdem es Frauke lange Zeit nicht besser gehen wollte, wurde die früher ungemein warme und liebevolle Therapeutin offenbar ungeduldig.

Es war auch wirklich hör- und sichtbar für mich, ich saß ihr ja gegenüber. Also, wo es wirklich so Sachen waren, wo ich mir auch von meiner Wahrnehmung her sicher war, daß ihr richtig die Mimik eingefroren ist ... oder daß sie mich mehrere Male früher nach Hause geschickt hat, aus für mich nicht nachvollziehbarem Grund.

Das alles ergibt natürlich unentwirrbare Double-bind-Situationen, aus denen ein qua Therapie regredierter Patient schlecht alleine herausfinden kann. Frauke gibt an, daß sie ihre Therapeutin als einen »Grizzly« symbolisieren würde und sich selbst als »Igel« – »... weil das irgendwie was sehr Bedrohliches ist, die werden ja auch sehr groß und sind Tiere, die auch unter Umständen gefährlich sind und angreifen, aber so auf den ersten Blick auch mal behäbig wirken«. Kein Wunder, wenn Frauke sich schließlich als »Igel« in sich zusammenrollt und ihre Stacheln nach außen kehrt.

Daß die Beziehung bei erotischen Annäherungen natürlich noch sehr viel uneindeutiger ist, versteht sich von selbst. Tina hat daraus nach 20 Stunden den richtigen Schluß gezogen und von sich aus die Therapie beendet. Aber auch sie – und das ärgert sie noch im nachhinein – hat sich in servil kleinmädchenhafter Weise mit einer Rose in der Hand verabschiedet, um dann rüde abgewiesen zu werden.

Macht ohne Machtmißbrauch

Zwar ist kein Psychotherapeut – egal welcher Schule – gefeit vor Machtmißbrauch. Allerdings ist es vielleicht kein Zufall, wenn in unserer Befragung die zwei Klienten, die sich einer Verhaltenstherapie unterzogen haben, nichts von Machtmißbrauch berichten. »Ich konnte fast jederzeit sagen: ich will nicht«, sagt Jürgen, »so daß er überhaupt nicht so viel Einfluß entwickeln konnte«. Er erzählt dazu eine kleine Anekdote, die meiner Meinung nach recht gut illustriert, wie hier die Beziehung als eine ziemlich egalitäre gestaltet wurde.

Daraufhin wollte er mit mir irgend so'n Spielchen machen, ich sollte ... drei Frauen ansprechen, irgendwie einladen oder sehen, was sich daraus ergibt, und dann mit ihm darüber reden. Und da meinte ich, nein, hab ich keine Lust zu auf so was. Hab ich nicht. Das hat er 'n paar Mal versucht, dann hat er gesagt: Jetzt treffen wir eine Abmachung, und wenn Sie das nicht machen, dann passiert ... dann ... – Ja, was, meinte ich, womit wollen Sie mir drohen? (lacht) Da kann doch nichts passieren. Ist ihm dann auch eingefallen; also, da hab ich ziemlich geblockt, ich hab mich auch nicht aus der Reserve locken lassen (Zilker und Tulodziecki, 1997).

Auch Uwe betrachtet seinen Therapeuten als »Werkzeug«, persönlich sei das Verhältnis nie gewesen, meint er. Ein Therapeut habe aufgrund seines Wissens immer Macht. Er sei eben ein Experte, und Uwe berichtet, er habe viel dabei gelernt. Der Satz »Aggression kommt durch Frustration« habe ihm zum Beispiel viel weiter geholfen, berichtet er.

In diesen Erzählungen schwingt nichts von dem mit, was offenbar bei den anderen Befragten die Loslösung so schwierig gemacht hat und natürlich auch noch hinterher viel Wut und Ratlosigkeit erzeugt.

Natürlich ist es nicht ganz klar, ob nicht ein Therapeut, der die Beziehung so sehr als »Experte-Kunde«-Beziehung gestaltet, auch auf viele Einflußmöglichkeiten verzichtet. Jürgen zum Beispiel hat nicht so sehr viel aus seiner Therapie mitgenommen, Uwe allerdings ist sehr zufrieden.

Selbstverständlich haben wir auch Einsichtstherapeuten gefunden, die ihre Macht nicht mißbrauchen. Die Gesprächstherapeutin von Bärbel zum Beispiel hat ihr aus einer großen Krise herausgeholfen; Bärbel empfand sie als sehr echt, sie hat nie »wilde Ratschläge« gegeben und gedeutet, hat sie oft »ermuntert«. Ein Beispiel, das vermutlich sehr dazu beigetragen hat, daß Bärbel sich wirklich ernst genommen fühlte, ist folgendes: Es hatte mit einer schwierigen Männerbeziehung zu tun.

Und dann sagte sie irgendwann: »Nimm Dir vor, diese Affäre zu beenden. Sieh irgendwie zu, daß Du das beendest. Ich glaube, das tut Dir nicht gut.« Die Stunde war noch nicht ganz zu Ende, da überlegte sie nochmal irgendwie und sagte: »Ach, ich weiß auch nicht, nimm Dir besser nichts vor«.

Daß die Therapeutin manchmal auch Beispiele aus ihrem eigenen Leben in die Therapie hineinbrachte, empfand Bärbel als hilfreich. Sie tat das, wie Bärbel meint, um ihr zu helfen, nicht, um sich selbst zu erleichtern oder darzustellen (Zilker und Tulodziecki, 1997).

Es bleibt wohl dabei, daß man mit Bauriedl betonen muß: Das alte und oft mißbrauchte Konzept der Abstinenz im Sinne des schweigend-allwissenden Therapeuten ist nicht geeignet, eine therapeutische Beziehung als eine helfende herzustellen. Wichtig ist allerdings – und in diesem Sinne ist Abstinenz wohl besser zu begreifen –, daß man als Therapeut immer wieder beherzigt, »sich nicht verwenden zu lassen und den anderen nicht zu verwenden« (Bauriedl). Es ist schwer, dieses Konzept mit der Forderung nach Wärme, Empathie und Akzeptanz zu vereinigen. Immer wieder droht der Einbruch alter Muster, denen wir auch im Alltag ausgeliefert sind. Sich dem anderen überlegen zeigen, sein Gesicht nicht verlieren, den anderen überrunden wollen, sich seiner Liebe bemächtigen und den anderen für eigenes Versagen schuldig sprechen: nichts davon ist in der Therapie dem Therapeuten erlaubt – doch all das passiert ihm leider immer wieder!

13

Die letzten Dinge in der Psychotherapie: Ausweg Esoterik?

Wer Wissenschaft und Kunst besitzt, der hat auch Religion.
Wer diese beiden nicht besitzt, der habe Religion.
(J. W. Goethe)

Dieser vom Gestus der Aufklärung getragene Ausspruch Goethes gibt gerade im Bereich der Psychotherapie zu denken. Immer wieder wird uns Psychotherapeuten attestiert, daß wir nicht unbedingt »Anwender« wissenschaftlich gewonnener Erkenntnisse sind, auch die überzeugten Positivisten unter uns können nur »hoffen«, daß man bald einmal »so weit« kommt. Die Betrachtung der Psychotherapie als einer Kunst wird zwar von vielen Therapeuten gerne und meist schamvoll geschmeichelt akzeptiert – aber die daraus folgenden Konsequenzen einer gewissen Freiheit der Gestaltung und Unsicherheit des Ergebnisses will man dann doch nicht wahrhaben. Alles in allem haben wir also in bezug auf die Grundlagen unseres Tuns wenig Sicherheit. Wir sind uns unklar über die Ziele, wir finden nicht unbedingt Genüge an den vorgegebenen Technik-Vorschriften und sind oft unzufrieden mit Ergebnissen, die wir als »nicht tief genug« oder »zu wenig ganzheitlich« ansehen.

Seit einigen Jahren sind auch in der Psychotherapeutenszene neue Richtungen aufgetaucht, die man zusammenfassend als »Esoterische Therapien« bezeichnen könnte.

Platta (1997) berichtet, daß 1994 jede dritte Buchveröffentlichung aus dem Bereich des sogenannten »New Age« stammte. Dies ist auch die Literatur, die von den spirituellen Therapeuten immer wieder als Quelle ihres Selbstverständnisses genannt wird. Es handelt sich also um eine auf dem »grauen Markt« der Psychotherapie beträchtliche Anzahl von

Therapeuten, die in nicht-traditioneller Weise auf ihre Patienten einwirken.

Einige dieser Therapeuten sind selbsternannt, die meisten aber haben normale Therapie-Ausbildungen gemacht.

Unter ihnen sind besonders viele, die – wie religiöse Erneuerer oder Sektenanhänger – im Laufe ihres Berufslebens etwas Ähnliches wie »Erleuchtungserlebnisse« gehabt haben. Immer wieder hören wir von ihnen, daß ihnen Psychotherapie als zu wenig »spirituell« erschienen sei, daß der »Sinn des Lebens« durch die üblichen Methoden nicht erschlossen werden könne.

Man kann ihren religiösen Eifer daher sicher nicht einfach mit psychologischen Kategorien konfrontieren und aufklären; vielmehr muß man ihnen auch die traditionellen, von der Aufklärung bestimmten theologischen westlichen Vorstellungen über Gott und mögliche Heilserfahrungen damit entgegenhalten, wenn man im Wirrwarr vieler esoterischer Szenen Urteil und Überblick gewinnen will.

Es lassen sich ihnen also einerseits religiöse Erfahrungen der christlich-jüdischen Religionen entgegensetzen, andrerseits aber sollte man auch die persönlichen Motive der Esoterik-Therapeuten verstehen lernen.

In unserem Projekt über den Beruf des Psychotherapeuten gingen wir nämlich der Frage nach, unter welchen Umständen und mit welchen Konzepten versehen psychologische oder ärztliche Psychotherapeuten sich selbst als »spirituelle« Therapeuten oder als »Geistheiler« bezeichneten, wobei unter Geistheilern eine Untergruppe der großen und schlecht eingrenzbaren Gruppe der spirituellen Psychotherapeuten zu verstehen ist.

Gemeinsam ist diesen verschiedenen Gruppierungen ihre Überzeugung, daß irgendein höherer »Sinn«, eine Vorherbestimmung in ihrem Leben existiert; ein Sinn, der von einer übergeordneten Instanz geplant oder »gesehen« wird. Dieser Sinn für das eigene Leben soll nun über die Psychotherapie »gefunden« werden. Gemeinsam ist allen von uns untersuchten Gruppierungen auch, daß sie nicht von einem theistischen Gottesbild ausgehen, sondern irgendeine kosmische Substanz oder Kraft annehmen, die diesen Sinn vermittelt. Meistens wird diese Substanz als »Energie« bezeichnet. Es gilt, mit ihr in Verbindung zu treten – die dazu benötigten Techniken sind sehr unterschiedlich: Reiki (eine besondere Art des Handauflegens durch einen Reiki-Meister), Feuerlauf, Rebirthing, Schamanismus mit Trance-Erlebnissen, Meditation, Reinkarnationstherapie, Astrologie und ähnliches. Meist werden mehrere Methoden eingesetzt, um »Energie« oder auch »Lebensenergie« zu steigern oder zu entfachen.

Da es sich um Psychotherapeuten handelt (oft übrigens wird bei den Vertretern der Esoterik – wie in traditionellen Heilsystemen – zwischen körperlichen und seelischen Krankheiten nicht unterschieden), gibt es natürlich im Zusammenhang mit den entsprechenden Heilritualen auch Vorstellungen über psychische Leiden.

Welches sind diese Vorstellungen?

Ken Wilber (1988, 1996), einer der bekanntesten Vertreter der sogenannten »Transpersonalen Psychologie«, ist vielen gut bekannt; seine Krankheitslehre scheint implizit oder explizit bei vielen Therapeuten handlungsleitend. Dieser Lehre nach gibt es für psychische (und wohl auch somatische) Krankheiten zwei voneinander zu unterscheidende Formen: die psychisch bedingten Krankheiten und die spirituell bedingten. Es ist allerdings auf der Ebene der Phänomene nicht leicht, zwischen den beiden zu unterscheiden. In psychoanalytischer Manier beschreibt Wilber präödipale und ödipale Störungen, die psychisch bedingt sind. Die präödipalen allerdings – narzißtische Neurosen, Borderline-Störungen, frei flottierende Ängste – sind phänomenologisch ähnlich beschaffen wie die spirituell bedingten. Es ist Aufgabe des Therapeuten, die jeweils spezifische Ursache herauszufinden.

Es scheint allerdings den meisten esoterischen Therapeuten wohl so, daß sich unter der Hand alle Krankheiten als spirituelle erweisen, zumindest läßt sich dies an den Aussagen ablesen. Manchmal wird auch eine Ursachenkette von psychischen und spirituellen Ursachen angenommen, wobei aber – hierarchisch geordnet – die Letztursache dann doch in einer spirituellen Dimension liegt. Dies kann – bei den Reinkarnationstherapeuten zum Beispiel – in einem früheren Leben liegen, so, wenn eine Therapeutin erzählt, daß ein kleiner Junge von anderthalb, der sich beide Arme verbrüht hat, in einem früheren Leben Pfarrer war und seine Hände, die zum Segnen bestimmt waren, mißbraucht hat. Diese Schuld wurde mit dem Verbrühen der Hände gesühnt (Schulze, 1998).

Krankheit wird als nicht verstandene spirituelle Botschaft aufgefaßt; manche Aussagen allerdings sind oft schwer von herkömmlichen Vorstellungen der Psychosomatiker zu unterscheiden, nämlich daß alle Krankheiten »Botschaften« beinhalten, die mit der Psyche in Zusammenhang stehen. Solche »Botschaften« können einfach darin bestehen, daß man sich ein Bein bricht, »um endlich Ruhe zu finden« (Schulze, 1998).

Allerdings wird dann doch meist diese Botschaft im Sinne einer »höheren Instanz« interpretiert. Dies ist dann der »spirituelle« Sinn. Die Botschaft kann als ein »Anklopfen« verstanden werden, welches sehr klar als das »Anklopfen« einer Außeninstanz angesehen wird. Immer wieder wird ersichtlich, daß die Annahme einer transzendenten Sinngeberinstanz über allen anderen Sinngebungsinstanzen steht. Auch die Vorstellung, daß die Krankheit ein »Lehrmeister« sei, weist in diese Richtung. Hier wird dann oft die Ebene der Metapher zugunsten einer sehr konkretistischen Vorstellung verlassen. Es gibt nämlich offensichtlich »Lehren«, die von transzendenter Bedeutung sind. So zum Beispiel wenn eine Geistheilerin zu ihrem Patienten sagt: »Laß Deinen Körper in Ruhe, körperlich muß er noch ein bißchen leiden. Du sollst nur den Kopf öffnen für bestimmte Richtungen, Du sollst über Karma und Wiedergeburt mehr wissen, ... weil Du Dein Karma nicht bezahlt hast ...« (Schulze, 1998).

Wir haben uns gefragt, welche Motivationen die spirituellen

Therapeuten angeben würden, wenn man wissen wollte, warum sie sich von ihren konventionellen Therapierichtungen abgewandt hatten.

So gut wie immer spielt beim Wechsel von konventionellen Methoden der psychotherapeutischen (manchmal auch der ärztlichen) Heilmethode ein sehr persönliches Moment der Sinnsuche mit. Unzufriedenheit mit der erlernten Therapiemethode ist demgegenüber zweitrangig, abgewertet wurden diese Methoden nie, allerdings waren alle spirituellen Heiler der Meinung, daß diese Methoden »zu kurz« griffen. Lebenskrisen, die Verarbeitung sehr schmerzlicher Traumata (zum Beispiel im Elternhaus) oder eine allgemeine Unzufriedenheit mit der eigenen als schal empfundenen Lebenssituation werden als Vorläufer einer sehr intensiven Sinnsuche genannt. Die Ablehnung der traditionellen christlichen Kirchen, ja sogar harsche Kritik daran, ist sehr verbreitet. Die Kirchen, so wird oft argumentiert, hätten »aufgrund ihres Versagens ein ungeheures spirituelles Vakuum« hinterlassen. Es wird die »Bezogenheit auf etwas Größeres« gesucht; »Sinnfragen muß man persönlich stellen, sie sind durch keine Organisation wie früher die Kirchen an uns herangetragen« (Beiten und Raedler, 1998). Hier wird meist versucht, eine ganz individuelle Sinngebung, getreu einem modernen Lebensverständnis, zu finden, wobei es aber offenbar doch nicht zu vermeiden ist, irgendeine höhere Instanz, die ja den Sinn in irgendeiner Weise vorgegeben hat, zu bemühen. So spricht einer der Therapeuten von den »transzendenten, transpersonalen, zeitlosen Wahrheiten … und der Sehnsucht danach zu wissen, wer ich in Wahrheit bin …«. Auslöser für die Vorstellung, nun etwas »gefunden« zu haben, können vielfältig sein. Am nachhaltigsten wirken »Lehrer«, die oft »Meister« genannt werden. Aber auch intensive Lektüre kann den Ausschlag geben. Oft gibt es Schilderungen, die an Erleuchtungserlebnisse erinnern. Die bisher praktizierte Therapiemethode wird dann als »zu flach« angesehen. Da es sehr schwer ist, in diesen Bereichen präzise auszudrücken, was man eigentlich meint, verfallen manche wiederum in tiefenpsychologischen Jargon, wenn sie meinen, daß das »Tiefe« im Präverbalen liegen muß, bis hin zur Geburt oder eben noch weiter zurück (Kant 1999).

Kerstin, früher Gestalttherapeutin, erzählt von ihren damaligen Erfahrungen. Sie ist Ärztin, hat längere Zeit in einer psychosomatischen Klinik gearbeitet und dabei die Gestalttherapie entdeckt. Sie war sofort Feuer und Flamme, nachdem sie den ersten Workshop besucht hatte. »Ich habe das Gefühl gehabt, mein Leben läge ausgebreitet vor mir, ganz anders als ich es bisher gesehen habe. Meine Beziehung zur Mutter, die ich immer ›geschont‹ habe, mein Vater, den ich bewundert habe ..., alles hat sich umgedreht bei diesem Workshop.« Von da an wurde Kerstin eine eifrige Verfechterin der Gestalttherapie. Sie machte eine Lehrtherapie bei einem älteren Kollegen, besuchte Seminare und weitere Workshops. Als Ärztin konnte sie bald über die Krankenkassen abrechnen und baute sich nach einiger Zeit eine Privatpraxis auf. Sie hatte noch Kontakt zu ihrer ehemaligen Klinik, weshalb man ihr immer wieder Patienten von dort überwies. Kerstin stammt aus einem ganz areligiösen Elternhaus, »bei uns ging es nur um Fakten, um alles, was meßbar und wägbar war«. Ihr Vater, ein Chemiker, war schon damals entsetzt gewesen, als sie sich im Bereich der »Psychos« herumgetrieben hatte. Er fand, das ganze schwierige Medizinstudium sei umsonst, wenn man nachher nichts anderes tue als »salbungsvoll reden«. Er meinte verächtlich, Kerstin hätte lieber Pastorin werden sollen.

Sie ließ sich aber nicht beirren. Die Beziehung zu den Eltern hatte sich sowieso gelockert, und inzwischen fühlte sich Kerstin recht unabhängig vom Elternhaus. Sie hatte einen Freund, der mit ihr gemeinsam viel Neues ausprobierte, er war theoretisch interessiert, schrieb kleine Artikel in einer Zeitschrift für Gestalttherapeuten, und es sah so aus, als ob Kerstin nun wirklich ihren Platz gefunden hätte.

Dann kam ein für sie entscheidender Schicksalsschlag: Ihr Freund wurde ihr untreu, er verließ sie nach kurzem Kampf zugunsten einer anderen Frau, und Kerstin hatte das Gefühl, ihr Leben sei nun zerbrochen, sinnlos, ohne jeden Wert. Sie schildert diese Zeit sehr drastisch:

Ich habe mich äußerlich vernachlässigt, habe mich eingekapselt, gerade noch Patienten empfangen, aber neue abgewimmelt. Ich wollte keinen Trost, kein Mitleid – nichts. Ich lag manchmal das ganze Wochenende im Bett und habe vor mich hin sinniert. Ich wußte, daß dies eine reaktive Depression ist, hätte natürlich auch Medikamente nehmen können – aber auch das wollte ich nicht. Ich wollte mich zerfleischen: in Selbstvorwürfen, Wut, Selbstmitleid – alles, was eben ganz und gar destruktiv ist. Eines Tages war mein Entschluß gefaßt, mich umzubringen. Als Ärztin ist es ja nicht schwer, entsprechende Medikamente zu bekommen. Ich wußte schon genau, wie ich es machen würde. Ich wartete nur noch ab – ich weiß nicht, worauf ich damals wartete, denn bewußt hatte ich gar keine Hoffnung mehr. Aber das ist eben das Wundervolle am Menschen: die Hoffnung stirbt nie.

Ich habe damals die Zeitschrift »Psychologie Heute« abonniert gehabt. Obwohl ich zum Lesen gar nicht mehr richtig imstande war, habe ich doch einmal die neueste Nummer durchgeblättert, und da habe ich eine Einladung zu einem Rebirthing-Workshop gefunden. Mir war zwar alles ziemlich egal, aber die Art, wie diese Annonce abgefaßt war, sprach mich an. Es hieß ungefähr wie: »Neu leben lernen – neu geboren werden«, also etwas, was ich dringend nötig hatte. Ich meldete mich an, es war ziemlich bald, und irgendwie fühlte ich, daß sich etwas Neues anbahnen könnte. Von da an ging es mir schon etwas besser. Heute weiß ich, daß mich schon da die Energie erreicht hat.

Ich kann es schlecht beschreiben, was dann mit mir geschehen ist. Die Leiterin des Workshops, eine ältere Frau, hat mir auf den Kopf zu gesagt, daß ich mich umbringen wolle. Sie hat nicht versucht, mir das auszureden, aber sie hat gesagt, daß dies gegen mein »Karma« sei, aber jeder könne sich auch dagegen entscheiden. Allerdings könne sie sehr gut spüren, daß ich eigentlich für anderes begabt und bestimmt sei.

Zuerst habe ich das nicht glauben wollen, aber im Laufe dieses Kurses ist mir klargeworden, daß es ganz andere Dimensionen gibt als das, was ich bisher als Gestalttherapeutin empfunden hatte. Ich fühlte mich »offen«, ich konnte Helmut, meinen Freund, loslassen und habe gespürt, daß seine Person eigentlich gar nicht in mein Leben gepaßt hat.

Alles wurde anders: Diese Frau – Eva hieß sie – hat immer daran erinnert, daß wir nicht nur für uns alleine seien, sondern eingebunden sind ins Ganze. Ich habe ziemlich schnell gemerkt, daß ich Teil eines großen Ganzen bin und mein kleines Wehwehchen unwichtig ist. Es gibt einen höheren Sinn, man muß ihn sich täglich neu erringen, aber er ist da. Ich bin dann bei Eva »in die Lehre« gegangen – so hat sie selbst das genannt. Da habe ich zuerst einmal das Meditieren gelernt, das gehört jetzt bei mir dazu. Es gibt noch vieles andere, was ich noch immer lerne, zum Beispiel das Auralesen. Anscheinend bin ich dafür begabt. Ich sehe es vielen Menschen bereits schnell an, wenn sie deprimiert sind oder wenn ihre Energie sich erholt oder ähnliches. Meine Patienten profitieren davon, ich habe jetzt nur noch selten diese langwierigen und zu nichts führenden Therapien. Ich weiß jetzt, wozu ich das alles mache. Eben nicht nur, weil irgendeinem armen Menschlein geholfen werden soll, sondern im Sinne eines »Auftrags«.

Diese Art von Verzweiflung, die dann sehr plötzlich verschwindet, scheint für eine Reihe von Therapeuten typisch. Sehr oft sind es unhaltbare psychische Zustände, die auf das Neue vorbereiten, das die esoterischen Richtungen anbieten.

Alle Esoterik-Therapeuten versuchen zuerst an sich selbst neue Möglichkeiten: Sie tun sich mit anderen zusammen, lesen viel (auch oft mit anderen gemeinsam) und probieren die genannten Verfahren an sich selbst aus. Sie gehen in Psychosynthese-Kurse, holotropes Atmen oder nehmen auch schon mal psychedelische Substanzen. Meditation ist fast bei allen esoterischen Therapeuten Bestandteil ihres täglichen Trainings. Langsam beginnen sie dann, auch mit ihren Klienten in diesen Methoden zu experimentieren – mal mit, mal ohne Anleitung. So werden Klienten häufig erst einmal in einige Meditationstechniken eingeweiht, später werden andere Methoden angewendet. Ist die Therapeutin aber erst einmal sicher in den Anwendungen und vielleicht sogar in einer Sparte bekanntgeworden, dann wird die Auswahl der Klienten natürlich eine spezifische: Fast nur mehr solche, die diese Methoden auch angewendet wissen wollen, suchen sie auf.

Welche Kompetenzen aber braucht es, um esoterischer Therapeut zu werden?

Als eine der Voraussetzungen, um spiritueller Heiler zu werden, wird immer wieder betont, daß man eine kritische Haltung gegenüber einer materialistischen und konsumgierigen Leistungsgesellschaft haben müsse. Konventionen in Frage stellen: Man soll nicht »im Sinne unseres Systems eine Aufgabe verfolgen und immer ackern und Dinge erfüllen und erledigen, während gar kein Raum bleibt, um sich überhaupt mal Fragen zu stellen«. Erst wenn man dieses System durchschaut hat, wird der Bezug auf eine »andere Wirklichkeit« möglich. Dann wird man schließlich unabhängig von gesellschaftlicher Anerkennung, auch von den oftmals geforderten wissenschaftlichen Überprüfungen (Hundt, 1998).

Die Herausbildung eines »spirituellen Bewußtseins« (eine Kernkategorie in diesem Projekt) ist zweiphasig zu verstehen, nämlich als das, was unsere Interviewpartner als »Erfahrung« bezeichneten, und das, was dann in einer zweiten Phase von den Auswertern »Konzeptualisierung« genannt wurde (Beiten und Raedler, 1998).

Vor allem die erste Phase – die Erfahrung – wird mit vielen Begriffen umschrieben, läßt sich aber schwer fassen. Es ist dies offensichtlich dasselbe Phänomen, das wir aus Konversionsbiographien religiöser Herkunft kennen. Einige Zitate lassen ahnen, was damit gemeint ist: »Spiritualität, das ist die Erfahrung, zu allem dazuzugehören ... Das ist die Erfahrung des *Wir* ... nicht die Erfahrung: hier bin ich und das sind *Die* ..., sondern die Erfahrung des *Wir*; also nicht einsam, sondern *allein* ...« etc. Offenbar ist diese Erfahrung mit großer Sicherheit verbunden, wenn wir hören: »Es ist eine Erfahrung, es ist nicht nur Glauben, ich hab's erfahren ...«; oder: »Wissen ist genau das richtige Wort«; oder: »Also, die erforderte von mir nicht den Glauben an irgendwelche Gottheiten ... sondern ich konnte das alles in mir selbst überprüfen« (Schulze, 1998).

Die Erfahrung mit psychedelischen Drogen wird von manchen dann auch gleich in eins gesetzt mit diesem festen Erfahrungsschatz des Spirituellen. Interessanterweise wird von manchen dabei auch von einem »Angekommensein«, von einem »Zuhause-Ankommen« gesprochen.

Im Vergleich mit den Erfahrungen in der (eigenen) Psychotherapie wird dieses spirituelle Erfahren sehr viel höher angesetzt, wenn wir zum Beispiel von einer Rebirthing-Erfahrung hören, wo schon nach der zweiten oder dritten Sitzung »so tiefe Erkenntnisse (gemacht wurden) wie in den 500 Psychoanalysesitzungen zusammen. Und ich dachte, das verfolge ich jetzt mal weiter und probiere das auch mit Klienten«. Diese Erfahrungen werden noch bestätigt durch Wunder – »Durchbrüche, also daß Menschen sich von Krebs heilen ... eine Frau hat sich von Morbus Crohn geheilt«.

Die auffällige Form des Aktivums bei diesen Wunderheilungen deutet darauf hin, daß hier der Mensch durch spirituelle Erfahrungen selbst so viel neue Energie bekommt, daß er von sich aus Ungewöhnliches vollbringen kann. Er ist nicht auf irgendeine benennbare Gottheit oder eine Technik im Sinne herkömmlicher Therapien angewiesen.

Die Konzeptualisierung der großen »Erfahrung« setzt dann viel Kleinarbeit voraus, läßt sich auch nicht immer klar von der ersten »Erfahrung« trennen. Es werden Konzepte gesucht und verglichen, Bücher gelesen, kurz, es wird etwas gesucht, was manche eine »spirituelle Theorie« nennen. Das Medizinradmodell (aus dem indianischen Kulturkreis stammend), buddhistische Schriften oder astrologische Bücher werden genannt. Nicht bei allen allerdings scheint diese Form der Verarbeitung wichtig.

All dies also ergibt das »spirituelle Bewußtsein«, etwas, was schwer zu definieren ist, aber vielleicht mit den von zwei Therapeuten gebrauchten Worten »Angekommensein«, »Zuhausesein« ganz treffend gekennzeichnet wird.

Die wichtigste Kompetenz des spirituellen Heilers ist also diese Fähigkeit, fraglose Erfahrungen zu machen, durch subjektive Evidenzerlebnisse zu erreichen, daß plötzlich eine Einheit des Lebens da ist, ein Wissen um den Zusammenhang der Dinge.

Ohne allzuviel Kompetenz in diesen Fragen vorspiegeln zu wollen, so scheint mir doch, daß in der Tradition aufgeklärter Religionen christlich-jüdischer Provenienz das »Spirituelle« einen wesentlich anderen Platz beansprucht als in diesen berichteten Erfahrungen, die mit eklektischen Versatzstücken, häufig östlicher Provenienz, erläutert und konzeptualisiert werden.

Jedenfalls wird in der Tradition der christlich-jüdischen Theologie nach der Aufklärung die Frage, ob es eine höhere sinngebende Instanz gibt – also die Frage des Gottesbeweises – nicht einfach im Sinne eines plötzlichen subjektiven Evidenzerlebnisses entschieden. Zweifel und damit verbunden sehr komplizierte theoretische Positionen durchziehen das Gebäude der Theologie. Dies betrifft auch die Erfahrungen der Mystiker, die übrigens von der offiziellen Kirche immer wieder als bedenklich angesehen und nicht ohne zögernde Distanz integriert wurden. »Einen Gott, den es gibt, gibt es nicht«, sagt Bonhoeffer; was vermutlich die Möglichkeit des Zweifelns auch als eine theologisch legitime, ja sogar notwendige (?) andeutet (Küng, 1978).

Die Vorstellung, man könne das »zerrissene Subjekt« plötzlich qua Entscheidung und subjektiver Evidenz wieder irgendwie zusammenfügen, scheint naiv (Ottomeyer, 1998). Nicht zufällig handelt es sich bei so gut wie allen der praktizierten Rituale und Techniken um vormoderne, die das klärende Feuer der Aufklärung nicht durchstehen mußten. Es wird ein Individuum angepeilt, das noch nicht aufgespalten war in die in der Moderne gebotene Diversität der Rollen, weshalb auch die selbsternannten spirituellen Heiler der Meinung sind, sie müßten Religion, psychisches und physisches Wohlbefinden (und eventuell auch noch frühere Leben) in eins bringen, also in ihrer Person die Zersplitterung der Rollen (Arzt, Priester, Psychotherapeut etc.) wieder aufheben.

Im oben schon oft erwähnten Dilemma der Beziehungsgestaltung und der Unsicherheit in der Zielsetzung wird die Hinwendung zum Spirituellen ein Ausweg. Wenn man einen Menschen in derart umfangreicher Weise begleitet, verschwindet die Distanz: Man wird »Begleiter«, »Führer«, auch das Wort »Sitter« wird gebraucht (Kant, 1999), man holt »das Göttliche aus ihm heraus«, und ähnliches mehr. Konzepte wie Übertragung und Gegenübertragung werden dann überflüssig, wie einer der befragten Therapeuten in Mullans Studie es ausdrückt: Dieses Konzept ist »nichts als ein besonders abscheulicher apollinischer Widerstand gegen die wahre Begegnung« (Mullan 1996). Das sichere Gefühl, auf dem richtigen Weg zu sein, gibt auch dem Berufsleben mehr Sicherheit, als dies dem normalen Therapeuten gegeben ist. Angesichts sehr differenter Heilungsmöglichkeiten, der vielen Therapieschulen, der unterschiedlichen Therapieziele sind die meisten Therapeuten verunsichert. Ob und wie sie ihren Patienten wirklich helfen können: das ist immer wieder von neuem unwägbar und sorgt für eine oftmals gebrochene Berufsauffassung.

Demgegenüber kann ein Geistheiler sagen: »In der Regel läuft die Energie über mich selbst. Wir persönlich geben überhaupt nichts ... das wäre eine niedrige Frequenz, da würde der Heiler selbst krank ... Wir legen Lichtkanäle im Menschen ... Wir sind Mechanismen ...« (Schulze, 1998).

Die Beziehung als ein wesentlicher Heilfaktor wird so gut

wie nie angesprochen. Wenn man eine entsprechende Lehre vertritt, dann geht es gut – der Therapeut als Mensch ist nicht in Frage gestellt.

Das aber heißt, daß man sich Zweifel erspart, vor allem Zweifel am Wert der eigenen Person.

Man kann sich helfen – indem man auf einfachere Niveaus von Erklärungen und Selbstbildern regrediert. Diese Regression reduziert Ambivalentes und Komplexes. Regression aber kann in zwei verschiedenen Dimensionen auftreten:

a) kognitiv:

Das »unsichtbare Ding, das Seele heißt«, zu fassen und seine Gesetzmäßigkeiten auszuloten, ist sehr schwer. Man behilft sich mit Metaphern, aber auch diese sind oft ihrer Vieldeutigkeit wegen nur schwer zu fassen. Man kann aber auch – und das tun sehr viele spirituelle Therapeuten – zu sehr handfesten Konzepten greifen, um sich zu vergegenwärtigen, was eigentlich passiert. Es wird dann Psychisches in Materielles umgegossen, und das entgegen den dauernden Beteuerungen, daß man das Geistige behandelt und die materialistische Welt verachtet. Wie geschieht das? Hören wir einige Originaltöne:

»Ich arbeite mit dieser Vorstellung, daß höhere, göttliche Energie, und das mag eben auch Erdenergie sein, durch den Heiler hindurch und durch seine Hände herausfließt. Ich arbeite nicht mit meiner Energie, ich arbeite als Vermittler ... als ein Rohr, kann man sagen, durch das Energie fließt.« »Jemand führt meine Hand ...« »Alle Krankheiten haben ihre Wurzeln in derselben Sache ... alles kommt von der Anspannung, auf das Zusammenziehen.« »Ein Mensch beispielsweise sitzt zwischen zwei Stühlen. Er entscheidet sich überhaupt nicht. Die Energien müssen aber fließen. Dann wissen die Energien nicht wohin und dann können sie gegeneinander stoßen und zwei Energien die gegeneinander fließen, würden immer einen Schmerz verursachen. Und dann ist die Frage, wie lange hält das Gewebe das aus« (Schulze, 1998).

Die »spirituelle« Energie verhält sich offensichtlich sehr materiell; in konkretistischer Manier wird mittels Verbalanalogie zwischen den Begriffen hin- und hergesprungen. »Energieblockaden«, »Energiemangel« – all dies sind Ausdrücke, die nicht nur im übertragenen Sinn gebraucht werden, sondern mit denen dann auch »gearbeitet« wird, ohne daß eine Rückführung erfolgt.

Nun muß zugegeben werden, daß ein Begriff wie »das Unbewußte« oder »die Verdrängung« oder der »Trieb« natürlich ebenfalls die Tendenz zur Ontologisierung in sich trägt. Allerdings – und hier unterscheiden sich eben diese vormodernen Systeme ganz grundsätzlich von den modernen – sind alle diese modernen Begriffe schon sehr oft befragt und hinterfragt worden, und ein Psychoanalytiker, der so tut, als »gäbe« es das Unbewußte als einen Ort oder als irgendeine Kraft, würde nicht auf der Höhe der Diskussion stehen. Täte er das, dann allerdings würde er sich nicht unterscheiden von Heilern, die darauf bauen, daß höhere Geister ihnen beim Heilen die Hand führen. Das aber macht einen Unterschied aus, weil nur von der dauernden Hinterfragung des begrifflichen Instrumentariums sowohl Weiterentwicklung der Theorie als auch persönliche Unsicherheit kommen. Die Metapsychologie Freuds verdankt ihren wissenschaftstheoretischen Platz der Tatsache, daß Freud eben nicht naiv seine Begrifflichkeit mit einem real Existierenden verwechselt hat. Nur dieser Tatsache verdankt es die Psychoanalyse, daß zum Beispiel der Triebbegriff seine Funktion als »Beweger« des Psychischen und gleichzeitig als »das nicht Benennbare« erhalten hat und von daher sehr viele Überlegungen zum Trieb abstammen. Und all dies erlaubt dann natürlich auch grundsätzliche Zweifel daran, ob dieser Begriff überhaupt sinnvoll ist – so wie er zum Beispiel gerade jetzt von Säuglingsforschern und Gefühlstheoretikern angezweifelt wird.

All dies macht Psychotherapeuten – und in anderen Schulen passiert wohl Ähnliches – persönliche Probleme und spiegelt auf der theoretischen Ebene ihre Alltagsprobleme mit dem Therapieren wider. Dem aber kann man sich entziehen, wenn man eine allumfassende »Energie«, die durch Techniken gebannt werden kann, in sehr materieller Weise (zum Beispiel Handauflegen) festmacht und sich selbst als Werkzeug eines Höheren begreift.

In diesem Sinne sind die spirituellen Heiler einfach vormodern (worauf sie sich ja auch gerne berufen!) und haben das Stadium einer fortgeschrittenen Aufklärung nicht hinter sich. Kritischer Umgang mit Konzepten aber ist verbunden mit Zweifeln, auch mit sehr persönlichen – und die kann man sich ersparen, wenn man mittels subjektiver Evidenz um diese schwierigen Sachverhalte plötzlich »weiß«. Regression heißt Zurückfallen auf ein früheres Stadium und Aufgabe eines schon einmal erreichten. Auch dies ist kognitive Regression: die Aufklärung einfach nicht zur Kenntnis zu nehmen.

b) emotional-motivational:

Ambivalenzen werden – dies gilt für sehr viele Dimensionen des Therapeutenberufes – möglichst vermieden. Die von uns und auch anderen (zum Beispiel Mullan) befragten Psychotherapeuten sind nie sicher in ihrem Tun, sie leiden unter erheblichen Selbstzweifeln und wissen selten genau, in welcher »Rangordnung« der Hierarchie sie eigentlich stehen. Verschiedenartige Konzepte scheinen jeweils mehr Erfolg zu versprechen. Die nötige Bescheidung auf das Machbare ist vielen klar und doch immer wieder schwer auszuhalten, wenn die eigenen Zielstellungen und die der Patienten auseinanderdriften.

Dieser Problematik entziehen sich die spirituellen Heiler weitgehend, wenn sie »alles« heilen können (auch Schizophrenie und Autismus, wie eine Befragte angab) und Mißerfolge einfach auf eine Schwäche des Patienten geschoben werden können. Dies tun zwar konventionelle Therapeuten auch, aber sie lassen doch auch immer wieder erhebliche Zweifel an ihren Begründungen spüren. Kant (1999) beschreibt an Hand von drei Lebensgeschichten spiritueller Therapeuten, wie ungelöste Lebensprobleme durch die Hinwendung zur Spiritualität in einer ambivalenzfreien Form zu lösen versucht werden. Nicht die Einsicht in die Unausweichlichkeit bestimmter Versagungen – zum Beispiel die nie erlebte Mutterliebe – ist es, die dann das therapeutische Geschehen bestimmt. Es ist vielmehr ein Verdecken und illusorisches Ersatzerleben, das an die Stelle der Bewältigung tritt.

Auch die oft peinigende zwiespältige Einstellung zur eigenen Begabung wird vermieden. Der spirituelle Therapeut ist häufig »auserwählt«, er hat – manchmal schon in der Kindheit erkennbar, manchmal durch ein besonderes Erlebnis hervorgerufen – eine besondere Begabung (zum Beispiel zum Auralesen) und muß diese nur einsetzen. Der spirituelle Therapeut ist also oft schon durch seine spezifische Ausrichtung als ein »besonderer« Mensch gekennzeichnet, er ist »anders«, irgendwie auserwählt. Dazu gibt es sehr viele Kommentare. Dies alles nährt narzißtische Allmachts- und Größenphantasien und ist damit ebenfalls eine regressive Verarbeitung von Selbstzweifeln.

Was hier vermieden wird, ist die Trauerarbeit darüber, daß weder wir noch unsere Lehrer allmächtig sind, daß es uns auf dieser unvollkommenen Welt offenbar nicht gelingen kann, einen Zustand makelloser Gesundheit und Integrität wiederherzustellen. Wir sind und bleiben getrennt vom Kosmos, getrennt von den anderen, eingeschlossen in einen Kokon der Einsamkeit, der nur augenblicksweise durchbrochen werden kann. Sich damit abzufinden bedeutet Trauer, aber nicht Resignation; Einsicht in Unabwendbares, aber nicht Verzweiflung. Dies alles müssen Psychotherapeuten gewissermaßen in jeweils »geballter Ladung« täglich in sich verarbeiten. Da hilft wohl kein Gott und keine kosmische Energie.

14

Der phantasierte Therapeut

Daß Psychotherapie (sowie alle Formen des Heilens und der Neuorientierung – sofern psychische Komponenten den wichtigsten Anteil daran haben), vor allem dann »funktioniert«, wenn die Patienten sich innerlich auf die Beziehung zum Psychotherapeuten einlassen, ist bekannt. Was aber heißt dieses »Sich-Einlassen«?

Es wird mit verschiedenen Namen benannt: Vertrauen, Übertragung, therapeutische Beziehung, helfende Beziehung und ähnliches.

Das Wort »Übertragung«, wohl der am meisten gebrauchte Begriff, hat seit Freuds Zeiten sehr viel mehr Volumen bekommen, als ursprünglich wohl vorgesehen. Freud selbst hat darin vor allem die Tatsache gesehen, daß die engsten Bezugspersonen aus der Familie in den Therapeuten »hineingesehen« (»übertragen«) und dementsprechend auch Wünsche und Phantasien auf den Therapeuten projiziert werden, die den früheren gleichen. Modernerem Gebrauch zufolge muß man ein Gemisch von realem Beziehungsgeschehen und diesen Projektionen annehmen; der Kreis der möglichen »Vorbilder« hat sich erweitert (zum Beispiel um die Geschwister), auch spätere Erfahrungen können – therapieschulenspezifisch – angenommen werden, wenn man die Gedanken, Gefühle und Wünsche, die sich um den Therapeuten ranken, analysiert.

Die reale Person des Therapeuten aber verschwindet mehr oder weniger hinter all diesen Projektionen. Einige Beispiele, die aus meiner eigenen Erfahrung stammen, mögen dies verdeutlichen:

Ich lasse eine meiner Patientinnen zu gegebenem Anlaß zu meinem eigenen Privatleben phantasieren. Da es bekannt ist, daß ich eine erwachsene Tochter habe, als Single lebe und ein ziemlich komplexes Berufsleben habe, sind die Chancen für eine einigermaßen realistische Sicht meiner Person ziemlich gut. Was also hat sich im Kopf dieser etwa 30jährigen Frau zusammengebraut?

»Ich glaube, daß Sie viele Liebhaber haben, wahrscheinlich jedes Wochenende einen anderen. Ich denke, daß Sie junge Männer bevorzugen. So um die 40 herum. (Ich bin zu diesem Zeitpunkt etwa 64!) Ja, und dann Ihre Tochter: die hat sicher eine wunderbare Kindheit gehabt, Sie waren eine sehr, sehr verständnisvolle Mutter und haben genau die richtige Mischung von Strenge und Liebe gegeben. Vermutlich haben Sie alles mit ihr mitgemacht: Reiten, Tennis spielen und Musizieren. (Meine Tochter würde sich bei dieser Beschreibung sicher vor Lachen kringeln.) Der Vater Ihrer Tochter ist wohl eine ganz unwichtige Figur, sie haben ihn kaum gekannt, wollten nur ein Kind von ihm …« – in dieser Tonart werde ich weiter beschrieben – in einer Phase einer ganz merkwürdig idealisierenden Mutterübertragung, die mich als ungemein starke Frau phantasiert, die sozusagen alle Eigenschaften in übermenschlichem Maß hat. Interessant auch, daß ich Männer offenbar nur »konsumieren« darf – keiner soll von mir geliebt werden, nicht einmal der Vater meiner Tochter. Natürlich hat jedes Detail dieser ganz und gar unrealistischen Beschreibung einen wichtigen Bezug zur Lebensgeschichte der Patientin. Mit mir als Privatperson hat sie nichts zu tun.

Der Patient eines Kollegen, der mich unbedingt über seinen Therapeuten »aushorchen« wollte, vertraute mir an, daß er der Meinung sei, sein Therapeut sei eigentlich homosexuell und führe nur eine Scheinehe (davon war kein Wort wahr, soweit mir bekannt). Ein Freund erzählte mir, daß seine Therapeutin mit einem unmöglichen Typen liiert sei, dieser sei ein Waschlappen, ein fader Softie – er selbst könne sich viel eher als Gefährte seiner Therapeutin sehen. Auf meine Frage, ob er denn den Freund seiner Therapeutin persönlich kenne, antwortete er – schon ein wenig unsicher – nein, das nicht gerade, aber er sehe häufig einen unmöglichen Mantel an der Garderobe hängen, und wer einen solchen lächerlichen Mantel trage, der sei jenseits aller ernsthaften Betrachtung.

Natürlich gibt es immer wieder auch erstaunliche »Volltreffer« bei solchen Beschreibungen. Sie werden von Therapeuten immer wieder genannt, um zu beweisen, wie sehr die reale Person der Therapeutin in die Therapie hineinspielt. Meiner Meinung nach gehören diese Geschichten aber eher in den Bereich der sich immer wieder selbstvalidierenden Erzählungen – erzählt, um die Wichtigkeit der eigenen Person zu erhöhen. Ab und zu mögen sie stimmen – die Mehrzahl der Fälle sieht anders aus.

Wir wissen so gut wie nichts darüber, welche Art von Persönlichkeit es sein muß, die besonders »heilend« wirkt – wir wissen nur, daß es Personen gibt, die eindeutig und durchgehend mehr Erfolge haben als andere (Crits-Christoph, 1991), die offenbar also irgendwelche Besonderheiten aufweisen. Das aber muß noch lange nicht bedeuten, daß es sich dabei um eine einheitlich zu beschreibende »Therapeutenpersönlichkeit« handelt. Dies ist sogar eher unwahrscheinlich – es entspricht zumindest nicht dem intuitiven Empfinden, das man als Kenner der »Szene« hat.

Beschreibungen der »idealen« Therapeutenpersönlichkeit allerdings gibt es recht oft. »Warmherzig, beziehungsfähig, empathisch, reif, ausgeglichen« soll er sein, natürlich psychisch einigermaßen gesund und optimistisch. Wie berichtet sehen auch sehr viele Therapeuten sich in dieser Weise – ungeachtet der Tatsache, daß ihre Umwelt dies längst nicht immer tut.

Als nüchterne Beobachter sehen auch wir Kollegen die »anderen« beileibe nicht in diesem strahlendem Licht.

»Können wir eigentlich unseren Patienten solche unvollkommenen Therapeuten zumuten?«, fragte mich ein Bekannter, als ich ihm einiges aus meinen Recherchen und den darauf beruhenden Schlußfolgerungen bekanntgab.

Vermutlich gibt es Unvollkommenheiten verschiedenster Art, und nicht jede ist unbedingt wichtig in der Psychotherapie.

Ich erinnere mich an einen alten Roman von Ernst Augustin (*Der Kopf*), in dem er eine Indienreise beschreibt. Ich habe das meiste davon vergessen. An eines allerdings erinnere ich mich, weil es mich schon damals auf eine Parallele mit dem Psychotherapeuten aufmerksam gemacht hat. Der Protagonist nämlich, der sich für Erleuchtung und östliche Spiritualität interessiert, unternimmt eine beschwerliche Reise im Autobus, um zu irgendeinem spirituellen Zentrum zu gelangen. Neben ihm sitzt ein unangenehmer, dicker Mensch, der pausenlos ißt, seinem Nachbarn (der sehr hungrig ist) nie etwas anbietet und sich auch sonst recht absonderlich und rücksichtslos benimmt. Genau diesen Menschen trifft er im Zentrum der Spiritualität wieder. Er sagt zu seinem Betreuer, daß er diesen Menschen kennengelernt habe – der sei ja wohl noch weit weg von der Erleuchtung. Die Antwort darauf: »Er *ist* ein Erleuchteter. Er hat das ›Dritte Auge‹.«

Es scheint in der Psychotherapie, wenn wir uns selbst und unsere Kollegen ansehen und wenn wir dann entsprechende Patientenberichte hören, nicht so sehr auf die uns bekannten menschlichen Unvollkommenheiten bzw. Vollkommenheiten anzukommen. Die Projektionen der Patienten sind stark genug, uns in das jeweils von ihnen gewünschte Licht zu tauchen. Wir werden hell und dunkel bestrahlt, wir werden als böse Monster oder als Lichtgestalten gesehen – und all dies in wechselnder Reihenfolge. Demgegenüber sind wir als reale Figuren nur blaß repräsentiert.

Hört man Patienten über ihre Therapeuten sprechen und kennt man diese persönlich, dann sind sie oft nicht wiederzuerkennen. Dümmliche Schwatzliesen werden als weise und souveräne Mütter phantasiert, bösartige Ehrgeizlinge als abgeklärte Großväter. Auch anders herum, nämlich in aggressiver Form, gehen die Projektionen – allerdings bekommt man davon meist nicht so sehr viel mit, weil jeder Patient auch wiederum seinen Therapeuten schützen muß. Denn auch dies funktioniert wie in der Familie: Man wäscht die Schmutzwäsche nicht in der Öffentlichkeit. Würde man seinen bösen

Projektionen allzusehr trauen, indem man sie veröffentlichte, wäre es auch schon bald zu Ende mit der Therapie.

Das alles bedeutet für den Therapeuten, daß die Idealisierung seiner Person durch die Patienten den größeren Teil ausmacht. Aggressionen kommen wohl vor – aber oft sind sie gut verpackt, und nur bei sehr schwer gestörten Menschen geraten sie ungeschlacht und brutal in die therapeutischen Sitzungen (weshalb zum Beispiel Christa Rohde-Dachser, eine Spezialistin für schwer gestörte Patienten, rät, nicht mehr als ein oder zwei Patienten dieser Art auf einmal zu behandeln).

Unsere Patienten sind also, ohne daß sie dies wissen und so erleben, recht langmütig.

Erst wenn eine eindeutige Form von Mißbrauch vorliegt, können sie hellhörig werden (siehe Kapitel 12). Leider – die Berichte unserer Befragten bestätigen dies – kann es oft lange dauern, bis dieser Mißbrauch bewußt wird – sogar für den handgreiflichen sexuellen Mißbrauch gilt dies. Daß vielleicht auch der Therapeut sich verliebt hat und über die professionelle Beziehung hinaus Liebe empfindet, phantasieren nur allzu viele Frauen allzu lange. An dieser Stelle läßt sich vielleicht am deutlichsten die Parallele zu den Familienbeziehungen ablesen: Auch diese werden geschützt, eher zum Besseren als zum Schlechteren gedeutet. Die geschlagenen Kinder sind keineswegs die undankbarsten, sie versuchen, sich die Schläge als »Liebe« zurechtzureden.

Diese schweren professionellen Fehler sollen allerdings hier nicht bagatellisiert werden – sie sind unverzeihlich und schaden den Patienten mit ziemlicher Sicherheit.

Es geht aber hier um die viel verborgeneren, sozusagen privaten, Qualitäten des Therapeuten, die man als Ideal der Therapeutenpersönlichkeit phantasiert. Und genau darauf scheint es nicht unbedingt anzukommen. Die verschiedenen Projektionen der Patienten verwischen diese Persönlichkeit bis zur Unkenntlichkeit, weshalb auch nicht so sehr darauf Bedacht genommen werden muß.

Was Therapeuten sich selbst und ihren Berufskollegen abverlangen, ist einer Verkennung des Berufes geschuldet, einer Idealisierung, die wiederum dem Größenwahn entspringt. Nicht nur die Berufswahlmotive sind durchtränkt von diesem Größenwahn des »Besonderen«, auch die vielen Bemühungen von Psychotherapeuten, sich ihre eigene Situation schönzureden, sich die Tatsache ihrer oft schlechten privaten Beziehungen irgendwie per Verleugnung und Projektion schmackhaft zu machen, zeugen davon. All dies kulminiert dann in der Illusion, die Patienten würden »irgendwie« schon merken, wie besonders und einmalig man sei, wie sehr man echte Menschlichkeit verkörpere. Die Patienten scheinen dies auch sehr häufig zu bestätigen. Leider tun dies die Kollegen sowie die eigenen Angehörigen nicht unbedingt.

Und nur in der anonymen Öffentlichkeit wird etwas vom Zweifel laut (siehe Kapitel 6): »Die spinnen selbst«, »die brauchen das wohl« und ähnlich unfreundliche Aussagen über Psychotherapeuten kann man dort sehr oft hören.

Als ich in Südafrika eine kleine »Schule« für Heiler besuchte, war ich – wenngleich höchst interessiert – doch auch wiederum überrascht über die (zumindest in meinen Augen) persönliche Mittelmäßigkeit der anwesenden Schüler und ihrer Lehrer. Waren sie nicht gerade mit ihren professionellen Aufgaben beschäftigt (dies waren sie mit großem Ernst), dann handelte es sich um kichernde Adoleszente, die dauernd die dümmsten Seifenopern im Fernsehen ansahen und offensichtlich einfach herumsaßen und sich per Small talk unterhielten. Nichts »Besonderes« war zu spüren, nichts zu sehen von ihrer Auserwähltheit – obwohl diese doch gerade bei den traditionellen Heilern eine so besonders große Rolle spielt. Jeder der Anwesenden konnte berichten, wie ihn der »Ruf« getroffen hatte. Im Privatleben aber waren sie wie andere auch. Dies schien kein Problem zu sein – der »Ruf« genügte, man mußte nichts extra »beweisen«.

Unsere oft irrigen Vorstellungen vom Therapeutenberuf mit den Berufungsvorstellungen zeigen die Kehrseite der Säkularisierung: Es muß das »Besondere« irgendwie hineingezaubert werden in den Beruf. Und sei es um den Preis der inneren Wahrheit.

Den Patienten aber würde ein »ganz normal menschlicher« Therapeut genügen. Ihre Übertragungsprojektionen sind stärker als die Realität. Das »wahre Wesen« ihrer Therapeuten wird nur in den seltensten Fällen sichtbar – und das ist auch nicht nötig für eine ordentliche Psychotherapie.

15

Fazit: Ein allseits verkannter Beruf

Was ist nun also zu halten von diesem »unmöglichen Beruf«?

Lassen sich bei seinen Vertretern bestimmte Merkmale auffinden? Sind sie in besonderer Weise geprägt oder sind das alles nur Vorurteile? Wenngleich Psychotherapeuten vermutlich so verschieden sind wie Menschen überhaupt: daß der Beruf viele davon in besonderer Weise prägt, glaube ich wohl!

Die Wegweiser der Moderne zu einem guten, richtigen, ja sogar glücklichen Leben zeigen in vielen Milieus auf das Innere. Nicht in Traditionen, nicht in Außennormen soll man suchen, sondern im eigenen Inneren. Psychotherapie ist eine der Möglichkeiten, fündig zu werden. Psychotherapeuten begreifen sich (und werden begriffen) als Führer, Wegbereiter. Daß der Wegweiser »nicht mitgeht«, wird zwar manchmal behauptet, ist aber wohl mehr ein nettes Bonmot und spiegelt nur selten die Überzeugung der Psychotherapeuten wider. Immer wieder wird nämlich die Psychotherapie mit einer »Reise«, einem »Weg«, einer »zu begehenden Landschaft« verglichen, und sowohl Therapeuten als auch Patienten sehen sich zu zweit marschieren. Es ist also wohl anzunehmen, daß auch der Therapeut für diesen Weg gut gerüstet sein muß.

Verbale Analogien aber können auch verschleiern, können Barrikaden aufrichten gegenüber einigen Realitäten.

Von welcher Seite immer man diesen Beruf ansieht – und in den vorherigen Kapiteln ist dies zur Genüge geschehen: der Beruf des Psychotherapeuten ist offenbar einer, in dem man sich selbst dazu verurteilt, den »richtigen« Weg zu gehen – und dieser Weg wird nur allzu oft phantasiert als einer, bei dem man klug und beherzt ist, keine Fehltritte macht und einem strahlenden Ziel entgegeneilt. Das Ziel heißt – je nach Therapierichtung: Authentizität, genitaler Charakter, Beziehungsfähigkeit, Selbstkontrolle, Fähigkeit zur Eigenanalyse und ähnliches mehr.

Die vielen Stolpersteine wurden kapitelweise immer wieder anders benannt. Zugrunde liegen aber Vorstellungen, daß der Therapeut auch selbst ein Mensch sein muß, der die Wanderung des Lebens gut und richtig besteht. Daran scheitert er immer wieder von neuem, gerade diese Vorstellungen sind es, die ihn nicht zur Ruhe kommen lassen. Sie stehen hinter sehr viel Heuchelei, hinter den berühmten Masken, die aufgesetzt werden, hinter Schönfärberei und Selbstbetrug. Viele Menschen spüren das auch und reagieren dementsprechend mit Spott und Achselzucken – solange, bis es ihnen selbst schlecht geht. Dann allerdings passiert es recht oft, daß ihre Projektionen sie den Therapeuten wirklich als einen besonderen Menschen sehen lassen. Und der Therapeut ist anfällig dafür, dies zu glauben, zumindest als einen Hinweis aufzufassen. Die Heuchelei, der Selbstbetrug werden so gestützt.

Wenn ich diesen Aspekt des Berufes in den Mittelpunkt gerückt habe, so deshalb, weil er in solch krassem Gegensatz steht zu den Tugenden, die in unserer Zeit dem Therapeuten zugewiesen werden.

Wiederum kommt mir der Beruf des Pfarrers – und zwar des katholischen – in den Sinn. Da ich in diesem Milieu sozialisiert bin, sehe ich schärfer als manch andere die religiöse Seite des Berufes Psychotherapeut, aber auch die Abweichungen von den Geistlichen.

In der katholischen Kirche mit ihrer Sakramentenlehre gilt nämlich der Glaubenssatz, daß das Sakrament – einmal gespendet – nicht nur menschliche Geste ist, sondern bindende Gewalt auch im Jenseits hat. Katholischer Priester (der man durch das Sakrament der Priesterweihe wird) ist man also für immer und ewig – auch wenn man in den Laienstand tritt, auch wenn man der größte Sünder ist. Und mit dieser göttlichen Kraft ausgestattet, ist der katholische Priester, auch wenn er Laie geworden ist, noch immer Priester und kann jederzeit selbst wieder Sakramente spenden, die wiederum bindende Kraft haben. Ein Priester kann also noch so sehr sündigen: Die von ihm durchgeführte Wandlung oder das gespendete Ehesakrament sind gültig im Himmel und auf Erden.

Für den mit einem psychischen Gebrechen behafteten Therapeuten aber, so die oft ausgesprochene, öfters unausgesprochene allgemeine Ansicht, gilt gleiches nicht. Er wird unglaubwürdig, wenn er selbst nicht vorbildhaft ist, er darf sich nicht spalten in eine Berufsperson und in eine private. Genau dies aber »darf« der Priester – natürlich ist es besser, wenn auch er privat ohne Tadel lebt; seine spirituelle Glaubwürdigkeit aber verliert er nicht, wenn er privat anders lebt als vorgeschrieben.

Dies ist also der große Unterschied zu einem Beruf, der ansonsten einiges gemeinsam hat mit dem des Pfarrers. Keine höhere Macht hat den Psychotherapeuten (wenn er sich nicht esoterisch versteht) legitimiert, seine Kunst auszuüben; er muß für sich selbst einstehen und meint, sein eigenes, womöglich authentisches Leben sei ein Garant für seine Heilkraft. Dies aber ist nicht wirklich und auf Dauer durchzuhalten – Selbsttäuschungen und die damit verbundenen Energieverluste machen daher den meisten zu schaffen.

Gibt es Trost, Rat, Empfehlungen für den Psychotherapeuten, wenn er sich verstrickt in diesem Dilemma des nie genügend authentischen Lebens und meint, sich daher verstecken zu müssen?

Der Rat ist natürlich sehr einfach: Er möge sich für seine eigene Person (wie übrigens auch für die Patienten) immer wieder klarmachen, daß jedes erreichte Ziel im menschlichen Leben schwankt, daß auf Schritt und Tritt Rückfälle möglich sind. Die Überwindung der Ödipalität, die Erringung der inneren Echtheit – all das sind Irrlichter, Trugbilder. Meint man sie in der Hand zu halten, dann sind sie schon wieder woanders; es gibt im Leben keine Endstationen – weder in der Liebe noch in der Therapie.

Beziehungsfähigkeit, eine der schwierigsten Chimären moderner Psychologie, ist nichts Festes, nichts, das in sich konsistent ist. Therapeutische Beziehungsfähigkeit ist vielleicht etwas ganz anderes als private. Berühmte Therapeuten werden uns als unzuverlässig in ihren Gefühlen geschildert, als absolut schwierig in ihrem Privatleben.

Das Beispiel des Schauspielers (siehe Kapitel 5) könnte auch dem Therapeuten helfen, sich andere Ziele zu stecken als diejenigen der menschlichen Intaktheit. Das Streben danach sollte vom Beruf abgetrennt sein. Die immer wieder durchscheinende Norm der Identität von Berufs- und Privatleben ist störend – sowohl auf dem Weg zum guten Psychotherapeuten als auch auf dem Weg zu einer besseren und moralischeren menschlichen Existenz.

Literatur

Ambühl, H., »Zur Entwicklung der theoretischen Orientierung von PsychotherapeutInnen«. In: *Psychotherapie. Psychosomatik. Medizinische Psychologie* 45 (1995), S. 109–20.

Anonyma, *Verführung auf der Couch*. Freiburg 1988.

Arndt, S., *Die Persönlichkeit des Psychotherapeuten*. Dipl.-Arbeit TU Berlin 1998.

Augustin, E., *Der Kopf*. Frankfurt am Main 1962.

Bauriedl, Th., »Psychotherapie in unserer Gesellschaft«. In: Janssen et al.

Becker, V., *Die Primadonnen der Psychotherapie: Interviews mit berühmten Therapeuten*. Paderborn 1989.

Becker-Fischer, M., G. Fischer, *Sexueller Mißbrauch in der Psychotherapie – was tun? Orientierungshilfen für Therapeuten und interessierte Patienten*. Heidelberg 1996.

Beiten, N., S. Raedler, *Psychotherapeuten im Spannungsfeld zwischen konventionellen und New Age-Therapien*. Dipl.-Arbeit TU Berlin 1998.

Bordin, E. S., B. Nachman, S. J. Segal, »An Articulated Framework for Vocational Development«. In: *Journal of Counseling Psychology* 10 (1963), S. 107–16.

Boysen, G., *Haut über Kopf. Erfahrungen mit einer Psychoanalyse. Der emotionale Aufschrei einer Betroffenen*. München 1988.

Buchheim P., M. Cierpka (Hrsg.), *Macht und Abhängigkeit*. Lindauer Texte, Heidelberg 2000.

Bugental, J. F. T., *Aus dem Notizbuch eines Psychotherapeuten. Gemeinsame Reisen ins Innere*. Köln 1992.

Burisch, M., *Das Burnout-Syndrom. Theorie der inneren Erschöpfung*. Heidelberg/Berlin 1994.

Cherniss, C., *Beyond Burnout. Helping Teachers, Nurses, Therapists and Lawyers Recover from Stress and Disillusionment*. Routledge, New York 1995.

Coltart, N., *How to survive as a Psychotherapist*. Sheldon Press, London 1993.

Cray, C., M. Cray, »Stresses and Rewards within the Psychiatrist's Family«. In: *The American Journal of Psychoanalysis* 37 (1977), S. 337–41.

Cremerius, J., »Die tendenzlose Analyse hat es nie gegeben, sie ist eine jener fliegenden Holländer, von denen wir einige konservieren«. In: *Zeitschrift für Psychosomatische Medizin* 39 (1993), S. 123–58.

Crits-Christoph, P., et al., »Meta-Analysis of Therapist-Effects in Psychotherapy Outcome Studies«. In: *Psychotherapy Research* 1 (1991), S. 81–92.

Diderot, D., *Paradox über den Schauspieler.* Wädenswil 1981.

Drigalski, D. v., *Blumen auf Granit.* Frankfurt am Main 1979.

Enzmann, D., D. Kleiber, *Helfer-Leiden. Streß und Burnout in psychosozialen Berufen.* Heidelberg 1989.

Erdheim, C., *Herzbrüche. Szenen aus der therapeutischen Praxis.* Wien 1985.

Erdheim, C., *Bist Du wahnsinnig geworden?* Wien 1984.

Farber, B. A. (Hrsg.), *Stress and Burnout in the Human Service Professions.* Pergamon Press, New York 1983.

Fengler, J., »Burnout und Psychohygiene«. In: Janssen et al.

Fengler, J., *Helfen macht müde. Zur Analyse und Bewältigung von Burnout und beruflicher Deformation.* 5. Aufl. München 1998.

Freud, S., *Die endliche und unendliche Analyse.* In: GW, Bd. XVI, Frankfurt am Main 1983.

Freud, S., *Das Tabu der Virginität.* In: GW, Bd. XII, Frankfurt am Main 1983.

Freud, S., *Das Unbehagen in der Kultur.* In: GW, Bd. XIV, Frankfurt am Main 1983.

Freudenberger, H. J., »Staff burnout«. In: *Journal of Social Issues* 30 (1) (1974), S. 159–65.

Georgopapadakou, St., *Gründe für die Wahl einer Therapieschule bei griechischen Psychoanalytikern und Familientherapeuten.* Dipl.-Arbeit TU Berlin 1999.

Giese, E., D. Kleiber (Hrsg.), *Das Risiko Therapie.* Weinheim 1989.

Ginzberg, E., et al., *Occupational Choice.* Columbia University Press, New York 1951.

Goldberg, C., *On Being a Psychotherapist, The Journey of the Healer.* Gardner, New York 1986.

Goldmann, G., *Vorstellungen über therapeutische Idealprofile.* Dipl.-Arbeit TU Berlin 1997.

Grawe, K., R. Donati, F. Bernauer, *Psychotherapie im Wandel. Von der Konfession zur Profession.* Göttingen 1994.

Grawe, K., *Psychologische Psychotherapie.* Heidelberg 1998.

Greben, S. E., »Some Difficulties and Satisfactions inherent in the Practice of Psychoanalysis«. In: *International Journal of Psycho-Analysis* 56, S. 427–33.

Guggenbühl-Craig, A., *Power in the Helping Professions.* Spring Publications, Irving (Texas) 1979.

Guy, J. D., *The Personal Life of the Psychotherapist.* Wiley, New York 1987.

Hafke, C., *Macht, Ohnmacht und Machtmißbrauch in therapeutischen Beziehungen.* Opladen 1996.

Hejj, A., »Warum so schüchtern? Zur fehlenden Selbstachtung der Psychologiestudenten«. In: Rietz et al.

Hemminger, H. J., V. Becker, *Wenn Therapien schaden – kritische Analyse einer therapeutischen Fallgeschichte.* Reinbek 1985.

Henry, W. E., et al., *The Fifth Profession.* Jossey-Bass, San Francisco 1971.

Henry, W. E., J. H. Sims, E. L. Spray, *Public and Private Lives of Psychotherapists.* Jossey-Bass, San Francisco 1975.

Herron, W. G., »The Therapist's Choice of a Theory of Psychotherapy«. In: *Psychotherapy: Theory, Research and Practice* 15 (4) (1978), S. 396–401.

Hundt, U., *Westliche Psychotherapie und östliche Spiritualität.* Dipl.-Arbeit TU Berlin 1998.

Huth, I., *Zur Berufsmotivation und Berufszufriedenheit von Psychoanalytikern.* Dipl.-Arbeit TU Berlin 2000.

Jaeggi, E., »Psychologen: Auf der Suche nach Identität«. In: *Psychologie Heute* 4/1990, S. 73–81.

Jaeggi, E., *Neugier als Beruf. Autobiographie einer Psychotherapeutin.* München 1991.

Jaeggi, E., H. Möller, »Die Rolle der PsychologInnen in den Medien«. In: *Journal für Psychologie,* 5. Jg., Heft 1 (1998).

Janssen, L., M. Cierpka, P. Buchheim (Hrsg.), *Psychotherapie als Beruf.* Göttingen 1997.

Jones, E., »The God Complex«. In: ders., *Essays in Applied Psychoanalysis,* Bd. 2, Hogarth, London 1951, S. 244–65.

Kaiser, H., *Grenzverletzung. Macht und Mißbrauch in meiner psychoanalytischen Ausbildung.* Zürich 1996.

Kant, A., *Spiritualität in Biographie und beruflichem Selbstverständnis von PsychotherapeutInnen.* Dipl.-Arbeit TU Berlin 1999.

Katein, E., *Heilungskonzepte und Beziehungsvorstellungen von Psychodramatherapeuten.* Diss. TU Berlin 2000.

Kavvadia, V., *Motive für die Wahl einer Therapiemethode bei griechischen DiplompsychologInnen. Gruppenanalyse und Verhaltenstherapie im Vergleich.* Dipl.-Arbeit TU Berlin 1999.

Keil de Ballon, S., *Biographien Analytischer Psychotherapeuten*

nach Jung: Motive und Konsequenzen für die Berufswahl. Dipl.-Arbeit TU Berlin 1998.
Kottler, J. A., D. S. Blau, *Wenn Therapeuten irren. Versagen als Chance.* Köln 1991.
Kraft, H., *Über innere Grenzen. Initiation in Schamanismus, Kunst, Religion und Psychoanalyse.* München 1995.
Kris, E., »The Personal Myth: a Problem in Psychoanalytical Technique«. *In: Journal of the American Psychological Association* 4 (1956), S. 653–81.
Krutzenbichler, S., H. Essers, *Muß denn Liebe Sünde sein? Über das Begehren des Analytikers.* Freiburg 1991.
Küng, H., *Existiert Gott? Antwort auf die Gottesfrage der Neuzeit.* München 1995 (1978).
Lambert, M. J., C. Hill, »Assessing Psychotherapy Outcomes and Processes«. In: Bergin, A. und Garfield, S. (Hrsg.), *Handbook of Psychotherapy and Behavior Change,* Wiley, New York 1994.
Mann, Th., *Tonio Kröger.* Frankfurt am Main 2000.
Margraf, J. (Hrsg.), *Lehrbuch der Verhaltenstherapie.* Heidelberg 1996.
Maslach, C., S. E. Jackson, *Maslach Burnout Inventory.* Manual (2. Aufl.), Consulting Psychologists Press, Palo Alto (California) 1986.
Maslach, C., *Burnout – the Cost of Caring.* Prentice-Hall, Englewood Cliffs (New Jersey) 1982.
Mertens, W. (Hrsg.), *Der Beruf des Psychoanalytikers.* Stuttgart 1997.
Miller, A., *Das Drama des begabten Kindes.* Frankfurt am Main 1975.
Möller, H., *Was ist gute Supervision?* Stuttgart 2001.
Möller, H., W. Hegener, »›Zu schön, um wahr zu sein.‹ Psychotherapie zwischen Kunst und Wissenschaft«. In: *Texte aus dem Kolloquium Psychoanalyse* 3 (4), 1999.
Moser, U., »Zur psychoanalytischen Theorie der Berufswahl: Sublimierung, Identifizierung und berufliche Identität«. In: *Ztschr. Psychol. Schweiz* 22, 1963.
Mullan, B., *Therapists on Therapy.* Free Assoc. Books, London 1996.
Norcross J. C., J. O. Prochaska, »Clinicians' Theoretical Orientation: Selection, Utilization and Efficacy«. In: *Professional Psychology, Research and Practice* 14 (1983).
Nufer, S., *Der berufliche Werdegang von DiplompsychologInnen/ PsychotherapeutInnen. Motive und Erfahrungen.* Dipl.-Arbeit TU Berlin 1999.

Orlinsky, D. E., K. I. Howard, »Process and Outcome in Psychotherapy«. In: Garfield, S. L. und Bergin, A. E. (Hrsg.), *Handbook of Psychotherapy and Behavior Change,* 3. Aufl. Wiley, New York 1986, S. 311–381.

Ottomeyer, K., »Psychotherapie, Religion und New Age«. In: *Journal für Psychologie,* Jg. 6, Heft 4 (1998).

Pines, A. M., E. Aronson, D. Kafry, *Ausgebrannt: Vom Überdruß zur Selbstentfaltung.* Stuttgart 1983 (9. Aufl. 2000).

Platta, H., *New Age-Therapien. Rebirthing, Reinkarnation, Transpersonale Psychologie: Pro und Contra.* Reinbek 1997.

Pritz, A. (Hrsg.), *Der Beruf des Psychotherapeuten.* Heidelberg 1995.

Rad, M. von, »Psychotherapie als Beruf«. In: *Psychotherapie, Psychosomatik, Medizinische Psychologie* 46 (3–4) (1996), S. 83–9.

Reimer, Ch., »Lebensqualität von Psychotherapeuten«. In: *Psychotherapeut* 39 (1994), S. 73–8.

Richter, H. E., *Flüchten oder Standhalten.* Gießen 1997.

Riemann, F., »Die Struktur des Therapeuten und ihre Auswirkungen in der Praxis«. In: ders., *Grundformen helfender Partnerschaft.* München 1974.

Rietz, I., Th. Kliche, S. Wahl (Hrsg.), *Das Image der Psychologen. Empirie und Perspektiven zur Fachentwicklung.* Lengerich 1999.

Rippere, V., R. Williams, *Wounded Healers. Mental Health Workers‹ Experiences of Depression.* Wiley, New York 1984.

Robertiello, R. C., G. Schoenewolf, Common Therapeutic Blunders. Countertransference and Counterresistancein Psychotherapy. Jason Aronson Inc., Northvale (New Jersey) 1987.

Rölcke, F., *Selbstwahrnehmung der therapeutischen Arbeit von selbständigen PsychoanalytikerInnen,* Dipl.-Arbeit TU Berlin 1999.

Rossner, J., *August.* Houghton Mifflin, Boston 1997.

Rouslin Welt, S., W. G. Herron, *Narcissism and the Psychotherapist.* Guildford Publications, New York 1990.

Sandell, R., et al., »Wie die Zeit vergeht. Langzeitergebnisse von Psychoanalysen und analytischen Psychotherapien«. In: *Forum der Psychoanalyse,* Bd. 15 (4) (1999), S. 327–47.

Schaeffer, D., *Psychotherapie zwischen Mythologisierung und Entzauberung. Therapeutisches Handeln im Anfangsstadium der Professionalisierung.* Opladen 1990.

Schmidbauer, W., *Helfen als Beruf.* Reinbek 1995.

Schmidbauer, W., *Hilflose Helfer.* Reinbek 1992.

Schmidbauer, W., *Wenn Helfer Fehler machen.* Reinbek 1999.

Schmidt-Lellek, C., B. Heimannsberg (Hrsg.), *Macht und Machtmißbrauch in der Psychotherapie*. Köln 1995.

Schofield, W., *Psychotherapy: The Purchase of Friendship*. Englewood Cliffs, New York 1964.

Schulze, R., *Heilungskonzepte von Geistheilern*. Dipl.-Arbeit TU Berlin 1998.

Siefkes, M. L., *Zur Rolle moralischer Werte in der Verhaltens- und Gesprächspsychotherapie*. Dipl.-Arbeit TU Berlin 1999.

Studienprojekt TUB, *Berufsbiographien von PsychotherapeutInnen*. Berlin 1996.

Super, D. E., »A Theory of Vocational Development«. In: *American Psychologist* 8 (1953), S. 185–90.

Sydow K., Ch. Reimer, »Die Öffentlichkeit und die ›Psychos‹: empirische Daten über das Public Image einer Gattung«. In: Rietz et al.

Tomsic, J., *Burnout bei PsychotherapeutInnen. Das Erleben von Arbeitsbelastungen und der Umgang mit ihnen bei PsychoanalytikerInnen und BioenergetikerInnen*. Dipl.-Arbeit TU Berlin 1999.

Treichel, H.-V., *Von Leib und Seele*. Frankfurt am Main 1998.

Trilling, L., *Das Ende der Aufrichtigkeit*. Frankfurt am Main 1972.

Tulodziecki, K., A. Zilker, *Macht in der Psychotherapie aus der Sicht der Klienten*. Dipl.-Arbeit TU Berlin 1997.

Wahl S., I. Rietz, *PsychologInnen in der Öffentlichkeit*. In: Rietz et al.

Welt, S. R., W. G. Herron, *Narcissism and the Psychotherapist*, Guildford Press, New York/London 1990.

Wheelis, A., *Wer wir sind und was uns bleibt*. München 1966.

Wilber, K., *Die drei Augen der Erkenntnis*. München 1988.

Wilber, K., *Halbzeit der Evolution, Der Mensch auf dem Weg vom animalischen zum kosmischen Bewußtsein*. Frankfurt am Main 1996 (1981).

Willutzki, U., H. Ambühl, M. Cierpka, J. Meyerberg, D. Orlinsky, »Zufrieden oder ausgebrannt: die berufliche Moral von Psychotherapeutinnen und Psychotherapeuten«. In: Janssen et al.

Yalom, I., *Die rote Couch*. München 1998.